东亚地缘环境变化
与中国区域地缘战略

郭　锐◎著

社会科学文献出版社
SOCIAL SCIENCES ACADEMIC PRESS (CHINA)

1. 2011 年度教育部人文社会科学研究青年基金项目"东亚地缘环境变化与中国区域地缘战略"（项目编号：11YJCGJW006）；

2. 2012 年度吉林省高校优秀青年科研人才春苗培育计划项目"东亚地缘格局再造的新趋势与我国的战略对策"（项目编号：2012QY091）。

序

　　"东亚地缘环境变化与中国区域地缘战略研究"是教育部人文社会科学研究青年基金项目支持的研究课题。它立足于冷战后地缘政治理论的发展与嬗变,深入研究了东亚地缘经济环境、地缘政治安全环境、地缘文化环境的变化及趋向,比较分析了地区内外主要国家的东亚地缘战略举措,提出了中国的战略对策,探讨了中国东亚地缘战略构想。这部学术专著的一个突出特点是运用实证主义和计量分析方法进行政策科学研究,不仅面目一新,也增强了相关研究成果的权威性和说服力。

　　地缘理论通常是以地理因素为依归,将国际关系行为主体涉及的经济、政治、军事、安全、文化、外交、社会、历史等因素纳入研究的议程及维度。本书所言及的"地缘理论"是包括地缘政治、地缘经济、地缘安全、地缘文化在内的多范畴的地缘理论。冷战后,地缘理论的学理依据发生了巨大变化,"去国家中心"与"去领土化"的趋势越来越鲜明。这印证了国内部分学者的观点,即冷战后地缘政治理论的研究开始走向国际体系的地缘政治,国际体系在地缘政治中的重要性超过了地缘空间本身。地缘经济理论越来越侧重于对国家间相互合作与依存关系的研究,它与地缘文明理论一起不断丰富着地缘研究的理论框架,扩大和延展了地缘理论的学理内涵。而批判性地缘政治理论则糅合了批判理论、后现代主义、建构主义等理论观点,它超越了传统地缘理论,为地缘政治学的进一步发展提供了新的研究路径。

　　东亚地缘经济环境经历了深刻变化。目前,东亚地区尚未建立统一的地区性经济一体化合作机制,但是各种形式、各种层面的经济合作关系深入开展,中、日、韩之间的 FTA 谈判已经开启。中国是东亚地区经济增长的强劲引擎,现在几乎成为本地区内所有国家最重要的贸易伙伴。东亚地缘政治结构呈现"经济化"的新特点。美国及其东亚盟国已经对中国市场产生了深度依赖。不过,中国经济的快速增长和东亚经济结构的新变化,持续引发了东亚的地缘政治环境、地缘安全环境的新的更大的变化。经贸因素对联盟关系的影响十分显著。在美国的东亚联盟体系中,盟国之间经济实力的变迁、经贸关系的拓展、对外援助的变化以及贸易摩擦的增多,都有力地推动了联盟转型。美国在东亚地区推行的双边 FTA 战略、跨太平洋伙伴关系协定(TPP)都有着十分深远的政治和安全意图。能源安全关系到一个国家的国际地位、经济发展和社会稳定。中俄能源合作具有高度互补互利的特征,两国已经在石油、天然气、煤炭、电力等领域开展了广泛合作,形成了较好的合作共识与基础。进一步推进和拓展中俄两国能源合作,必须摆脱角色差异、定位模糊、阶段变更三大困境。朝鲜加入地区多边经济合作是东北亚地区和平与发展的重要一环,中国应当利用朝鲜摸索布局经济特区的历史契机,积极开展和推动中朝边境经济区合作。

东亚地区具有独特的安全环境与安全结构,加之复杂的历史因素与意识形态,造成了东亚地缘安全环境错综复杂的严峻形势。冷战后,东亚多国(地区)军费开支及军备采购呈现持续上涨态势,尤其是海军、空军的军备增势非常强劲。但是,东亚各国军备发展并未陷入恶性扩张境地。随着美国亚太"再平衡"战略的加快实施,东亚地区军备发展的竞争性会进一步的增强。值得关注的是,日本防卫政策不断由守转攻,其在外交、安保政策上渐进推出一系列的新举动,积极扩张军备,建设军事大国。日本军工产业发展态势与其防卫政策之间的互动关系,极有可能加剧该地区军备竞赛态势,从而严重影响到东亚和平与发展。朝鲜半岛形势发展的历史脉络表明,朝鲜与美国、韩国、日本的互信缺失状况,是朝核问题持续加剧、朝鲜半岛安全形势日趋严峻的症结所在。对朝鲜来说,在"先军政治"和"先军思想"的指导下,通过"拥核""拥导"来增强国防自卫能力,才能为其国家安全和体制稳定提供某种保障。朝美双方在先缔结和平协定还是朝鲜先"弃核"这一问题上,立场对立、政策相左。中国要利用好自身的政治经济"杠杆"作用,继续敦促朝鲜回到谈判与对话的正确轨道,努力实现和平解决朝核问题的战略目标。当前东亚经济发展所衍生的环境问题日趋严峻,东亚地区的环境安全治理迫切需要提上各国间的合作议程。

东亚地缘文化格局保持着多元性的特征,随着地缘政治结构、地缘经济结构的持续变化,该地区不同地缘文化之间的力量对比关系正在发生新的变化。民族主义作为一种情感归属和价值诉求,大多数兴起于社会转型与断裂时期,以其模糊性赢得了广阔的生存空间,其黏合性彰显了巨大的工具价值。"历史镜像"与"现实映像"的相互交织,形成了中日关系的"安全困境"。由于中日关系发展的不确定性增强,特别是日本国内的社会变迁导致其国民的恐惧危机意识加剧,使其自我中心定位意识显著加强,这为中日之间"虚幻的安全困境"提供了发挥作用的空间。影响中韩关系发展的问题集中在三个方面:即政治上近而不亲、贸易保护主义抬头、民间友好度有所下降。中国应当从构建中日、中韩关系的大局出发,着眼于全面构筑中日战略互惠关系,弱化日本国内的恐惧危机意识。同时,推进和深化中韩战略合作伙伴关系,避免和减少韩国民族主义对中韩关系造成的诸多负面影响。地缘文化在国家实力的构成中主要表现为"软实力",中华文化的复兴为中国文化的国际化拓展了广阔空间。在东亚地缘合作进程中,中国要将软实力和硬实力的提升同步推进,"软""硬"配合,相互促进、协调发展,从而发挥更大、更具吸引力的地区影响力。

美国加快重返东亚地区,加大了中国的地缘竞争态势和安全风险压力,一些国家借助美国力量与中国抗衡,在同中国的领土、领海争议中不断制造事端和麻烦,从而加剧了本地区的紧张局势。随着东亚地缘经济地位的迅速提升,区域内的主要国家包括中、美、俄、日、韩等国家纷纷参与到东亚经济合作与竞争进程。这些国家差异化的地缘战略,使中国面临多重化的地缘战略选择。东亚是中国地缘战略的重心之地,中国应当掌握对东亚外交的主动权,坚持和平发展与合作共赢的理念,积极构建自身的安全和战略纵深,为国家安全和经济发展提供充足必要的内、外部环境保障。

郭锐教授长期从事朝鲜半岛问题、东亚安全与军备控制、跨境公共危机治理等方面的研究,曾在日本立命馆大学国际地域研究所进行为期一年的客座研究,是首批"吉林省高校科研青苗人才"和首批"吉林大学优秀青年教师培养计划(重点培养阶段)"入选者。作为一名青年学者,他的学术基础扎实,视野思路开阔,在国际关系研究中,善于科学化的思考、立体化的钻研和计量化的方法,在求学和工作期间均取得了丰硕的科研成果。近年来,他主持或参加国家级、省部级的重大项目、重点项目、一般项目、青年项目等20多项,先后在SSCI、CSSCI等国内外专业期刊上发表学术论文50多篇,同时在《财经》《领导之友》《东方早报》《中国社会科学报》等报刊上发表评论文章10多篇,多次接受中国新闻社、日本共同社、《凤凰周刊》《东方早报》《南方日报》等媒体的专访。

这部学术专著是郭锐教授主持的2011年度教育部人文社会科学研究青年基金项目——"东亚地缘环境变化与中国区域地缘战略"以及2012年度吉

林省高校优秀青年科研人才春苗培育计划项目"东亚地缘格局再造的新趋势与我国的战略对策"的最终研究成果,已经顺利通过教育部社科评价中心青年项目评审验收工作,并委托社会科学文献出版社正式出版。这是一部战略视野宽广、思想观点深邃、研究方法新颖、学术价值很高的学术专著。希望郭锐教授再接再厉,进一步拓展和加深中国东亚地缘战略问题研究,把中国和平发展与中国周边大战略研究结合起来,在政策咨询和学术研究上取得更大成就,贡献学术智慧。

目 录

东亚地缘安全环境变化

东亚地缘文化环境变化

东亚地缘热点问题变化

地缘战略比较及中国对东亚地缘战略构想

冷战后地缘理论的发展与嬗变

　　自 19 世纪末以来，地缘理论历经了百余年的兴衰和起伏。冷战结束后，深受全球化、信息化和多极化的强力冲击与影响，地缘理论的学理依据发生了巨大变化，其"去国家中心化"与"去领土化"的趋势越来越鲜明。面对新的世界格局和地缘环境变化，冷战后的地缘研究在延续和继承诸多"传统"的基础之上，逐渐发展出地缘经济、地缘文明和批判性地缘政治等新的理论学说及研究方法。地缘经济理论与地缘文明理论进一步丰富了地缘研究的理论框架，扩大和延展了地缘理论的学理内涵，同时又基本上继承了传统地缘理论的命题假设和哲学基础。而批判性地缘政治理论则从方法论、本体论和认识论等三个层面，全面系统地批判了传统地缘理论，强调深入研究地缘理论的文本与论述，重视人的"认知"和"理解"对地缘政治的深远影响。传统地缘理论与新地缘理论共时发展的现实状况，既勾勒了冷战后地缘研究的新主线，也进一步开创了地缘研究的新局面。

　　众所周知，地缘理论与空间地理的区划布局密切相关，[①] 它是"研究人类社会政治现象的空间分布及其与地理环境关系的学科"。[②] 20 世纪初叶，深受弗雷德里希·拉采尔的《政治地理学》一书的影响，瑞典人约翰·契伦首次提出了"地缘政治"这一概念。此后的一个多世纪，地缘理论既经

[①]　此处，"地缘理论"概念不同于一般意义上的"地缘政治"。"地缘理论"的内涵与外延更加丰富，而"地缘政治理论"仅是其历史发展过程当中的一个组成部分。从兴起时间来看，"地缘政治理论"属于传统地缘理论，其发展一直贯穿于"地缘理论"的整个变迁过程当中。

[②]　肖星：《政治地理学概念》，测绘出版社，1995，第 1 页。

历了卡尔·豪斯浩弗的"生存空间论"的极大挫折，也在哈尔福德·麦金德等学者的极力推展之下见证了一段辉煌。冷战结束后，地缘学说发展步入到理论范畴不断拓宽、研究方法不断更新、认知视角不断深入的新阶段。应当说，这一发展趋势顺应了时代背景的更迭变化和世界格局的巨大变迁。

一　学理依据的变迁：冷战后地缘理论变迁的新背景

冷战结束后，世界市场的加快建立和日臻完善，进一步推动着生产要素在全球范围内进行配置，从而极大地促进了资本和产品的全球性流动；通信技术的迅速发展，使人类跨越国界的沟通更加的方便和快捷，进一步提升了不同人群与社会之间的互信程度；力量多极的发展趋势，推动和构建着更加平等和民主的国际社会，进一步增进了民族国家之间的友好合作关系。伴随着全球化、信息化、多极化的进一步发展和深化，人类也面临着诸如粮食短缺、资源耗竭、环境污染等生存和发展方面的共同压力，遭受到了诸如恐怖主义、金融危机、跨国犯罪等各类跨境公共危险的共同威胁。因应时代背景的更迭和世界格局的变迁，地缘理论的学理依据也不断发生着新变化。

1. 全球化与地缘理论发展

从宽泛的意义上而言，全球化意味着政治、经济和社会联系越来越"网格化"和"密集化"，从而使"世界规模"的距离日趋的缩小和变短。它是各种过程的交叉和复合，其影响性是断裂式的，也是统一性的；它创造了新的分层形式，而且往往在不同的地区产生相反的结果。[①] 冷战结束后，全球化进程不断加快并由此编织了规模更加宏大、体系更趋一体化的跨国金融网络体系，塑造了更加透明化和高效化的国际机制，见证了更加快速和便捷的交通物流发展历程。以世界贸易组织（WTO）、国际货币基金组织（IMF）和世界银行（WBG）三大制度平台为核心媒介，资本、商品和劳动力的汹涌浪潮，进一步湮没了民族国家的自然地理边界。在联合国与国际法院的不断规制之下，民族国家与国际组织的权力交叠也不断超越和覆盖了主权国家边界。在交通物流网络的不断升级与日趋普及的过程当中，愈加频繁的跨国界交流，进一步踏低了传统观念上"国界线"的门槛。

民族国家的自然地理边界在后冷战时期更加趋于"模糊化"，这为进一步丰富地缘理论提供了新的时代背景和发展条件。首先，民族国家之间的地缘关系逐渐从传统的冲突性转向了新型的合作性。在一个地缘实体更不稳定、更加动态、更不单纯的世界当中，坚持认为地缘实体处于"永久性冲突"的观点显然十分的困难和不切实际。① 民族国家自然地理边界的更趋模糊化，使得人们逐渐认识到"国家利益的实现需要稳定的地区和全球国际关系框架，需要国家间的协调与合作，需要共同应对面临的挑战"。② 其次，国际社会的"去国家中心化"与"去领土化"的趋势越来越明显。民族国家不再是唯一的国际政治行为主体，诸如跨国公司、国际组织等非国家行为主体正在不断创新和超越传统的国家主权观，"国内"与"国外""东方"与"西方"的认知界域不断地被混淆和打破。当代世界出现了"地缘政治眩晕"的新局面，全球空间难以透视且混合色彩越来越浓厚，在主权国家的权力之上以复合多样并偏离中心的脚步不时摇摆。③ 最后，民族国家自然地理边界的模糊化，意味着国家权力与资本运作的离心力逐渐增大，④ 这在欠发达国家表现得尤为明显和突出。很多欠发达国家希望通过进一步融入全球化进程，以更好地维护自身的政治、经济和文化秩序。但是，它们因此遭受世界金融风险或政治合法性危机的概率也在不断升高。危机和风险的存在，使得部分非西方国家民众开始抵制西方国家长期主导的全球化进程，而更加强调民族或是地区的"本土化特色"。

　　2. 信息化与地缘理论发展

　　实际上，信息化主要缘起于第二次世界大战的军事需要，其主要是培植和发展以计算机、互联网等信息技术为核心的新的生产力，使之助推经济社会发展的历史过程。冷战结束后，信息化的迅猛发展极大地推动了通信技术的腾飞，通信由此也改变了人类社会的生活面貌。依托信息技术的巨大腾飞，大众传媒、冲突战争等发生了革命性的变化。一方面，大众传媒真正做

---

① Gearóid Ó Tuathail, "At the End of Geopolitics? Reflections on a Plural Problematic at the Century's End," *Alternatives: Global, Local, Political*, Vol. 22, No. 1, 1997, p. 40.

② 苏浩：《地缘重心与世界政治的支点》，《现代国际关系》2004 年第 4 期，第 56 页。

③ Gearóid Ó Tuathail, "At the End of Geopolitics? Reflections on a Plural Problematic at the Century's End," p. 43.

④ 关于全球化进程带来的多重矛盾局面，参见 Gearóid Ó Tuathail, "The Postmodern Geopolitical Conditions: State Statecraft and Security at the Millennium," *Annals of the Association of American Geographers*, Vol. 90, No. 1, 2000, p. 169。

到了全天候和全世界的覆盖。互联网等新兴媒介如雨后春笋般的蓬勃兴起，一举突破了电视、报纸等传统媒介在时间和空间上的传统局限，切实维护了公众参政议政的权利。另一方面，信息化带来的通信技术腾飞，也促使军事装备和战争形态逐渐向新的方向加快转变，诸如全球定位系统、制导系统、气象卫星等依赖通信技术的高新科技已经成为主导未来战争的"致命性武器"，浩渺太空和虚拟空间则成为民族国家之间军事竞争的关键性战场。

通信技术的腾飞进一步压缩了地缘空间和时间，戏剧性地改变了当代国际社会的传媒性质和军事形态，从而为地缘理论的进一步深化书写了新的发展背景。首先，因其在民众当中的信任度不断提高，大众传媒在影响国家外交决策、塑造国家间地缘关系方面获得了巨大的权力。某些持续性的电视画面可以制造强迫的责任和义务，① 广大网民甚至可以通过互联网来影响国家意志。有的学者就认为，地缘关系在信息化的过程当中已经逐渐发展为技术、传媒和领土相结合的三角稳定态势。② 其次，当代战争日趋依赖于主要由通信技术为支持的精确制导武器和遥感武器系统，辅助以渗透、干扰、压制敌方通信系统。美军在伊拉克战场的两次胜利均充分说明：伴随着信息化的不断发展，现代战争正在超越空间距离和时间差异的固有限制。最后，通信技术的发展导致综合国力不均衡，地缘整合的表层之下掩藏着极大的信任危机。在传媒领域，发达国家往往通过控制话语霸权、佩戴有色眼镜，将由全球化和信息化拉近的地缘距离再次拉大。在军事领域，当前一国武装力量的强与弱，由其信息化发展程度的高与低所决定，这必然会加剧国际力量对比的不均衡态势及趋向。

3. 多极化与地缘理论发展

所谓的多极化，是指在国际社会当中占据着支配地位的力量中心，由一个或是两个向多个发展的历史趋势。在全球化与信息化高速发展的大背景之下，大国的权力开始不断向外转移和分散，多极化成为国际政治发展的一种必然逻辑。在这一进程当中，国际社会的"热点"地区和"热点"问题不断增多。首先，随着中国、印度、巴西等新兴力量的快速发展和持续成长，国际社会的热点地区不再局限于欧洲和北美大陆。人类文明、社

① Gearóid Ó Tuathail, "The Postmodern Geopolitical Conditions: State. Statecraft and Security at the Millennium", p. 172.

② Gearóid Ó Tuathail, "At the End of Geopolitics? Reflections on a Plural Problematic at the Century's End," p. 48.

会制度向着多样性方向发展，国际关系开始向着民主化方向进步。其次，随着"极"的概念向政治和军事支配性弱化的方向转变，新的问题不断出现在全球公共事务议程当中，诸如金融危机、环境污染、恐怖主义等全球性公共危机，越来越多地受到民族国家以及非国家行为主体的关注。

多极化带来的国际"热点"问题不断增多，也为地缘理论勾勒出了新的发展背景。首先，由于东亚地区经济在冷战结束后始终保持着较高的增长速度，呈现着极强的发展活力，从而促使全球地缘政治中心不断发生"东移"。从老布什政府到奥巴马政府，美国的对外政策经过渐进式调整，最终将太平洋地区锁定为新的地缘战略着眼点。其次，世界地缘政治版图更加的混乱和复杂。东欧剧变和苏联解体，给欧亚大陆的中心地带留下了一个巨大的"黑洞"，① 其边缘范围可以扩散到中东、北非和阿富汗。与此相伴，生化武器、核武器等大规模杀伤性武器及其技术专家极大地克服了地缘限制，更多地在世界范围内流动和扩散。最后，多极化进程伴随着全球化与信息化，为地缘理论的发展渲染了新的底色。当代国际社会告别了冲突与战争的时代，进入到和平与发展的新阶段。国际关系的研究视角不再限于政治与军事领域，地缘理论也与之相适应，经济与文化等因素成为影响地缘研究的重要内容。总而言之，冷战结束后形成的地缘理论发展背景，为丰富地缘理论内涵和全面认知地缘理论提供了新的重要学理依据。

二　研究框架的丰实：传统与现代地缘理论的分歧和共鸣

在全球化、信息化与多极化的时代，"去领土化"使得地理因素在国际政治当中的影响力与作用力不断下降，但是地缘理论并没有因此走到发展的尽头。地缘理论是一个不断生长的理论，因此必须以动态的视角来考察它。② 按照理论的兴起时间、研究范畴和哲学基础，地缘理论可以分为传统、现代和后现代三大类。简单地说，传统地缘理论是指地缘政治理论，现代地缘理论是指地缘经济理论和地缘文明理论，后现代地缘理论则是一种批

---

① 〔美〕兹比格纽·布热津斯基：《大棋局：美国的首要地位及其地缘战略》，中国国际问题研究所译，上海人民出版社，1998。

② 陈霞：《对地缘政治的再审视——如何看待当今地缘政治所面临的挑战》，《世界经济与政治》2001 年第 6 期，第 79 页。

判性的地缘政治理论。① 其中，传统与现代地缘理论在冷战后的发展进一步丰实了地缘研究的基本框架。

1. 冷战后传统地缘理论的继承与发展

在后冷战时代，围绕国家领土和自然资源而展开的激烈竞争，不会因为全球化、信息化和多极化的发展而退出历史舞台。辽阔的国土面积、丰富的自然资源、优越的海陆位置等地理优势条件，依然决定着一个国家的实力和地位，影响着一国政府外交政策的可行性和有效性。与此同时，作为一项主要思考治国之术的研究，传统地缘理论对国家关系的现实关注也决定了其继续存在的重要价值。以美国为例，克林顿政府的科索沃政策、小布什政府的中东政策、奥巴马政府的亚太政策，均是建立在地缘政治的战略考量之上。换言之，虽然地缘理论背景已经发生了天翻地覆的巨大变化，但传统理论的基本概念——"地缘"与"政治"依然是核心变量和关键要素。

兹比格涅夫·布热津斯基和约翰·米尔斯海默便是坚持将地缘政治作为分析视角的佼佼者，两人的代表作《大棋局》和《大国政治的悲剧》在冷战结束后相继公开出版并引起强烈反响。他们继承了传统的"冷战思维"，始终把维护美国的国家利益、影响美国政府的战略制定等作为其地缘理论的研究目的。布氏认为欧亚大陆在世界地缘格局当中占据着举足轻重的地位，他指出"地缘政治的规模再清楚不过了，北美洲与欧亚大陆相对峙，影响整个世界的命运，胜利者将真正地控制全球"。② 从地缘身份来看，他视法、德、俄、中、印为"地缘战略棋手"，视乌克兰、阿塞拜疆、韩国、土耳其和伊朗为"地缘政治支轴国家"。米氏也继承了传统的"空间思维"，其回归到陆地—海洋逻辑。他在批判海权论的基础之上，提出了陆权更为重要的观点。他认为"最强大的国家拥有最庞大的陆军"。③ 他还提出美国应当力

---

① 此处，笔者对地缘理论的三种分类主要是基于以下思考：从兴起时间来看，传统地缘理论在20世纪早期已经初具规模，而现代地缘理论与后现代地缘理论均兴起于20世纪80年代，现代地缘理论的系统阐述稍早于后现代地缘理论。从研究范畴来看，传统地缘理论主要是关注政治与军事领域，而现代地缘理论则将研究范畴扩展到经济与文明领域，后现代地缘理论则进一步将研究范畴深入到文本与语言领域。从哲学基础来看，传统地缘理论与现代地缘理论均秉持一种相同的哲学基础，而后现代地缘理论深受后现代主义的深刻影响，其从方法论、认识论和本体论三个层面，对传统地缘理论的哲学基础均进行了深刻批判。

② 〔美〕兹比格纽·布热津斯基：《大棋局：美国的首要地位及其地缘战略》，第7~8页。

③ 〔美〕约翰·米尔斯海默：《大国政治的悲剧》，王义桅、唐小松译，上海世纪出版集团，2003，第120页。

图发挥"离岸平衡手"的作用，防止任何地区霸权的出现。近些年来，深受中国高速发展的强力冲击和影响，米氏坚决反对中美接触的政策主张，其坚持及早"遏制"和尽快"围堵"中国的立场具有鲜明的"中国威胁论"色彩。

冷战结束后的地缘政治理论继承了 20 世纪早期由阿尔弗雷德·马汉和麦金德等人发展完善的传统理论。当代国际社会的事实证明，地缘政治的"扩张性""对抗性"和"霸权性"依然存在，[①] 地理因素仍然十分重要，民族国家之间仍然为了争取权力和领土而激烈斗争，军事权力依然胜过经济实力。[②] 与此同时，传统地缘政治理论在全球化、信息化和多极化的理论背景之下，也获得了新的发展生机。首先，全球化发展推动了地缘政治理论跳出"欧洲中心论"的窠臼，开始从全球的角度考察国际体系变化，这在根本上改变了传统地缘理论的空间视野。其次，信息化进步开辟了新的空间领域，存在未知空间的可能性不断提高，对新空间控制权的争夺也随之展开。最后，多极化趋势代替了冷战时期美苏对抗的两极局面，社会主义阵营的瓦解，使地缘政治理论逐渐摆脱了意识形态的束缚，开始关注苏联留下的"权力真空地带"和新兴发展中国家。

2. 地缘经济理论的勃兴及其主要观点

在全球化、信息化和多极化的发展条件下，世界市场和跨国公司越过地缘鸿沟，使得相互依赖的经济力量与军事和政治力量一样，越来越成为影响国际政治发展变化的主要因素之一。一些学者认为，地缘理论的研究范畴应当向经济方向延伸，由此地缘经济理论（geo‐economic theory）应运而生。作为一门战略性研究学科，地缘经济理论是关于国家战略、经济发展和地缘环境的基本理论。它以地理要素为重要基础，从地缘关系的角度出发，探索国家经济手段对国际战略空间的影响，其中包括经济竞争如何取代军事对抗成为 21 世纪国际关系的主流；各新兴大国的经济战略如何导致全球地缘结构的失衡等研究议题。[③]

地缘经济理论由美国学者卢特沃克在《从地缘政治到地缘经济》

---

① 苏浩：《地缘重心与世界政治的支点》，第 55 页。

② 潘忠岐：《地缘学的发展与中国的地缘战略——一种分析框架》，《国际政治研究》2008 年第 2 期，第 23 页。

③ 黄仁伟：《地缘理论演变与中国和平发展道路》，《现代国际关系》2010 年第 S1 期，第 23 页。

（1990）一文当中率先提出。① 他认为，"随着海外投资替代军火、民间创新替代军事科技进步、市场渗透代替驻军和基地，现在每个人都同意商业工具正代替军事工具推动国际社会的发展"。② 卢特沃克指出，随着全球化和信息化所导致的恐怖主义、环境污染、贸易争端等一系列的棘手问题在世界范围内的急速扩散，只有以共同利益和战略合作为工具的地缘经济，才能够最终解决这些全球性公共问题。理查德·所罗门与斯蒂芬·柯亨等人则在探究美国外交政策的过程中，进一步涉及了地缘经济这一理论内容。所罗门指出："有一条基本发展趋势是清晰的，我们正在进入一个地缘经济时代，贸易、金融和技术的流动正在塑造新型权力与政治"。③ 柯亨则在分析决策者的外交战略之前，将当今世界描述为"国际经济的基本转型正急速重新排列着国家财富和权力的等级次序。"④ 在他们的眼中，地缘经济理论就是研究如何在固定的地理环境之下，通过经济互动来实现国家利益的方式方法。

总体来看，地缘经济理论的观点与传统地缘理论，既有分歧又有共鸣。毫无疑问，分歧在两种理论中是普遍存在的：第一，在地缘经济的世界当中，民族国家的主要任务是尽量地争取经济优势，占领市场比扩张领土更加重要，这与侧重于政治和军事领域竞争的传统地缘理论有所不同。第二，区域经济一体化是地缘经济理论的关注重点之一，合作与协调成为地缘经济发展的主流，这改变了传统理论对霸权性和冲突性的一贯强调。第三，地缘经济理论的研究对象超越了民族国家的范畴,⑤ 国际组织、跨国公司乃至个人均可以影响到地缘经济的发展过程。最后，地缘经济理论的研究重点是美、

① 除卢特沃克以外，法国学者、巴黎国际政治与地缘经济研究所主任洛罗（Pascal Lorot）也对地缘经济理论发展做出了重要贡献。其他涉及地缘经济理论的著作包括：赛罗（Lester C. Thurow）的《勇者对决：即将到来的日、欧、美经济战》、诺（Henry R. Nau）的《美国衰落的秘密：引导世界经济进入 90 年代》、麦金莱（Conway H. McKinley）的《地缘经济：新科学》等。

② Edward N. Luttwak, " From Geopolitics to Geo - Economics: Logic of Conflict, Grammar of Commerce," *The National Interest*, Vol. 20, 1990, p. 17.

③ Richard Solomon, "America and Asian Security in an Era of Geo - economics," *US Department of State Dispatch Magazine*, May 25th, 1992, p. 410.

④ 参见 Stephen S. Cohen, "Geo - Economics: Lessons from America's Mistakes", p. 3. 该文是 BRIE 研究当中的一篇工作文章，BRIE（The Berkeley Roundtable on the International Economy）是加州大学伯克利分校展开的一项关注经济竞争和发展的跨学科研究项目。

⑤ 卢光盛：《国际关系理论中的地缘经济学》，《世界经济研究》2004 年第 3 期，第 14 页。

日、欧等世界市场的中心地区，近年来"金砖四国"等新兴经济体也逐渐成为新的研究对象。除了理论分歧之外，这两种理论也引发了多种共鸣。比如：地缘经济理论作为现代地缘理论，拥有与传统地缘理论相同的方法论、本体论和认识论。地缘经济理论依然把地缘因素作为理论的重要组成部分，开展经济合作时往往会首先考虑地缘的先天邻接性。地缘经济理论认识到政治冲突的持续弱化趋势，但也注意到这种"非暴力性"同样具有对抗性和残酷性。[1] 地缘经济理论强调非国家行为主体的巨大作用，但仍旧把民族国家视为最为重要的国际关系行为主体。由此可见，地缘经济理论的观点是"发展"而不是"取代"了传统地缘理论。[2]

3. 地缘文明理论的突起与持续性论争

"地缘文明"（Geo - civilization）作为一个完整的理论术语，在国际政治研究领域中较少出现，但是从文明的角度来审视国际关系的理论研究是一直存在的传统方法论之一。[3] 尤其是冷战结束以后，塞缪尔·亨廷顿的"文明冲突论"如春风野火般地异军突起，迅速席卷了世界各国朝野。他认为，伴随着两极格局的土崩瓦解和全球化进程的持续加快，人们对民族国家的认同感逐渐下降，建构于地缘空间之上的"文明"取代了政治意识形态而成为决定吸引和排斥的磁石。[4] 总体来看，"地缘文明"是对一个地缘体系中的历史文化共同体所处空间位置和自然环境的综合性考量，或者说它更加注重特定地缘——自然环境对"文明"或是历史文化共同体所产生的长时段和结构性的影响。[5]

亨廷顿在 1993 年率先提出"文明冲突论"这一观点。他认为，未来世界的国际冲突根源，将主要是"文明"而不是政治和经济的。该理论的分析逻辑是地缘建构"文明"，而文明差异导致国际冲突。亨廷顿从地域的角度来谈论"文明"这一概念，其将目前世界上的主要文明类别划分为八种，

---

① 韩银安：《浅析地缘经济学》，《外交学院学报》2004 年第 3 期，第 74 页。

② 韩银安：《地缘经济与地缘政治刍议》，《国际关系学院学报》2005 年第 2 期，第 10 页。

③ 历史地看，汤因比（Arnold J. Toynbee）、斯宾格勒（Oswald M. A. G. Spengler）、布罗代尔（Fernand Braudel）等人的相关著作，均从文明的角度对国际社会和历史发展进行了深刻审视。从当代来看，许多学者的研究成果也涉及文明对国际关系的深刻影响等内容，如哈佛大学历史学家入江昭（Akira Iriye）、麻省理工学院政治学教授白鲁恂（Lucian Pye）等。

④ 〔美〕塞缪尔·亨廷顿：《文明的冲突与世界秩序的重建》，周琪、张立平等译，新华出版社，1998，第 145 页。

⑤ 阮炜：《地缘文明》，生活·读书·新知三联书店，2006，第 14 页。

即西方文明、儒家文明、日本文明、伊斯兰文明、印度教文明、东正教文明、拉丁美洲文明以及非洲文明。不同文明在断层线（civilized fault line）上的冲突与碰撞，构成了冷战结束后世界冲突的主要模式。所谓的断层线，就是指地理空间和文化环境上有着较大差异的交汇之处。在欧洲，这条线从北开始，沿着芬兰、波罗的海三国与俄罗斯的边界，穿过白俄罗斯、乌克兰、罗马尼亚，最后到达前南斯拉夫境内。①"文明冲突论"一经提出之后，便引来了众多的争议并持续至今。有学者认为，文明区分对于政治的影响并不具有关键性；有学者提出，该理论最大的弱点是忽视了市场经济在国际关系中的重大影响力；还有学者指责亨廷顿具有种族主义的不端倾向。② 美国政界人士也在多个不同场合批评了这一观点主张，并声明不会把"伊斯兰文明"和"儒家文明"预设为潜在的对手。

不过，地缘文明理论为研究地缘关系提供了新的视角和框架，其所强调的文明在国际格局和进程当中的关键性作用，也成为它与传统地缘理论的主要分歧所在。由于文明受制于无法改变和不可复制的地缘环境，于是，千百年来的历史进程造就了"地缘文明"的稳定性和持久性，这对于人们和决策者具体理解国际社会发展与国家冲突无疑具有极大的影响效力。有些学者从地缘文明的角度出发，将世界一分为二，认为世界"最主要的分裂是在西方和非西方之间，以穆斯林和亚洲社会为一方，以西方社会为另一方。"③不过，由于地缘文明理论尚未形成独立和规范的理论体系，它与传统地缘理论的共鸣更为普遍。首先，地缘文明理论与地缘经济理论一样，属于现代地缘理论，它的方法论、本体论、认识论等哲学基础并没完全超越传统地缘理论。其次，地缘文明理论依然强调冷战结束后民族国家的独特重要性，这在"文明冲突论"中有着集中的表现。亨廷顿认为，文明之间的冲突载体是不同文明的核心国家，这间接强调了国家行为主体的关键性地位。最后，地缘文明理论也具有显著的地理性。不同文明区域的形成是由核心国家凭借其政治、经济、文化等能量，把自己周边的国家或是地区凝聚成一个具有高度集

---

① 〔美〕塞缪尔·亨廷顿：《文明的冲突与世界秩序的重建》，第 171 页。
② 从亨廷顿提出"文明冲突论"以后，其所掀起的论争狂潮立即席卷了全球学术界。在美国，Graham Fuller、Michael Magarr、Amartya Sen、Paul Berman、Edward Said、Richard Rubenstein 等学者均明确反对这一理论的强烈的保守主义倾向。在中国，倪世雄、王缉思等学者也从多个角度系统地评价和批判了这一理论观点。
③ 〔美〕塞缪尔·亨廷顿：《文明的冲突与世界秩序的重建》，第 199 页。

团效能或是"合力"的地缘共同体。

三　后现代转向：批判性地缘政治理论的建构及问题

质疑传统地缘政治理论的后现代地缘理论——批判性地缘政治理论（critical geopolitics）在20世纪80年代逐渐兴起，但是直到90年代初期它才开始逐渐引起地缘理论学界的重视。[①] 大卫·哈维认为，全球化、信息化进一步压缩了时间与空间，扭曲了社会与文化的结构，从而把人类引入混乱的后现代社会。在这种新的背景之下，尽管地缘理论已经形成了政治、经济与文明等多种研究视角，拥有了丰实的理论框架，但是一些学者认为它对"什么是地缘政治"和"如何认识地缘政治"的回答仍然存在许多问题。以此为开端，批判性地缘政治理论在批判传统地缘理论的基础之上应运而生。

1. 批判性地缘政治理论的哲学基础

批判性地缘政治理论作为地缘理论的一个重要分支，深受批判理论和后现代主义的影响。该理论认为，虽然地缘政治理论没有必需或内在的永恒核心，但地缘政治始终是一门对理论术语究竟意味着什么不断进行着重新书写和商讨的过程。[②] 面对冷战结束后形成的新的理论背景，批判性地缘政治研究不断质疑传统地缘理论的方法论、本体论与认识论，通过批判来解构传统地缘理论，重新对地缘理论进行全面性解读。

从方法论来看，传统地缘理论坚持使用实证主义的研究方法，从民族国家出发，按照理性的逻辑选择，解释和说明地缘战略选择的事实与规律。而批判性地缘政治理论则反对使用这种高度科学主义化的研究思路。在《后

---

① 此处，笔者采用"批判性地缘政治理论"而非"批判性地缘理论"的提法，一是尊重学术界的研究传统，二是地缘政治理论为奥特瓦塞尔（Geróld Ó Tuathail）等人批判的焦点所在。根据奥氏的说法，批判性地缘政治理论概念最初由泰勒（Peter Taylor）提出，John Agnew、Simon Daley、Klaus Dodds、Timothy Luke、Paul Routledge、John O'Loughlin等人在此方面也多有建树，其中尤以奥氏的贡献最为突出。他在《批判性地缘政治学：书写全球空间的政治》（1996）一书当中，系统地挑战了原有地缘理论的哲学假设。批判性地缘政治理论的其他重要著作还包括：奥特瓦塞尔与多尔比（Simon Daley）的《重新思考地缘政治：一种批判地缘政治的趋向》、安格纽（John Angew）的《地缘政治学：世界政治的重新审视》、达德斯（Klaus Dodds）的《变动世界中的地缘政治》，以及奥特瓦塞尔、多尔比、劳特利奇（Paul Routledge）合作编写的《地缘政治读者》。

② Klaus Dodds, "Review: Critical Geopolitics," *Economic Geography*, Vol. 74, No. 1, 1998, p. 77.

现代主义的条件》一书中，让·弗朗索瓦·列奥塔将后现代世界视为是处在由知识主导的历史阶段。受此影响，批判性地缘政治学者认为，建构地缘理论最重要的方法是掌握"看到"全球政治地图的技术，其注意力应当集中在创造地缘知识与对应类型知识的组织和个人上。[1] 他们运用后实证主义的研究方法，使"理解"成为批判性地缘政治理论认知地缘分布的重要途径之一。

从本体论来看，传统地缘理论坚持物质本体论，其独立于人的话语与观念之外，它强调地理环境、自然资源和领土国界对国家行为的重要影响。批判性地缘政治理论则赋予了论述与实践以本体的地位，指出地缘理论是关于空间与政治的论述（discourse）、再呈现（representation）与实践（practice）的复合体。[2] 一些学者还尝试性地从地理、技术、媒体与历史等多个方面，重读传统地缘政治文本并转换传统地缘论述，进而挖掘其隐藏于文字和语言当中的发展轨迹与意识形态，最终探索出地缘政治的本质性规律。事实上，地理空间所反映的自然景观与文化性和民族性所反映的精神景观已经结合成了一个整体，因此其研究对象既是物质性的也是表述性的。[3]

从认识论来看，原有的地缘理论坚持价值中立的认识方法，认为主体与客体之间可以完全分离。批判性地缘政治学者纷纷质疑这种认识方法。他们认为，所有知识均相当程度地反映了此前即已存在的社会目标和利益，研究者其实无法真正地做到"价值中立"。以麦金德的"陆心说"和布热津斯基的"大棋局"为例，其目的均为建立和维护美国的核心利益。在批判学者看来，地缘政治研究"并没有纯洁的、无意向的、非时间性、非地点性的研究者存在，没有纯粹的理性，也没有绝对的知识或绝对的信息，人的所有认知都是人基于其预设的观念对世界的一种反映"。[4] 研究者们不可能超然于国家、民族和个人利益之上，因此，批判性地缘政治学者认为理解地缘政治必须考虑研究者的人生观、价值观、世界观等主观性因素。

① John A. Agnew, "Global Political Geography beyond Geopolitics," *International Studies Review*, Vol. 2, No. 1, 2000, pp. 97.

② 莫大华：《批判性地缘政治战略之研究》，《问题与研究》2008 年第 2 期，第 58 页。

③ 许勤华：《评批判性地缘政治学》，《世界经济与政治》2006 年第 1 期，第 19 页。

④ John A. Agnew, *Geopolitics：Re‑visioning world politics*, London：Routledge, 2003, p. 11.

2. 批判性地缘政治理论的核心观点

批判性地缘政治理论建立在对传统地缘理论的批判之上，它不再关切受地理条件影响的国家利益和国家战略，而是关注人们对当前国际政治的认知和理解过程。经过 20 多年的不断发展，批判性地缘政治理论极大地丰富了地缘理论的内涵，也为人们理解地缘理论提供了新的认识方法，其主要观点概括起来包括四个方面：

第一，批判性地缘政治理论在方法论、本体论和认识论上突破了实证主义、理性主义和物质主义的传统路径依赖。它在方法论上突出了人在创造与理解知识过程中的重要作用，在本体论上强调研究对象的物质性与表述性并存，在认识论上坚持考虑研究主体的非中立性。由此可知，人的意义与作用被批判性地缘政治学者纳入其理论分析当中。奥特瓦塞尔认为，地缘政治为官员与领导者所引用和使用，以他们的构成地点、关键剧本、主要角色来建构并再现世界事务。[①] 除了关注领导人、决策者等政治精英之外，批判性地缘政治理论还关注大众与媒体对地缘政治"自下而上"的塑造。

第二，批判性地缘政治理论深入探讨了"地缘政治想象"的过程。随着全球化、信息化和多极化的发展，电视和互联网塑造大众认知国际政治的作用显著提升。考察冷战结束后的国际社会现实，以 CNN、BBC、ITN 为代表的国际传媒力量不断壮大。依赖其舆论监督的地位和电视画面的力量，大众传媒逐渐占领了道德判断的制高点。通过紧握话语权，它们不断推动甚至强迫着外交政策的决策者采取相应的行动。[②] 除了电视、互联网等大众传媒之外，借助高科技的信息化载体，文学、电影、音乐等通俗文化也在重新建构着人们对地缘政治的理解和印象。"地缘政治想象"的过程随之在人类社会中推展开来。

第三，批判性地缘政治理论尝试解构原有地缘理论所使用的文本和论述。雅克·德里达的解构思想，对批判性地缘政治学影响很大。在此，所谓的"解构"，是指通过对理论当中修辞方法的分析来破坏其哲学基础。德里

---

① Gearóid Ó Tuathail, "Theorizing Practical Geopolitical Reasoning: the Case of the United States' Response to the War in Bosnia," *Political Geography*, Vol. 21, 2002, p. 607.

② Timothy W. Luke and Gearóid Ó. Tuathail, "On Videocameralistics: The Geopolitics of Failed States, the CNN International and (UN) Governmentality", *Review of International Political Economy*, Vol. 4, No. 4, 1997, p. 719.

达希望借此使人们从木已成舟的观念中解脱出来，并指出写作和阅读中的偏差与事实永远存在。与德里达的基本思路相类似，奥特瓦塞尔认为地缘政治研究受到原有理论"论述"的限定与规范，由此陷入从地理条件出发考察国家战略与安全的思维定式。为了最终突破传统理论的话语体系，他强烈质疑大国在地缘实践中不断建立起来的权力关系，并把"地缘政治"具体解构为"地缘—政治"，把"地理学"（geography）重新解构为"地理图"（geo-graph）。

第四，地缘政治是一种内涵非常丰富的社会与文化现象，这从批判性地缘政治学者进行的理论分类当中可见一斑。奥特瓦塞尔将批判性地缘政治理论划分为四大类型：学术的地缘政治（formal Geopolitics），主要研究学术界的认识和观点；实践的地缘政治（practical geopolitics），主要研究决策者的具体战略和行动；通俗的地缘政治（popular geopolitics），主要研究大众文化对国家认同与地缘理解的建构；结构的地缘政治（structural geopolitics），主要研究国际政治经济体系对地缘政治的深刻影响。[①] 在批判性地缘政治学者看来，学者、政府、群众和国际社会现状均是批判性地缘政治学的构成要素，其研究对象是多元化的而非单一性的。

3. 批判性地缘政治理论的主要问题

历经 20 多年的不懈发展，批判性地缘政治理论为地缘理论发展带来了新的认知角度和研究方法，逐渐成为一支重要的地缘理论学派。但是，批判性地缘政治理论正像其他批判性理论一样，它在建构新的方法与理论的同时，也面临着许多的挑战和问题。

首先，批判理论往往渊深艰涩，理查德·阿希利、安德鲁·林克莱特等批判理论家的著作均是晦涩难懂，批判性地缘政治学者也具有类似的问题。虽然新术语和新思维的引入极大地丰富了研究框架，但是也造成了理论过于抽象等新问题。人类建构理论的目的是描述和解释现实并预知未来，如果理

---

① 奥塔瓦塞尔和多尔比在《重新思考地缘政治：一种批判地缘政治的趋向》一书当中，首次提出了批判性地缘政治理论类型的区分问题，即批判性地缘政治理论主要包括学术的地缘政治、实践的地缘政治和通俗的地缘政治三大类型。此后，奥特瓦塞尔在《理解批判性地缘政治学：地缘政治与风险社会》一文当中，进一步增加了结构的地缘政治。由此，最终确定了批判性地缘政治理论类型的"四分法"。参见 Gearóid Ó Tuathail，"Understanding Critical Geopolitics：Geopolitics and Risk Society," *Journal of Strategic Studies*，Vol. 22，Issue2/3，1999，p. 111。

论家在描述事实之初就已经陷入了玄妙的思辨当中，那么这种理论的进一步发展势必会受到严重的阻碍。

其次，批判性地缘政治理论的研究范畴过于宽泛，其话语体系十分庞杂，其中有些概念随着理论的发展产生了一定混乱。另外，该理论在方法论、本体论和认识论上过于强调话语、文本、观念等方面的作用。这一过于激进的哲学基础诉求，导致该理论忽视了"地理性"，这对传统地缘的理论认知造成了巨大的冲击。学术概念的多元混乱与理论范畴的过分扩大，在某种程度上给批判性地缘政治理论带来了"认同危机"，这容易使其向着更加边缘化的方向发展。

最后，批判性地缘政治理论对传统地缘政治的解构，不仅令人费解，而且与现实相脱离。在批判性地缘政治学者的理论体系当中，地缘政治不再以制定国家战略为基本目标，其对世界政治的经验分析往往是关注不足。马克·巴森指出，当前的地缘政治呈现出两种不同的发展方向，一种是回归传统的"新古典地缘政治"，另一种是批判性地缘政治。① 传统地缘理论的回归能够更好地指导政策、适应现实的发展，这势必会阻碍批判性地缘政治理论的进一步发展。可见，虽然批判性地缘政治理论开辟了新的研究天地，但是现实支撑和科学论证的相对缺乏，使其依然没有占据主流的理论地位。

地缘理论在冷战后的发展与嬗变，为人们理解地理要素与国际政治的关系提供了新的研究方向和认知视角，其理论范畴也得到了极大丰富。传统地缘政治理论并没有随着国际环境的变化和地缘理论的发展而失去应有的理论意义，陆地—海洋、时间—空间依然是地缘理论的基本范畴。一个始终无法忽视的基本现实是，自然地理环境永远是国际政治的客观载体，民族国家依然是国际社会当中最为重要的行为主体，主权原则仍旧是国家间关系的基本行为准则。现代地缘理论则顺应全球化、信息化和多极化的历史潮流，试图改变传统地缘政治理论的"冲突性"和"扩张性"的政治底色，进而探索出经济与文明的新的研究视角，倡导立足于地缘基础之上的经济合作与社会交流。但是，现代地缘理论并没有从根本上挑战传统地缘政治理论的哲学基础，这一任务由批判性地缘政治理论进行了具体落实。批判性地缘政治学者

① Mark Bassin, "The Two Faces of Contemporary Geopolitics," *Progress in Human Geography*, Vol. 28, No. 5, 2004, pp. 620 - 626.

深受批判理论与后现代主义的深刻影响,其从方法论、本体论和认识论等哲学基础与命题假设上提出了与传统地缘政治理论迥异的观点主张。他们希望通过对原有理论进行文本上的再认知,解构与重塑地缘理论。最终,在冷战后形成的全球化、信息化和多极化的时代大背景下,地缘理论向着内容更趋多元化和认知更加深入化的方向不断发展与演化。

东亚地缘经济环境变化

第一章

东亚地缘经济环境变化与
中国区域经济合作

伴随着经济全球化和区域经济一体化的不断深入发展，地缘关系的核心要素也发生了重大变迁。自然地理、国家实力、战略意图等传统性要素在地缘关系中的地位开始下降，诸如国际资本、金融货币、信息技术等新要素在地缘关系中的重要性不断提升。经济利益与经济关系逐步取代了军事对抗与政治关系，地缘经济成为当代国际关系研究的新课题。冷战结束后，东亚地区在全球地缘经济结构当中面临着一系列的不确定性因素和潜在风险，东亚地缘经济环境发生了前所未有的重大变化，同时也为东亚区域经济合作创造了新的发展空间。中国是东亚地区的重要国家之一，具有重要的战略利益，深受东亚地缘经济环境变化的作用和影响。在不断深化东亚区域经济合作的基础之上，更好地维护中国的地缘经济利益，进一步提升中国作为地区性大国的优势资源，无疑具有重要的现实意义和战略价值。

一 东亚地缘经济环境变化的特征与趋向

冷战结束后，东亚地缘经济环境发生了重要变化，这主要表现为两个方面：一方面，东亚地区的两极格局瓦解，地区内经济相互依赖程度越来越加深，东亚地区的合作进程不断加快；另一方面，在地缘政治因素的深刻影响之下，美日两国加强了对中国经济快速发展的警惕，开始调整战略目标，积极介入东亚地区事务，重塑和提高在东亚地区的影响力与作用力，从而导致东亚地缘经济的竞争性关系越来越加剧。冲突与合作并存是当前东亚地缘经济环境变化的重要特征之一，合作、发展、协调是东亚地缘经济环境变化的主体趋向。

东盟一体化是当前东亚地缘经济环境变化的一大亮点所在。20 世纪 60 年代，马来西亚、印度尼西亚、菲律宾、泰国、新加坡五国共同发表《东南亚国家联盟成立宣言》，标志着东盟组织的正式成立。冷战期间，东盟受到当时国际环境的极大制约，一体化进程发展相对缓慢。冷战结束后，东盟加快了一体化进程，一定程度上有效整合了东盟内部力量。东盟成员国逐步扩展到整个东南亚地区；东盟自由贸易区已经初步建成，并不断向纵深方向推进；东盟各成员国拥有相对明确的共同安全意识，多边安全合作在东盟内部逐步展开。[①] 另外，"东盟是东亚地区最早进行一体化的次区域组织，也是东亚一体化的倡导者"，[②] 目前东盟已经成为东亚区域经济合作中的一支重要力量。

改革开放以来，中国经济得到了快速发展，越来越成为东亚地区的一支重要经济力量。中国经济的快速发展和中国成功加入世界贸易组织（WTO），无疑为东亚区域经济合作奠定了更为坚实的基础。对东亚地区而言，中国经济快速发展的重要意义在于一举打破了长期以来以"雁行模式"为主要特征的东亚经济发展的传统模式，而在东亚地区创造了一种新的地区经济关系格局和经济增长的动力机制。这种新机制的基本框架是中国成为吸纳外来投资和加工生产的一个重要中心，通过跨国公司的生产和销售网络在东亚地区各经济体之间建立起一种水平式分工联系。[③] 在 2008 年全球金融危机的强力影响之下，全球经济受到了严重挫折，而中国成为推动东亚经济复苏的重要力量。中国经济的快速发展和影响力的持续提升，成为东亚地缘经济环境变化的重要特征之一。

日本民间在 20 世纪 60 年代提出了东亚区域经济合作的基本构想，但是这一时期日本政府始终将注意力放在全球多边贸易体制上，对推动东亚区域经济合作的态度比较消极。20 世纪 90 年代以后，日本政府逐步调整了东亚区域经济合作政策，"出台一系列东亚经济合作新构想，以建立双边'经济

---

① 朱进、王光厚：《冷战后东盟一体化论析》，《北京科技大学学报》（社会科学版）2009 年第 1 期，第 38~39 页。

② 陆建人：《从东盟一体化进程看东亚一体化方向》，《当代亚太》2008 年第 1 期，第 21 页。

③ 尤安山：《东亚经济多边合作的发展趋势及对中国的影响》，《世界经济研究》2004 年第 4 期，第 12 页。

伙伴协定'为突破口，以点带面，建立东亚范围内的'经济伙伴协定'，实现以东亚共同体为基础的大区域合作战略目标"。[①] 日本作为东亚共同体的积极推动者之一，力图通过东亚共同体建设，确立它在东亚区域经济合作中的主导权。日本积极倡导东亚共同体建设的实际内容是进一步强化日本与东盟之间的合作关系，极力遏制中国在东亚地区影响力和作用力。"日本将继续在经贸、货币、安全、能源、环境等领域加强与东盟的合作，应对中国在东南亚地区日益增长的影响力，掌握东亚区域合作主导权。"[②]

冷战期间，美国一直把欧洲地区作为其经济外交的施展重心。冷战结束后，中国在东亚地区的影响力不断提升，这越来越引起美国方面的忧虑。美国开始重返东亚地区，不断强化在该地区的影响力和主控力。毫无疑问，美国是影响和改变东亚地缘经济环境的重要因素之一。虽然美国不是东亚国家，但是其在东亚地区有着重要的现实利益，它一直试图在东亚地区发挥单一性的影响力，以确保在东亚地区的战略利益。随着亚太地区经济相互依赖程度的不断加深，美国开始调整自身的区域经济政策。为了确保在亚太地区经济和政治的足够影响力，美国一直对东亚区域经济合作采取消极和观望态度。冷战结束后，美国开始重返东亚地区，其在区域经济政策上采用不断与东亚国家缔结双边自由贸易协定的方式，通过与中国台湾、泰国、新加坡等建立自由贸易区，一定程度上牵制了中国与东亚经济体之间关系的进一步发展。

深受地缘政治的影响是东亚地缘经济环境变化的另一个重要特征。东亚地区长期存在着地缘政治和地缘安全热点问题，诸如领土争端、海洋权益、朝核危机、军备安全、民族主义等问题，成为东亚区域经济合作的阻力。中日在钓鱼岛、韩日在独岛（竹岛）、俄日在北方四岛的归属问题上存在着根本性分歧；南海问题越来越国际化，中国同菲律宾、越南等国家在南海问题的矛盾有所激化；解决朝核问题的六方会谈机制长期处在停滞状态，朝鲜半岛局势动荡有所加剧；民族主义不断上升，成为影响中日韩三国经济合作的新因素。可以看出，地缘政治和地缘安全问题已经成为影响东亚地缘经济环境变化的重要因素和变量。

---

① 董立延：《日本亚洲政策调整与东北亚区域合作趋向》，《亚太经济》2009 年第 5 期，第 43 页。
② 杨鲁慧、郭延军：《东亚合作进程中的中国软实力战略》，《国际论坛》2008 年第 3 期，第 11 页。

地缘经济的主要特征是地域性关系，"这种关系通常表现为或者是联合和合作即经济集团化，或者是对立乃至彼此遏制、互设壁垒等，前者称为互补关系，后者称为竞争关系"。① 冷战结束后，东亚地缘经济发展出现冲突与合作并存的新特征。东亚地区内出现东盟一体化进程加快，中国、日本、东盟等力量在推动东亚区域经济合作中发挥重要作用等积极因素。不过，东亚地区也存在着地缘政治、地缘安全等一系列阻碍区域经济合作的消极因素。在一个依赖程度不断加深的国际社会中，地区间的协调与合作应成为发展主流，东亚区域经济合作也将成为一种必然趋势。

二 当前东亚地缘经济合作的现状与问题

当今世界地缘经济格局表现为三个相互竞争与合作的经济集团，即欧盟、北美自由贸易区和东亚区域经济合作。与欧盟和北美自由贸易区相比，东亚区域经济合作处在严重滞后的状态，至今仍未形成统一的认识。20世纪90年代以来，东亚区域经济合作进入快速发展时期。当前，东亚区域经济合作已经呈现多层次、多样化的发展态势。从国家之间真正形成实质性区域经济合作的角度分析，当前东亚区域经济合作主要分为四种形式，即东盟自由贸易区、中日韩三国的合作对话、东盟分别与中日韩之间的合作对话（10 + 1）、东盟与中日韩的合作对话（10 + 3）。

1. 东盟自由贸易区

东盟国家之间开展经济合作相对较早。冷战结束后，东盟国家便已经开始东盟自由贸易区（AFTA）建设，并取得了显著成效。1992年1月，东盟第四次首脑会议在新加坡举行，此次会议决定从1993年1月1日起的15年内建成东盟自由贸易区，将域内各成员国之间的关税最终降低至0～5%。1995年12月，东盟第五次首脑会议正式通过《扩大经济一体化的日程安排》，约定将区域内的贸易自由化从15年缩短为10年。2002年1月1日，东盟自由贸易区正式启动，这标志着东盟经济合作进入一个新的阶段。东盟自由贸易区的最终形成，使得东盟成员国进一步扩大了经济贸易往来，极大地刺激了各自经济发展，促进了东盟成员国之间经济的相互融合，加速了东盟内部区域经济一体化进程，也为东亚区域经济合作树立了成功典范。

---

① 韩银安：《地缘经济学与中国地缘经济战略》，世界知识出版社，2011，第47页。

2003 年 10 月，东盟签署"巴厘第二协约宣言"，提出到 2020 年建成三个共同体的目标，即经济共同体、政治安全共同体、社会与文化共同体，这标志着东盟在区域经济合作中迈出了重要一步。2007 年 11 月，在第十三届东盟峰会上，东盟国家领导人签署《东盟经济共同体蓝图》，具体规划了东盟经济一体化路径，确立到 2015 年在东盟地区内建成统一市场和生产基地的战略目标。虽然东盟在东亚区域经济合作进程中取得了卓有成效的成绩，但是东盟经济一体化也面临着外部环境压力、内部深化发展等一系列的严峻挑战，这成为东盟经济一体化建设的瓶颈所在。

2. 中日韩三国的对话合作

中日韩三国合作是在东亚合作的基本框架之下进一步搭建和进行的，主要分为两个方面：一是中日韩合作支持东亚合作进程，二是中日韩三国之间开展合作。1999 年 11 月，中国总理朱镕基、日本首相小渊惠三、韩国总统金大中在菲律宾出席东盟与中日韩领导人会议期间举行了第一次早餐会，由此启动了中日韩三国在 10 + 3 框架内的合作进程。2000 年，中日韩三国领导人在第二次早餐会上共同决定，在 10 + 3 框架内定期举行会议。2008 年 12 月 13 日，首次 10 + 3 框架外的中日韩领导人会议在日本福冈举行，会后签署并发表了《三国伙伴关系联合声明》，通过《国际金融和经济问题的联合声明》《推动中日韩三国合作行动计划》《三国灾害管理联合声明》。中日韩三国在对话合作的过程当中，保持着高层的持续交往与接触，相互间贸易额增长迅速，同时建立了外交、经贸、财政、海关等部长级会议机制。2010 年 5 月 29 日，中日韩三国领导人通过《2020 中日韩合作展望》，加快了中日韩自贸区建设速度。中日韩三国承诺将努力在 2012 年前完成中日韩自贸区联合研究，完成三国投资协议谈判。目前，中日韩三国的对话与合作仍然存在着严重阻碍，由于三国的经济发展水平和产业结构存在较大差异，三国之间的谈判过程注定将十分复杂。与此同时，中日韩三国在政治上的矛盾、在战略上的潜在冲突以及美国因素的深刻影响，注定彼此之间的对话与合作仍然需要长时间的尝试和努力。

3. "10 + 1" 自由贸易区

所谓的"10 + 1"自由贸易区，是指东盟分别与中日韩三国之间的对话与合作。2002 年 11 月 4 日，中国与东盟 10 国在柬埔寨首都金边签署《中国与东盟全面经济合作框架协议》。2010 年 1 月 1 日，中国—东盟自由贸易区正式全面启动，这为中国与东盟的经济发展带来了互利共赢的新局面，进一步促进了中国同东盟各国之间的合作。2002 年 10 月，日本外务省发表《日本 FTA 战略优先次序报告》，东盟成为其首要发展目标之一。① 2005 年 4 月，日本与东盟签署《经济合作框架协议》。东盟 "10 + 1" 自由贸易区体现了东盟在推动东亚区域经济合作中独特的重要地位，东盟采用与东亚地区每个强大的经济体建立单独对话协商机制，"巧妙地使各种不同的合作利益和合作诉求首先在不同的平台上以不同的目标加以实现，并在这个过程中使每个强大的经济体都能加入整个东亚区域经济一体化的进程中来，同时在这个进程中再来寻求大家共同的利益平衡点，逐步使各个经济体能够在某些共同的目标上达成共识，从而推动整个区域的经济一体化进程逐步实现"。② 目前，东盟在东亚区域经济合作中的核心作用已经确立。但随着以东盟为核心的区域合作机制不断增多，东盟领导力量日趋分散化，东盟所提供的区域合作机制始终跳不出东南亚次区域视野的问题越来越暴露出来，③ 这使得 3 个 "10 + 1" 机制陷入发展乏力的尴尬境地。

4. "10 + 3" 机制

1997 年 12 月 15 日，首次东盟与中日韩领导人会议在马来西亚首都吉隆坡举行。自此，东盟与中日韩领导人每年会晤一次，这已经成为东亚区域经济合作的重要机制之一。1999 年 11 月，在东盟与中日韩第三次首脑会议上，各方共同发表了纲领性文件——《东亚合作联合声明》，东盟 10 国与中日韩三国经济、财政和外交部长建立了定期会晤机制。2008 年 4 月，东盟 10 国与中日韩三国出席在西班牙首都马德里财长会议期间一致同意，将原本双边货币互换机制转变为多边机制，同时建立外汇储备金，从而避免过分依赖国际货币基金组织（IMF）的局面，这有助于更好地预防东亚地区性金融危机。2009 年 12 月 28 日，东亚 13 国财政部长和央行行长以及香港金融管理局总裁正式签署《清迈倡议多边化协议》。该协议旨为进一步强化东亚地区防范金融风险和应对经济发展挑战的实际能力，"其核心目标是解决区域内国际收支和短期流动性困难，并对现有国际融资安排加以补充"。④

---

① 周永生：《21 世纪初日本对外区域经济合作战略》，《世界经济研究》2008 年第 4 期，第 70 页。

② 尤安山：《东亚经济多边合作的发展趋势及对中国的影响》，第 13 页。

③ 陆建人：《从东盟一体化进程看东亚一体化方向》，第 34 页。

④ 《清迈倡议多边化协议正式签约总规模为 1200 亿美元》，http：//news. xinhuanet. com/fortune/2009 - 12/28/content_ 12718026. htm。

"10＋3"框架下的区域经济合作，为东亚区域经济合作提供了制度保障和发展平台。但是，东盟与中日韩三国的合作与对话机制长期以来缺少实质性的内容，只是一种多边化的对话方式和磋商机制。东盟与中日韩三国的合作与对话是东亚区域经济合作的一大创举，它是涵盖东亚地区最多国家的区域合作机制，也是对域内各国均有利的区域经济合作模式。世界银行（WBG）公布的《东亚一体化报告》认为，无论是中日韩三国还是 3 个"10＋1"机制，其实均不如东盟与中日韩三国的"10＋3"合作机制。该报告预测，在"10＋3"的框架之下，所有的参与国均从区域经济合作中受益良多，东盟的实利相当其 GDP 的 1.3%、韩国的实利相当其 GDP 的 1.1%、日本的实利相当其 GDP 的 0.2%、中国的实利相当其 GDP 的 0.1%。如果日本与东盟建立 FTA，将会给中国经济造成相当于 GDP 0.1% 的损失，对韩国造成的损失相当于其 GDP 的 0.2%。如果中国与东盟建立 FTA，对日本经济造成的损失为零，对韩国造成的经济损失相当于其 GDP 的 0.1%。如果中日韩建立 FTA，将会给东盟造成相当于其 GDP 0.26% 的经济损失。[①] 因此，东亚区域经济合作将是东亚国家最为理性的战略选择。

目前，东亚区域经济合作不仅包括国家间真正形成的实质性区域经济合作，还包括跨境次区域经济合作。长期以来，东亚跨境次区域经济合作较为活跃，其中包括中日韩三国进行的图们江开发合作、中缅泰老越的大湄公河次区域开发合作、中泰昆明—曼谷公路建设合作、新加坡—柔佛—巴淡成长三角经济合作等项目。东亚跨境次区域经济合作显然不是国家间的经济合作，只是两个或者多个国家内部地区之间的跨境经济活动。东亚地区跨境次区域经济合作尽管是低层次的，但是东亚区域经济合作的重要内容之一。

如前所述，与欧盟和北美自由贸易区相比，目前东亚区域经济合作仍然处于较低水平，诸多难点问题亟待进一步解决。首先，东亚区域经济合作的涵盖地域比较有限。目前"10＋3"机制是东亚地区涵盖地域最为广泛的区域合作形式，但是仍然有俄罗斯、蒙古、朝鲜、中国香港、中国台湾等重要的经济体未能够加入这一机制。其次，东亚区域经济合作现有形式的机制化建设严重滞后，这一机制的制约性和规范性均比较弱。再次，地缘政治因素深刻影响着东亚区域经济合作。东亚国家间存在着领土主权、海洋权益、历史问题等地缘政治因素，这些严重影响着东亚区域经济合作的进一步深入发

[①] 韩银安:《地缘经济学与中国地缘经济战略》, 第 225 页。

展。最后，东亚区域经济合作中主导性力量错位。目前，东盟在东亚区域经济合作当中发挥着主动性作用，中日两国未能够发挥应有的实际作用。第五，东亚区域经济合作中的美国因素不能忽视。东亚区域经济合作离不开美国方面，不考虑美国的切身利益和实际诉求，将会严重阻碍东亚区域经济合作进程。

三　东亚区域经济合作与中国的战略思考

东亚各国与中国地缘相邻、文化相近，是中国对外经济关系的重心所在。"地缘经济最本质的特征是区域经济整合，即区域经济一体化或区域经济集团化"。[①] 在当今国际社会，区域合作是地缘经济发展的集中体现，它是一个国家提升国际地位和国际影响力的重要途径之一。目前，东亚区域经济合作水平与欧盟、北美自由贸易区相比差距甚远，东亚区域经济合作只能够循序渐进，通过多种努力，逐步增强区域经济合作的共识，最终建构东亚区域经济合作机制。在深化东亚区域经济合作的进程中，中国应当以维护东亚经济稳定为基本原则，不断促进东亚地区一体化建设，在充分维护自身国家利益的同时，进一步拓展自身的地缘经济战略空间。

1. 东亚区域认同与中国的区域认同战略

区域是由一定地域上的一些国家组成的，它们有着相近的历史文化背景，其内部流动超过外部流动，并依据这些被外部行为体划为同一群体的国家群体。[②] 区域认同是区域经济合作的重要基石。东亚国家在语言、宗教、社会制度等方面存在着较大的差异性，这导致东亚区域认同建构难度相对较大。目前，中国的快速崛起已经引起美日两国的极度担忧，它们联手加强了对中国的战略遏制；"东盟一些国家则担心东亚共同体会完全替代东盟，成为地区合作的唯一形式和机制，因而使东盟边缘化"。[③] 这些因素也严重影响到东亚区域认同程度。中国应当积极发挥自身的文化优势，进一步积极倡导"和合文化"，为东亚提供重要的价值理念支撑，努力提升中国的文化软实力，将中国文化作为塑造东亚区域认同的有效途径。中国的"和合文化"

---

① 张丽君：《论地缘经济背景下的西部大开发》，《解放军外国语学院学报》2001 年第 2 期，第 119 页。

② 俞正樑等：《21 世纪全球政治范式》，复旦大学出版社，2005，第 20 页。

③ 杨鲁慧、郭延军：《东亚合作进程中的中国软实力战略》，《国际论坛》2008 年第 3 期，第 11 页。

强调在多样性中寻求统一、在复杂性中寻求一致，能够有效强化东亚区域合作意识，进一步增强东亚地区认同感。在加强东亚区域认同的基础之上，中国要不断塑造自身建设性、负责任的国家形象。20 世纪 90 年代以来，中国通过种种努力，已经大大消除了与东南亚各国之间的潜在误解，被周边大多数国家看作是"好邻居、建设性伙伴、认真倾听和没有威胁的地区大国"。[①]在这一基础之上，中国应当进一步深化和拓展区域认同战略，不断加强中国在东亚地区的身份建构，从而推动东亚地区以及次区域的对话合作和协同治理。

2. 东亚区域经济合作形式的整合与机制化建设

目前，东亚区域经济合作包括东盟自由贸易区、"10 + 1"自由贸易区、"10 + 3"机制、中日韩三国的对话合作四种主要形式，同时还包括跨境次区域经济合作和双边 FTA。当务之急是将各种区域经济合作形式纳入东亚地区长远合作发展的框架和组织体系中，从而推进实现东亚区域经济合作的长远目标。目前，东亚区域经济合作的四种形式均是在某一种"对话合作"机制的形式下开展和进行的，真正的地区合作的"制度性"组织和基本原则仍未建立起来。[②] 区域经济合作的制度化建设将是东亚区域经济发展的重要步骤之一，也是目前的重要议题。中国作为东亚地区性大国，应当在东亚区域经济整合和机制化建设中发挥积极作用。不断加深与东盟国家，尤其是印度尼西亚、马来西亚、新加坡等东盟主要国家的磋商与合作，强化中国在东亚区域经济合作政策制定当中的影响力和作用力，处理好与美、日、韩之间的双边关系，进一步推动东亚区域经济合作。在东亚区域经济合作的机制化建设中，中国应当以"软制度合作"为主要抓手，通过多领域、多层次的网状制度合作，建构东亚地区合作的社会和制度基础。[③]

3. 东亚区域经济合作内容的深化战略

在当代经济体系中，东亚区域经济取得令人瞩目的成就和地位是不争的事实，但是东亚区域经济合作内容亟待深化也毋庸置疑。首先，进一步克服经济体制差异。东亚各国经济发展的程度、阶段和水平多有不同，导致域内

---

① David Shambaugh, "China Engages Asia：Reshaping the Regional Order," *International Security*, Winter 2004 – 2005, Vol. 29, No. 3, pp. 64 – 99.

② 韩银安：《地缘经济学与中国地缘经济战略》，第 221 页。

③ T. J. Pempel, *East Asia：Emerging Webs of Regional Connectedness. Security Cooperation in East Asia*, Peking University Press, 2004, pp. 221 – 258.

各国的政治体制和经济体制存在巨大差异，从而形成东亚区域经济合作的体制性障碍。东亚各国只有真正跨越这一体制性障碍的藩篱，才能够最终达成制度化、共赢化、持续化的东亚区域经济合作局面。第二，加大力度解决结构性矛盾。东亚地区多数经济体的产业结构严重向生产性部门倾斜，从而造成较小宏观规模和较大微观规模之间的结构性矛盾。[①] 东亚区域经济合作需要进一步调整产业结构，进一步加强区域经济合作和次区域经济合作能力。第三，加强东亚国家地区之间的要素流动，加快贸易自由化与投资便利化进程。中国的经济发展战略需要借助东亚地区的力量，将中国的发展与东亚的复兴有机地结合起来，从而形成中国与东亚区域经济合作的良性互动局面。同时，不断深化东亚国家间的分工、协作、互补和协作关系，更加积极地参与东亚地区的经济制度建设。

在当今国际社会，地缘要素发生了重大变化，深刻影响着东亚地缘经济环境演变及其趋向。东亚区域经济合作取得了积极成效是有目共睹的，但其间仍然存在众多的阻力因素，需要进一步培植地区认同，塑造共同的价值理念，进一步强化信息共享，扩大区域经济文化交流，不断提升和深化区域内合作水平。东亚作为中国和平发展的重要区域，是中国走出亚洲，走向世界的重要基石。中国作为东亚地区大国，如何在深化东亚区域经济合作的框架之下，进一步发挥好中国的影响力和作用力，努力提升中国的区域地位和国际地位，切实维护和扩展中国的核心利益，提出广泛认同的中国东亚区域经济合作战略，这是当代中国面临的一项重要议题。中国的发展与东亚地区紧密相连，中国应当认清自身在东亚的地缘经济空间和面临的棘手挑战。在深刻辨识国家战略利益的基础之上，以国家利益及和平发展为核心诉求，以不断促进东亚区域经济合作为基本路径，不断融入现有的国际体系和地区体系，积极发挥作为地区性大国的积极建设性作用，努力增强在本地区和国际社会的影响力、作用力和创造力。

---

① 周小兵：《东亚经济的结构性矛盾与解决》，《当代亚太》2005 年第 4 期，第 8 页。

第二章

地缘经济因素与美国东亚联盟体系的新转型

冷战结束后，美国亚太战略几经调整和改变，对其东亚联盟体系造成了深远影响。除了深受安全因素的影响之外，地缘经济因素对美国东亚联盟体系的影响作用不可低估，其关系到美国东亚联盟转型的诸多方面。在安全威胁有所减少或趋于缓解的情况之下，联盟的调整与联盟的转型实际上实现了联盟利益的再协调、联盟关系的再定位与联盟功能的再分配。一般认为，联盟作为"两个或两个以上主权国家为了国家安全而缔结的相互进行军事援助的协定",[①] 其主要是指向安全威胁。在安全威胁消失或是减弱的情况之下，联盟将会逐渐走向解体或是趋于松散化。不过，美国的东亚联盟体系并伴随着苏联解体而归于消失，反而不断调整并进一步强化。这其中，隐有防范中国崛起的战略考虑，但联盟内部关系的变化也是一个重要原因。

联盟作为一种重要的安全合作形式，面临着安全困境与联盟困境的双重困境，而联盟困境正是联盟相互依赖关系的真实写照。这种相互依赖关系的存在和维系，除了共同的安全威胁之外，地缘经济关系也发挥着一定的影响作用。可以说，它是联盟结构性权力的重要一环。这表明地缘经济关系在联盟转型中确实发挥着重要作用。相对于美日联盟、美韩联盟之间的地缘经济关系而言，美菲联盟、美泰联盟之间的地缘经济关系的"不对称性"难以

---

① Arnold Wolfers, "Alliance", *International Encyclopedia of the Social Science*, New York: Macmillan Company & The Free Press, Vol. 1, 1974, pp. 268 – 269.

推动其进一步转型，彼此之间的双边经贸关系根本无法像美日联盟、美韩联盟那样实现不断调整。这就有必要探讨地缘经济因素在联盟尤其是联盟转型中究竟发挥何种作用。如果地缘经济整合是美国东亚联盟体系转型的重要利器之一，那么，当前美国在东亚乃至亚太地区不断推行双边 FTA 战略以及TPP 战略，就包含着深刻的政治意图和安全意图。

一 地缘经济因素与联盟转型：观点的综述

关于地缘经济因素与联盟关系的研究产生了一批研究成果，这主要集中在联盟之间的防务分担、联盟公共产品的供给、联盟之间的对外援助以及联盟之间的贸易关系四个方面。

1. 防务分担与联盟的经济学分析

关于联盟的经济学分析，最早主要是关注联盟之间的防务分担问题，比如奥尔森和泽克豪泽（1966）提出，将联盟的"威慑"作为纯公共产品的经济理论。[1] 他们将联盟当中的"威慑"作为纯公共产品进行分析，据此理解联盟中的大国和小国对于联盟防务分担的意愿与策略。这一观点遭到查德·桑德勒等人的强烈质疑和批评，其认为联盟中的"威慑"不应当被理解为纯公共产品。"威慑成为纯公共产品必须满足两个条件：即联盟中的利益具备非排他性与非竞争性。"[2] 对于联盟所提供的"威慑"，查德·桑德勒认为它并非是纯公共产品，为此他采用反证逻辑进行了推理判定。他认为，如果"威慑"可以作为联盟的纯公共产品，那么首先，联盟之间的防卫分担将不会平衡，大国、富国将承担起小国、穷国的防务费用；其次，国防开支将会在低效、次优的情况之下达到"帕累托最优"；第三，没有必要限制联盟的规模，因为联盟的纯边际效应作为成本会被许多盟国所共同分担，现有的盟国也不会减少实际收益；第四，一个盟友的国防需求主要取决于相对价格，这包括盟友的收入、国防开支水平及其所意识到的安全威胁。[3] 这其中，第三点对联盟威慑的纯公共产品属性提出了致命性的挑战。在证明联盟威慑并非是纯公共产品的基础之上，查德·桑德勒为其联盟防务分担提供了进一步的理

---

① M. Olson and R. Zeckhauser, "An Economic Theory of Alliances", *Review of Economics and Statistics*, No. 48, 1966, pp. 266 - 279.

② Todd Sandler, "The Economic Theory of Alliances: A Survey", *The Journal of Conflict Resolution*, Vol. 37, No. 3, 1993, p. 446.

③ Ibid., p. 446.

论依据，并通过对北约组织等冷战联盟体系的防务分担状况进行实证分析来加以验证。当然，他也意识到"盟友间的不对称性对防务分担的影响"。[①]

有学者从比较政治学的视角，专门对联盟之间的防务开支做过实证分析。比如：检验西欧联盟的议会制度如何影响国防开支规模，其所设计的理论模型是联盟内部政治变化如何影响国家对联盟贡献的大小以及哪些政治过程将会涉及联盟防务分担的决定。实证检验的结论是，联盟内部政治变化对于防务分担的影响对小国更为明显，而对于大国的作用相对微弱。[②] 这实际上反映了冷战时期北约所提供的"威慑"尽管并非完全属于公共产品，但是兼有公共产品的属性，因此也就可以存在大国和小国防务分担不均衡的情况。

此外，关于合理的联盟防务分担标准问题也引起了学术界的广泛讨论，比较有代表性的观点是采用国民生产总值（GNP）的方式来确定盟国之间的防务分担。不过，冷战时期的联盟表明了两大趋势："一是不均衡的防卫分担，二是次优的总防务开支。"[③] 除了对盟友之间的防务分担进行分析之外，一国内部的许多因素也制约着防卫费用的具体确定。国家开支大多是面临着"大炮"与"黄油"的艰难抉择。与此同时，联盟的防务分担也是承担联盟责任意愿的体现以及建立和保持联盟信任的重要途径之一。联盟防务分担的具体变化，往往折射出联盟内部关系的变化以及外部威胁的变迁。不过，以防务为切入点，对联盟进行经济学分析，确是一大突破之举。应当说，它打破了对联盟只是安全事务的传统认知。

2. 联盟的公共产品供给

联盟作为一种典型的国际安全合作形式，不可避免地在盟友之间形成了不同种类、不同纯度的公共产品。对于公共产品的分析，最早源自于公共经济学或政府经济学，[④] 之后又不断推广到区域乃至全球性公共产品。公共产

---

① Todd Sandler, "The Economic Theory of Alliances：A Survey", pp. 446 – 480.

② Glenn Palme, "Alliance Politics and Issue Areas：Determinants of Defense Spending", *American Journal of Political Science*, Vol. 34, No. 1 (Feb., 1990), p. 190.

③ Wallace J. Thies, "Alliances and Collective Goods：A Reappraisal", *The Journal of Conflict Resolution*, Vol. 31, No. 2, 1987, p. 298.

④ Paul A. Samuels, "The Pure Theory of Public Expenditure," *The Review of Economics and Statistics*, Vol. 36, No. 4, 1954, pp. 387 – 389；Paul A. Samuels, "Diagrammatic Exposition of a Theory of Public Expenditure," *The Review of Economics and Statistics*, Vol. 37, No. 4, 1955, pp. 350 – 356.

品的供给数量与质量，一定程度上制约着国际合作的发展水平。在安全合作领域，不同的安全合作形式均形成了一定的公共产品，并或多或少地产生了"外溢"效应，附带也形成了其他形式的公共产品。冷战时期，美国建立的广泛联盟体系以及被人们所推崇的"霸权稳定论"，其实就是一种国际公共产品的供给。而联盟的战略指向、参与数量、条约规范等诸多因素，将会实际影响到联盟公共产品的供给。

目前，学术界对联盟公共产品供给的探讨，主要集中在防务费用分担方面，目的在于寻求合理的防务分担状况。联盟确实在提供公共产品，只不过这种公共产品的受益者局限在联盟内部，实际是一种局部性或是区域性的公共产品。联盟所提供的安全收益，可以视为是一种公共产品，这在不对称性联盟中比较明显。尽管弱小国家未能够付出应有的防务开支，但是其国家安全得到了切实保证，它在联盟中的"搭便车"战略能够奏效。对于防御性联盟而言，国家安全的获取是主要的公共产品。不过，随着联盟的持续，将会在其他领域形成公共产品，这将形成联盟由安全领域向其他领域的"外溢"效应。

联盟在提供安全保障之余，往往会对盟国的经济发展起到一定的促进作用，盟友之间对彼此外贸的保护作用，可以视作是一种公共产品。与联盟相比，贸易是国际关系的一种常态，因此，联盟的长期维系及调整，将不可避免地与贸易关系相伴。通过在经贸领域提供一定的公共产品，联盟的共有利益将会实现拓展并能够在安全威胁变化之时继续维系联盟且推动其实现转型。

3. 联盟与对外援助

"对外援助的初衷并不是为了表现某种人道主义关怀的美好愿望，它是时常被用作国家安全政策的一项基本策略。"[1] 国家的对外援助包含着强烈的战略或安全诉求。[2] 关于对外援助，现实主义大师汉斯·摩根索在《对外援助的政治理论》一文当中，开宗明义地指出："对外援助政策与外交政策、军事政策和宣传政策没有任何区别，它们都是国家政治的有力工具"。[3]

---

[1] Has Morgenthau, "A Political Theory of Foreign Aid," *American Political Science Review*, Vol. 56, No. 2, (June 1962), pp. 301 – 309; Kneneth N. Watlz, International Politics; Earl Conteh-Morgan, *American Foreign Aid and Global Power Projection*, Aldershot, UK: Dartmouth, 1990.

[2] Janes R. Schelsinger, *The Political Economy of National Security*, Green Wood Publishing Group, Inc., USA, 1960, p. 228.

[3] Hans Morgenthau, "A Political Theory of Foreign Aid", *The American Political Science Review*, Vol. 56, No. 2, 1962, p. 309.

可见，对外援助并非单纯的彰显人道主义，一国的对外援助是多种因素的使然，这其中的战略与安全指向不容忽视。基于此种考虑，国家的对外援助往往流向与其关系良好而非真正需要救援的国家和地区，因此，盟友之间的援助在对外援助当中常常占据着主导性地位。

关于联盟与对外援助的关系，斯蒂芬·沃尔特认为对外援助与联盟的起源主要是受"垄断重要资源的供应、不对称的依赖、动因的不对称性以及决策的自主性这一系列因素影响"。[1] 沃尔特考察的主要是对外援助与联盟形成之间的相关性问题。实际上，联盟形成之后的对外援助十分明显。这是因为对盟友的援助不仅满足了援助国的战略与安全诉求，同时也可以加强对受援盟友的实际控制。正如罗伯特·吉尔平所言，援助国可以通过对外援助建立起政治势力范围，确保军事安全以及获取经济利益。[2]

联盟之间的对外援助有着十分浓厚的扶植与交易色彩。尽管联盟之间的强者往往希望获取"非对称性"优势，但是其也不愿意盟友太过孱弱，进而无法为其提供有效的战略支持。因此，在联盟当中，强国对弱国的军事援助或经济援助十分普遍。比如，冷战期间美国在欧洲地区大力推行"马歇尔计划"，其随后在全球推行"第四点计划"，不过，美国援助的重心依然是其盟友。通过对外援助方式扶植盟友是美国的惯用手法，不仅为盟友提供了国家与政权的双重性安全，同时也为盟友的经济恢复与起飞提供了强有力的帮助。在"安全—自主交易型"联盟当中，对外援助往往是一种十分有效的调控性手段。对外援助的增减变化，也成为国家间关系发展变化的"强有力的政治象征与信号"。[3] 盟友的对外援助，除了对战略与安全的考虑之外，也会受到盟友之间经济实力变迁、联盟关系变化的深刻影响，因而对外援助是联盟关系的高度敏感的显示器。

4. 贸易与联盟管理

学术界对贸易与联盟之间的关系进行了大量研究。比如，冷战时期美国

---

① 〔美〕斯蒂芬·沃尔特：《联盟的起源》，周丕启译，北京大学出版社，2007，第40～43页。

② Robert Gilpin, *The Political Economy of International Relations*, Princeton：Princeton University Press, 1987, pp. 311–312.

③ Carol Lancaster, *Foreign Aid：Diplomacy*, *Development*, *Domestic Politics*, *Chicago*：University of Chicago Press, 2007, p. 11.

就将贸易作为联盟的一项战略性武器，通过巴黎统筹委员会对社会主义阵营进行出口管制。联盟之间的贸易管制会影响到盟友之间的利益关系与负担水平。具体而言，联盟对外贸易管制越多，其盟友的负担也相对越重，联盟的"抛弃困境"就会加强。[①] 有学者对军事联盟与非军事联盟之间的贸易关系进行了比较，并指出军事联盟的盟友之间更加倾向于内部贸易，往往希望在签订军事联盟条约的同时还达成相关的经济协定，进而在盟友之间连带推行联系战略。[②] 对联盟与贸易之间的关系、联盟以及贸易安排对双边贸易流动性之间的关系，艾德华德·曼斯菲尔德和瑞切尔·布朗森认为"联盟间的优惠贸易安排将有助于推动贸易发展"。[③]

在联盟管理阶段，贸易是联盟关系的一个核心变量，在国家安全威胁有所缓解的情况之下，贸易作为利益交换的重要形式之一，在联盟中发挥着重要作用。盟友之间往往更加倾向于贸易，这就增加了彼此之间产生贸易摩擦的可能性。无论是美国的西欧联盟还是亚太联盟，贸易摩擦均是美国进行联盟管理始终无法回避的事实。比如，20世纪80年代至90年代初，贸易摩擦极大地削弱了美日联盟。而且，贸易摩擦所引发的经济民族主义，一度对美日联盟的社会基础形成了巨大的冲击。对此，美日双方均予以高度的重视和警惕，两国的官方、产经界和学术界更是纷纷献计献策。但是，并非所有的贸易摩擦都能够对联盟关系产生巨大的影响，这需要切实考虑到联盟之间贸易摩擦所涉及的产业集中程度、双边贸易总额在彼此贸易总额中的份额以及贸易摩擦次数的多寡等各方面因素。

一旦联盟形成之后，维系联盟的主要因素将是共同的安全威胁认知。如前所述，在国家安全威胁有所缓解的情况之下，贸易关系将成为联盟最大的利益交换形式。在此，"相对利益"的区分将会更加明显，因而更能够触动彼此之间的利益关切。联盟之间的贸易摩擦具有复杂的系统效应，会对联盟

① Michael Mastanduno, Trade as a Strategic Weapon: American and Alliance Export Control Policy in the Early Postwar Period, International Organization, Vol. 42, No. 1, The State and American Foreign Economic Policy (Winter, 1988), pp. 121 – 150.

② Andrew G. Long and Brett Ashley Leeds, "Trading for Security: Military Alliances and Economic Agreements", Journal of Peace Research, Vol. 43, No. 4, Special Issue on Alliances (Jul., 2006), p. 433.

③ Edward D. Mansfield and Rachel Bronson, "Alliances, Preferential Trading Arrangements, and International Trade", The American Political Science Review, Vol. 91, No. 1 (Mar., 1997), p. 94.

的政治关系、安全关系等产生深远影响，进而成为联盟日常管理的重要课题之一。

二　地缘经济因素与美国东亚联盟转型进程

冷战结束后，美国的东亚联盟体系虽然未呈现如北约组织一样明显的转型和强化态势，但是其转型及加强趋势不时浮现。美日联盟的再定义、美韩联盟的战略化就是美国东亚联盟体系转型的重要特征之一。与欧洲的多边联盟有所不同，东亚联盟体系是美国主动建立的双边不对称性联盟。这种"不对称性的变化"是推动美国东亚联盟体系转型的重要动力之一，这其中首推的就是地缘经济因素。

1. 经济实力变迁推动联盟防务再分配

经济实力是承担联盟防务的主要基础之一，在联盟中合理的防务分担与其经济实力相适应。在美国的东亚联盟体系形成之初，美国承担了绝大部分的防务费用，这与其东亚盟友经济虚弱有关，也受到美国因战略需要承担防务费用的意愿比较强烈这一因素的影响。在美国的安全保护之下，日本和韩国创造了经济崛起的神话，泰国和菲律宾的经济实力也大为增长。而美国经济经历了曲折变化的过程，与联盟形成初期相比，目前其经济实力相对衰落。经济实力的变化，不可避免地对联盟关系造成一定的影响。经济实力之所以能够对联盟防务再分配造成影响，很大程度上是"联盟困境"作用的结果。经济实力是联盟防务开支的重要基础，盟国的防务分担可以视作其对联盟的投入。小国在联盟中的强烈的被抛弃心理将会降低其"搭便车"策略选择的可能性，但是对于大国出于战略需要增强小国牵连担忧的防务要求，小国的承担意愿其实并不十分强烈。随着联盟的持续深入，大国对于超额承担防务费用将会越来越不满。一是长期投入将会导致其财力枯竭而最终力不从心；二是盟友的经济实力增长，使其承担更多的防务费用成为一种可能。

美国在东亚联盟体系中的防务费用分担，不仅受其全球战略调整的深刻影响，也受到盟友之间经济实力变迁的实际影响。如前所述，在联盟形成初期，美国的东亚盟友经济实力弱小，其防务费用主要由美国方面承担，美国的盟友多以劳务或是货物输出方式履行"防务责任"。越战之后，美国对超额防务费用的承担意愿越来越下降。如果说这是受到美国全球收缩战略影响所致，那么里根执政时期美国要求盟友增加防务承担力度，盟友的经济实力增强也是一个重要因素。比如，美国极力要求日本增加防卫负担力度，甚至让其承担部分的对外援助任务。另外，美国要求韩国加大防务开支数额，并要求其负担驻韩美军的部分开支，这导致韩国分担的防务费用急剧上升。美国在菲律宾、泰国的防务开支相对较少，这是由于美军基地迁出所致。泰国、菲律宾并不发达的经济水平，也使美国要求它们承担过高的防务费用成为一种奢望。尽管美国的全球战略调整造成其与东亚盟友防务费用的再调整，但这并不是全部原因，必须对盟国之间经济实力的变化予以全面考虑。

（二）经贸关系拓展促进联盟公共产品更新

除了提供安全公共产品之外，联盟也对盟国的经贸关系提供某种保障。美国对东亚盟国不仅提供安全保障，还成为稳定其经济信心的重要来源以及对外贸易的护航者。[①] 美国的东亚盟友在其扶植之下实现经济的迅速发展，它们大多数实行"出口导向"的发展模式，对外贸易的规模、空间、种类均实现了大幅度提升。美国的东亚盟友对外贸易长期保持高速增长态势，日本、韩国尤为明显。除对外贸易总额增长迅猛之外，美国东亚盟友对外贸易收支状况不断好转，对外贸易结构日趋优化、高附加值产品比例不断增多，对外贸易对象则由美国、西欧扩展到亚洲、拉美等地区。

美国东亚盟友对外经贸关系的不断拓展，对联盟体系形成了两大影响：一是联盟区域不断扩大，二是联盟内容持续丰富。由于经贸关系带来的国家利益拓展，联盟必须为其提供相应的安全保护。冷战初期最先设定的联盟区域已经显得过于狭小，无法对盟友的经贸利益给予足够的照顾，为此，实现联盟区域的扩大势在必行。比如，美日联盟的区域就不断扩大，其远东地区的概念持续扩展并趋向灵活，出现了由"1000海里"向"周边有事"的进一步发展。美韩联盟同样由主要专注于"朝鲜半岛"向"区域"乃至"全球"范围不断扩展。泰国、菲律宾的对外经贸关系发展，也同样希望获取美国方面提供的各种便利。联盟区域扩大带来了联盟公共产品供给的不断更新，即由维护"国家安全"转向保障"国家利益"。此类公共产品不仅辐射范围扩大，供给内容也发生变化，即由偏重军事安全转向兼顾经济安全等非传统安全问题。这与20世纪80年代以来"安全"概念不断丰富相一致，同时也体现了联盟公共产品供给的更新与扩大，进而为美国东亚联盟体系由单一军事性联盟向综合性联盟转变提供了强劲动力。

---

① Charles M. Perry and Jacquelyn K. Davis et al, *Alliance Diversification and the Future of the U. S. – Korean Security Relationship*, Herndon, VA: Brassey's, 2004, p. 8.

3. 对外援助彰显联盟关系变化

大力扶植盟友是美国东亚联盟初创时期的主要特色之一。美国对东亚盟友的援助主要分为军事援助和经济援助两大类，根据战略形势及联盟关系变化的现实需要，其对外援助会有所不同。美国对其盟友的援助包含着强烈的战略倾向，对外援助作为一种奖罚性工具被不断使用。1951 年美国《共同安全法》实施以来，其对外援助的重心由恢复经济转向战略遏制，由欧洲地区转向亚洲国家。朝鲜战争与越南战争的接连爆发，致使东亚地区成为冷战期间最为活跃的前沿战场，日、韩、泰、菲等盟友采取各种行动坚决支持美国并得到了相应回报。这其中，韩国在越战期间派遣大量军队赴越直接作战，是除美国之外人数最多的参战盟国，美国给予了韩国高达 15 亿美元的各类援助。[①] 泰国为美国提供了军事基地并派遣军队参战，在美国对越作战中处于重要地位。对此，美国心领神会，在 1967～1971 年期间一共给予泰国的各类援助高达 41.559 亿美元。[②]

以战争为契机进行利益交换，对外援助彰显了美国与东亚盟友的密切关系。但是，由于战略调整的现实需要，美国的对外援助出现增减并增加了不少附带条件。1971 年，美国国会开始对因越战而出现的大量军事援助感到强烈不满。此后，民主、人权等因素不断加入美国对其盟友援助的具体考量中。比如：对朴正熙政权与马科斯政权独裁作风的不满，导致美国一度减少了对韩国和菲律宾的各类援助，美韩同盟、美菲同盟一度趋向松散化。对外援助的变化，不仅反映了美国全球战略的调整方向，同时也折射其盟友的经济实力、军事实力的显著变化。日、韩两国的快速崛起，不仅使美国对其援助成为一种不必要，它们还开始承担起美国的部分对外援助任务。这反映了美国的东亚联盟体系已经开始从"依赖性"向"支持型"转化，并将推动联盟结构由不平等走向平等，由单向依赖走向双向互助。

4. 贸易摩擦增多加速联盟转型

随着美国东亚盟友经济的不断发展，其对美贸易当中逐渐取得顺差地位且数额不断扩大，这不断引发其与美国的贸易摩擦，从而成为联盟关系中最不和谐的音符。这其中，美日贸易摩擦最为显著且影响巨大。

---

① 任晓：《韩国经济发展的政治分析》，上海人民出版社，1995，第 24 页。
② 中国社会科学院世界经济与政治研究所：《世界经济年鉴：1981》，中国社会科学出版社，1982，第 235 页。

从 1965 年日本对美贸易由逆差转变为顺差算起，日本对美贸易顺差额不断增大，1983 年达到 195.83 亿美元，1986 年一举达到 552.92 亿美元。之后，美日两国不断协商，美国态度日趋强硬，由开放市场转向强制数值指标。尽管如此，美国始终未能扭转甚至是缩小对日贸易的逆差地位。1995 年日本对美贸易顺差达到 655.69 亿美元，2000 年进一步达到 813.22 亿美元。[1] 频繁的贸易摩擦，最终引发强烈的经济民族主义，这严重危害到美日联盟关系。特别是在冷战结束初期，由于战略方向的迷失，激烈的贸易摩擦一度将美日联盟推到危机边缘。[2] 不过，这也加速了美日联盟的再定义进程。美韩贸易摩擦同样引人注目，特别是近年来的"牛肉风波"对美韩联盟的社会根基造成了很大冲击，进而成为韩国"反美主义"的重要来源，同时也遭到美国怨韩情绪的一再报复。由贸易摩擦引发的韩国"反美主义"对美韩联盟形成了严峻挑战。[3] "反美主义"使驻韩美军与美韩联盟陷入了政策协调不畅与草根基础丧失的双重困境，"将极有可能影响美韩安全同盟的未来地位"。[4] 2007 年美韩签署 FTA 协定具有十分重要的外交与安全价值，[5] 实际上为美韩联盟由单一军事联盟向战略联盟、综合联盟转型提供了制度基础。

贸易摩擦的增多，加速了美国东亚联盟体系的不断转型，其在多大程度上推动着这一转型进程，取决于贸易摩擦对彼此关系敏感性与脆弱性的具体影响，也取决于贸易摩擦所涉及的金额数目、交易商品种类以及贸易总额。这决定了美日、美韩之间的贸易摩擦为何较之美泰、美菲的贸易摩擦影响作用更大，对联盟的触动也更大并成为影响美国东亚联盟体系转型的重要动力之一。

三 地缘经济整合与美国东亚联盟转型趋向

为了实现东亚联盟体系转型，美国不断整合与东亚盟友的地缘经济关

① U. S. Census Bureau, Foreign Trade Division, Data Dissemination Branch, Washington, D. C.

② Harrison M. Holland, *Japan challenges America*: *Managing an Alliance in Crisis*, Boulder Westview Press, c1992, p. 8.

③ Seung - Hwan Kim, "Anti - Americanism in Korea", *The Washington Quarterly*, Winter, 2002 - 03, p. 114.

④ Gi - Wook Shin, "South Korean Anti - Americanism: A Comparative Perspective," *Asian Survey*, August 1996, Vol. 36, No. 8, p. 787.

⑤ The Proposed U. S. - South Korea Free Trade Agreement (KORUS FTA): Provisions and Implications, CRS Report For Congress, Juanary 22, 2008, p. 5.

系。通过经贸关系的不断整合，不仅减少了引发弱化联盟体系社会根基的重要来源，还强化并拓展了联盟体系的共有利益，进而为推动美国东亚联盟体系转型提供了强劲动力。

1. 经贸协商与美日联盟的再定义

冷战结束初期，美国一度陷入战略迷失，贸易摩擦成为影响美日联盟及其走向的重要内容，美日联盟面临很大挑战。虽然只有贸易领域，但是频繁的贸易摩擦极大损害了美日安全关系。克林顿时期，美国对日本施加了更为强大的贸易压力，提出"数值指标"而非只是开放市场的严厉要求。针对贸易问题的协商，美日双方展开了持久的拉锯战。实际上，美日贸易摩擦从来不是一个经济问题。日本的经济发展离不开美国的不断提携，从最早的军备采购、开发东南亚市场，到后来的技术转让，日本均从中获益，而美国因战略需要而对日本经贸上的劣势有所包容。从 20 世纪 80 年代起，日本在经济增长的强力刺激之下大国欲望迅速膨胀，美国开始感觉到来自日本的某种"威胁"，加之对日本的战略需求有所下降，贸易摩擦遂成为美日联盟的头等难题。

苏联解体导致美国的敌人暂时消失，美日联盟的地缘安全意义有所下降，需要调整以适应局势的最新变化。但是，贸易问题的纠缠不清，事关美日联盟的未来走向。"日本和美国之间目前的双边和地区贸易不平衡将可能对美国国内支持双边安全关系有腐蚀作用。而美国对日本采取进攻性贸易政策不可避免地使其与日本的政治关系变得紧张。"① 对此，美日两国开始着手处理贸易纠纷问题，将经济利益与安全利益结合考虑。克林顿上台后，对日本展开强劲的经济攻势，要求日本进一步开放市场，进行"一揽子"经济协商框架谈判，采用"数值指标"。虽然日本对此极为不满，但是最终做出让步。最后，美日双方认识到经贸纠纷问题的复杂性与严重性，最终在 1995 年 1 月共同发表《全球合作议程》，这标志着"一揽子"经济协商合作谈判的完成。同年 8 月 23 日，美日正式签署《汽车贸易协议》，从而解决了美日贸易当中的最大难题。经贸协商的妥善解决，为随后美日联盟的再定义减少了许多阻力，进而为美日联盟的战略调整、区域扩大等联盟转型的顺利实现提供了有利条件。

① 〔美〕迈克尔·格林、帕特里克·克罗宁：《美日联盟：过去、现在与将来》，华宏勋等译，新华出版社，2000，第 264 页。

2. 双边 FTA 与美韩联盟转型

美韩贸易摩擦虽然不如美日贸易摩擦抢眼，但对联盟同样影响巨大。较之美日联盟因冷战结束而致战略目标一度消失，冷战结束对美韩联盟的影响力并没有那么巨大。朝鲜半岛的分裂局面依旧，使美韩联盟有继续防范朝鲜的必要性。另外，美国大肆渲染朝核危机，也使美韩联盟的安全威胁仍旧存在。不过，在对待朝鲜与朝核问题上，美韩存在战略分歧与利益分化的现象，① 这使得美韩联盟在冷战结束后处在"十字路口"，必须有所转变。

众所周知，美韩互为重要的贸易伙伴，但是在开放商品与服务市场、汽车、钢铁、知识产权、农产品等领域的贸易摩擦恶化了美韩联盟之间的信任关系。金大中、卢武铉时期，美韩在对朝政策上一度出现严重分歧，对美国提出的整合美韩联盟，使驻韩美军成为地区军，美韩联盟成为地区乃至全球性联盟等各种要求，韩国政府始终予以拒绝。这使美国意识到必须实现战略利益的进一步拓展，这样才能够巩固甚至强化美韩联盟。为此，美韩联盟的多样化势在必行。这其中的重要一环是整合美韩双方经贸关系。如果美韩经贸关系能够得到很好处理，这既能够减少韩国由于经贸因素引发的"反美主义"，又能够进一步拓展联盟利益，进而使联盟的多样化成为可能。于是，美韩两国加快了 FTA 谈判，在农产品、汽车、知识产权等关键性问题得到解决后，美韩最终在 2007 年 4 月签署 FTA 协定。应当说，该协定具有深远的政治和安全意义。局限于朝鲜半岛，只会增加美韩联盟更多的摩擦。由于经贸因素将长期主导美韩联盟的不断调整，因此 FTA 协定对美韩联盟转型的战略意义不言而喻。② 2009 年 6 月，李明博访美期间，两国签署《美韩同盟未来展望》，决定在朝鲜半岛、亚太地区与全球三个层面共同构筑"全面战略同盟"，韩国要成为美国的全球战略伙伴。这突破了之前韩国政府所坚持的美韩联盟的防区界定，《美韩同盟未来展望》所涉及的联盟职能领域也进一步扩大，美韩联盟转型迈出了重要一步。

3. 美菲、美泰联盟酝酿变革的迷雾

尽管在阿富汗战争和伊拉克战争上，菲律宾、泰国均站在美国一方，被

---

① Charles M. Perry and J. acquelyn K. Davis et al, Alliance Diversification and the Future of the U. S. – Korean Security Relationship, Brasseyp's, US. 2004, p. 8.

② Kurt M. Campbell、Victor D. Cha、Lindsey Ford、Kazuyo Kato、Nirav Patel、Randy Schriver、and Vikram J. Singh, "Going Global: The Future of the U. S. – South Korea Alliance", *Center for a New American Security*, February 2009, pp. 5 – 7.

美国称为"非北约的重要盟国"。但是，相比冷战时期，美菲联盟、美泰联盟的密切关系已弱化很多。如果不是联盟条约的约束力，美国与这两个国家几乎只是一种普通的安全伙伴关系。不过，美菲、美泰双方均在酝酿如何变革联盟关系，这其中经贸关系整合尤为必要和迫切。

菲律宾曾经是美国的殖民地，二战后获得独立，其在安全、经济等多个方面严重依赖美国，美菲双方建立了不对称联盟关系。1946年，美国通过《自由贸易协议》而控制了菲律宾市场，并长期占据菲律宾头号贸易伙伴的交椅。不过，该协议对菲律宾是不公平的，对其国家利益构成巨大伤害。1974年，双方取消优惠关税制度，美国可以逐年提高对菲产品征税。这对于严重依赖美国市场的菲律宾农产品而言是个巨大打击。贸易纠纷也影响到美菲联盟关系，大量的失业工人与农民开始抗议美国。冷战结束后，菲律宾终止延长美军基地租借协议，美军被迫从菲律宾撤离，美菲联盟关系一度名存实亡。此后，菲律宾自感国防实力有限，向美国示意修复联盟关系。反恐战争给美菲联盟关系的修复带来了重要契机，美国加强了与菲律宾的合作，共同打击菲国内恐怖势力，美国甚至向菲律宾派驻了一支小规模军队。作为美国因东南亚国家中最复杂的双边关系，美菲联盟涉及历史、文化与地理等因素，还要克服殖民主义的影响，[①] 调整之路可谓是任重而道远。在共有安全威胁有所减少的情况下，美菲联盟的合作基础日渐缩小，反恐不过是一次临时调整机会。妥善处理双方经贸关系，才能够从根本上解决美菲联盟的转型问题。

泰国在越南战争期间作为盟友为美国提供了巨大帮助，之后美泰联盟逐渐消沉。因反恐战争的需要，近年来美国开始不断提升美泰联盟关系，但是双边FTA协定历经多轮谈判也未能够签署。"泰美双方都希望扩大贸易的领域，包括工业产品、农产品、纺织和服装，并就有关的产地规则、贸易赔偿、例行关税和卫生标准进行磋商"，[②] 但是因分歧过大而始终未能够取得成功，会谈也一度引起泰国民众的高度关注并时有游行发生。尽管双边FTA协定未能够签署，泰国也出现了政治动荡，但美国还是希望加强美泰在防务领域的战略对话关系，利用泰国在东盟的显赫地位加强其对东南亚政策的实际作用。[③] 尽管美泰联盟战略意义有所下降，但是美国不希望这一关系解

---

① "U. S. Alliances and Emerging Partnerships in Southeast Asian out of the Shadow," *A Report of the CSIS Southeast Asian Institution*, July 2009, p. 16.

② 刘歌：《泰美自贸区难排众议又"卡壳"》，《人民日报》2006年1月17日，第七版。

③ U. S. Alliances and Emerging Partnerships in Southeast Asian out of the Shadow, p. 4.

体,而是以一种新的形式继续存在,并以军事演习的方式不断凸显。①

　　联盟虽然主要是安全领域的合作,不过随着联盟的延续,联盟的利益会不断拓展,联盟的公共产品将会实现更新,由此推动联盟转型。美国的东亚联盟是冷战时期为遏制苏联为首的社会主义阵营而建立起来的,但是联盟伊始就有着紧密的地缘经济关系。经贸因素的变化成为缩小美国东亚联盟体系"不对称性"的重要动力,也成为推动美国东亚联盟体系转型的强劲动力。这以冷战结束后的美日联盟再定义最为明显,美韩联盟调整也在持续深化。这两大联盟之所以能够实现转型,与其在经贸领域实现整合不无关系。如果美菲、美泰能够顺利签署双边 FTA 协定,其联盟关系也将实现转型。冷战时期,美国在东亚地区采取双边联盟方式;冷战结束后,美国在东亚地区采用双边 FTA 战略并推动联盟转型,其东亚战略处处针对中国崛起,对此中国应有所准备。

————————

　　① "Thailand: Background and U. S. Relations," *CRS Report for Congress*, January 13, 2005, p. 16.

第三章

能源经济的地缘战略审视：
中俄合作的视角

作为当今世界第一大能源出口国的俄罗斯与第二大能源进口国的中国，良好的战略协作伙伴关系与相对优越的地缘因素，将中俄两国能源经济合作不断提上议事日程。随着能源经济及其合作的地缘战略效应越来越显现，能源安全逐渐成为一个重要话题。能源安全是一个综合性的概念，它不仅是能源的供应与需求问题，而且关系到一个国家的国际地位、经济结构、社会稳定乃至个人发展。显然，不能够对中俄能源合作只做能源进出口式的单纯的经济意义上的狭隘理解。及早摆脱角色对立、定位模糊、阶段变更和大国逻辑的多方面困境，妥善解决价格机制、技术合作、资源互补和地区建设等现时问题，是进一步推进和拓展中俄两国能源安全合作的当务之急和关键所在，也会使中俄能源经济合作不断产生正向的地缘战略效应。

一　安全视野下的能源合作：概念的理解与界定

对于能源安全的理解与界定，学术界并未形成统一的认识。俄罗斯联邦政府正式批准的《2020 年前俄罗斯能源战略》中，将"能源安全"定义为"国家保障及公民、社会和经济发展不受威胁的一种状态。"而能源安全威胁，既取决于外部因素（包括地缘政治、宏观经济、市场行情等），又取决于能源产业的整体运行情况。[①] 德国学者白小川认为，能源安全概念是在 20

---

① 中国现代国际关系研究院经济安全研究中心：《全球能源大棋局》，时事出版社，2005，第180 页。

世纪 70 年代石油输出国组织（OPEC）石油禁运之后发展起来的，其关注的主要是石油供应问题，可以将之定义为"如何保障合理价格的可靠供应"。而今，这一概念涉及诸如环境和社会成本、政治和社会稳定、腐败、污染偷盗以及其他的一系列问题。[①] 我国学者大多数认为，能源安全首先是一个能源供应问题，同时主张对能源安全进行多样性和综合性的理解，指出能源安全既是经济问题更是政治问题。为此，应当从国家安全的战略高度来认识和研究。[②]

总体而言，各国学者对于能源安全这一概念的理解与界定，已经从简单的立足于能源供需安全而进一步深化到综合性的理解。能源安全不仅是一个简单的原子型国家关系（atomic‐type state relations），还是一个事关国家稳定、地区协调、经济结构和个人发展的战略性问题。这一概念游离于权力与市场之间，行走于传统与非传统安全之际，可以具体细化为供应安全、运输安全、价格安全、结构安全、生态安全和国家安全等六个方面。

第一，供应安全。能源安全首先是一个供应安全问题。所谓的供应安全，是指能源需求国可以不受外部因素的影响，获得价格上比较稳定的能源供应。这既是一个敏感性（sensitivity）问题，也是一个脆弱性（vulnerability）问题。为了提高供应安全系数，就必须不断降低外部风险。"不将所有的鸡蛋放在一个篮子里"，这是最简单的避险办法。为此，能源需求国大多数实行了能源供应地"多元化"的战略。这样，就可以避免能源需求国因某一能源供应地的动荡而影响整体上的供应安全。但是，能源供应地的采储差异情况，将会引发巨大的成本差异现象，这是供应安全面临的最大问题。

第二，运输安全。由于世界能源分布的极不均衡性，加之能源需求国与供给国的不相吻合性，从而导致能源供应必须通过国际运输来实现供需平衡。目前，世界上的能源运输主要是依靠油轮、管道、电网、铁路等方式，或多或少都存在安全隐患。运输安全不仅关系到能源泄露、国际犯罪、生态保护等多个问题，而且关系到合理的运输成本约束问题。运输线路的军事涉入，将导致能源安全变异为一个传统安全问题，使安全问题更加复杂化。在

---

① 〔德〕白小川：《能源安全：欧美中三角关系的一大难题》，《现代国际关系》2007 年第 10 期，第 36 页。

② 中国现代国际关系研究院经济安全研究中心：《全球能源大棋局》，第 327 页。

国际能源竞争越来越激烈的现实情况之下，大国之间的能源争夺日趋白热化，这极易引发和膨胀它们对于能源运输线路的"单边控制"心理，进而引发地缘关系的重组甚至是国际格局的重大变动。

第三，价格安全。价格安全是指在能源供求双方可以接受的价格上达成交易。目前，国际能源市场主要受石油输出国组织的官方定价和西方几大能源交易所的价格控制。许多重要的能源供应国和需求国对于世界能源市场的价格影响与其所占的能源市场份额严重的不对称（如中国和俄罗斯），这种现象是十分不公正的。更为严重的是，对能源市场的恶意炒作所形成"有价无市"的局面，严重影响了世界经济的良性发展。价格安全是能源安全的一个重要环节，也是能源安全的敏感显示器。过低的价格将会导致巨大的能源浪费，而过高的价格则可能引发能源革命，进一步导致世界权力的加速转移。

第四，结构安全。结构安全是指能源产业的内部结构及其对整个国民经济结构的影响。众所周知，现代化的进程是伴随着一定的能源变革而不断引发的。也就是说，能源消费与经济发展水平密切相关。能源消费会促进社会分工进一步发展，从而推动产业结构的不断调整。可以说，产业结构背后有着一双看不见的"能源之手"。不同的产业结构格局，不仅会影响一个国家的经济发展水平，还会影响一个国家的综合竞争力和国际地位。国际战略学明确指出，"结构问题是根本性问题"。因此，必须高度重视能源的结构安全问题。

第五，生态安全。能源安全涉及能源的生产、使用、污染与治理等四个重要环节，因此能源安全离不开生态保护环节。目前，全球气候变暖问题已经成为国际社会最为关心的重大现实问题，这深刻影响到人们的能源消费观和能源安全观。能源安全不再是一个简单的供应问题，而是一个涉及能源生存周期的生态问题。从生态安全的角度来审视能源安全，十分有必要关注经济生产方式问题，即更多地从节能技术和能源使用效率上来考虑能源安全问题。

第六，国家安全。世界能源分布的极不均衡性，严重影响到世界权力格局。在此，国家安全是一个多层次的概念。第一层次是国家的独立自主，即不因能源问题而受制于其他国家；第二层次是维护国民经济的健康发展与社会的稳定和谐；第三层次是有关个人发展的大环境生态问题。一国的经济发展需要巨大的、稳定的能源供给作为支撑。把能源问题置于国内环境来考察，地区差异、产业差异就会成为影响社会稳定和谐的重要因素。而对清洁能源和节能产品的使用与推广，则与每一个人息息相关。

中俄作为重要的能源进口国和出口国，良好的战略协作伙伴关系以及巨大的资源互补性和经济互利性，为进一步推动两国的能源合作奠定了坚实基础。针对中俄能源合作的现状和特点，理性看待两国能源合作当中的各种问题，就应当立足于战略高度，从政策上提出可操作性建议。这无疑更有利于促进中俄两国能源合作向纵深化发展。

二 中俄能源合作的现状与成果

近年来，中俄能源合作不断发展，成果喜人。目前，中俄两国在石油、天然气、煤炭、电力等领域已经展开广泛而深入的合作关系，形成了重要的合作共识与合作基础。

一是石油领域。中俄两国石油领域的合作始于 20 世纪 90 年代，但是该领域的重大合作举措均主要始自 21 世纪。2000 年，中俄达成协议，将合作修建安大线。该管道原定在 2005 年铺设完成，后因日本介入等多重原因而流产。近年来，中俄两国政府和企业在石油领域的合作举措不断增多。2008 年 10 月，中俄两国签署《关于在石油领域合作的谅解备忘录》。2009 年 4 月，中俄两国签署《石油合作政府间协议》。中国石油天然气集团总公司先后与尤先科石油公司、俄罗斯石油公司展开密切合作。然而，中俄两国高层的共识并未得到全面落实，俄方每年承诺向中方出口的原油量从未完成计划。据统计，中方自俄方进口的石油量已经由 2006 年的 1597 万吨下降到 2008 年的 1164 万吨。① 中俄两国新近达成的"贷款换石油"等一揽子协议也将面临严峻考验，对此，显然不能够盲目乐观。

二是天然气领域。俄罗斯的天然气储量十分丰富，而我国的天然气储量相对匮乏，其仅占世界总储量的 2% 左右。作为环保能源，近年来我国对天然气的需求量大幅度增加。据中国石油和化学工业协会的相关统计，2006 年中国进口液化天然气约 67.75 万吨，而 2005 年的进口量仅为 483 吨，一

① 中国传动市场研究部整理《2000 年以来中国原油进口来源构成分析》，http://www.chuandong.com/publish/report/2009/7/report_1_2984.html。

年之间增长了 1400 余倍。① 据预测，到 2020 年，中国的天然气需求量将会达到 2800 亿立方米。② 由于中国自身无法满足如此巨大的国内需求，因而中俄两国在天然气领域的合作前景十分广阔。2004 年 10 月，中石油天然气集团总公司与俄罗斯天然气工业股份公司签署战略合作协议。2006 年，中俄两国签署《关于从俄罗斯向中国供应天然气的谅解备忘录》，当时预计向中国铺设的首条输气管道在 2011 年投入使用。目前，由于价格原因，该管道未按期向中国供气，中俄两国政府正积极策划解决价格难题。

三是煤炭领域。俄罗斯拥有世界煤炭资源的 30%，而优质煤约占一半。在我国一次性能源消费构成中，煤炭占 66% ~ 70%。由于长期依赖煤炭，目前我国煤炭开采条件日趋恶化，安全生产事故频发。出于改善能源结构，构建和谐社会等多方面考虑，我国加大了对煤矿的监管力度，取缔了大量的中小型煤矿，导致煤炭产量有所下降，也引发一系列的煤荒、电荒。为保障产量，兼顾环保，规避事故，中俄两国加快了煤炭技术领域的合作进度。2004 年 6 月，俄罗斯总理弗拉德科夫在"能源对话"会议上提出，俄方将在开采新矿和开辟新市场上寻求国际合作。③ 2006 年，中俄合作成功完成煤炭制乙炔。另外，中俄两国签署了《关于在煤炭领域合作的谅解备忘录》，开创了两国煤炭领域合作的新局面。

四是电力领域。中俄电力领域合作可谓历史悠久。1992 年，俄罗斯布拉戈维申斯克市至中国黑河市输电线路就已经投入运行。2005 年 7 月，中国国家电网公司与俄罗斯统一电力系统股份公司签署长期合作协议，双方就送电方式、送电规模、定价原则、进度安排等一系列的重大问题达成重要共识。2006 年 3 月，两公司签署《关于全面开展从俄罗斯向中国供电可行性研究的协议》。④ 2008 年，俄罗斯远东电网向黑龙江省电网年供电量达 36 亿 ~ 43 亿千瓦时。据悉，2010 年通过中俄直流背靠背联网工程，俄罗斯远东电网向辽宁省电网年供电量将达 165 亿 ~ 180 亿千瓦时；到 2015 年，

① 孙璐、胥江成：《中俄天然气合作博弈分析》，《黑龙江对外经贸》2007 年第 9 期，第 14 页。
② 藏文茜：《中俄天然气合作有望 10 月见效》，http://www.china-cbn.com/s/n/000002/20090618/000000118318.shtml。
③ 周延丽：《中俄能源合作发展前景分析》，《俄罗斯东欧中亚市场》2006 年第 2 期，第 40 页。
④ 宋魁、孙璐：《中俄电力合作的回顾与展望》，《俄罗斯东欧中亚市场》2007 年第 9 期，第 31 页。

俄罗斯远东电网或东西伯利亚电网向中国东北电网或华北电网年供电量将会达到 380 亿千瓦时。

三　当前中俄能源合作的主要问题

尽管中俄能源合作具有先天的互补性和巨大的互利性，两国在石油、天然气等领域开展了广泛合作，形成较好的合作共识与合作基础，但是，受定位模糊、机制缺乏、合作单一等方面因素的限制，近年来两国能源合作步伐有所放缓。

一是基础设施落后。从能源安全的角度来看，能源合作是一个周期性过程。除了生产环节之外，能源运输也十分重要。近年来，俄方向中方出口的原油量总是难以达到既定协议的目标，除了价格因素之外，严重依赖铁路运输是一个重要原因。俄罗斯远东地区基础设施相对落后，从而进一步加剧了这种严重状况。从经济成本的角度来考虑，中俄能源合作应当主要采取管道运输和电网输送，但是这些输送设备在俄罗斯远东地区不是十分缺乏，就是过于老化。从运输线路来看，目前有西线、南线和东线三条线路，其中西线与南线均需过境他国，而东线需要大量的固定投入。俄罗斯远东地区基础设施的陈旧落后，不但严重制约着中俄能源合作的进一步发展，也限制了俄方向亚太地区能源市场快步进军的整体能力。

二是合作方式模糊。中俄能源合作究竟采取何种方式，至今仍然不甚明了。1997 年，中国石油勘探开发研究院的专家建议：中俄两国领导人先签署协议，双方公司逐步跟进。[①] 这一建议基本上得到了落实。比如，2000 年普京总统首次访华期间，中俄两国政府就能源合作签署了一系列的重要协议。2001 年 9 月，中石油与俄罗斯尤科斯公司及俄罗斯国家石油运输公司签署框架协议，决定共同修建安大线。2006 年，中俄两国元首就能源合作发表共同声明，宣称将进一步促进两国能源公司合作。总体来看，中俄两国能源合作的主导方式是"政府先行，公司落实"，但是政府与公司之间存在严重脱节情况。中俄双方领导人达成的协议均是指导性的，常常难以有效落实。在政府与市场之间，中俄两国能源合作存在着巨大的张力。如何寻求尤其是落实双方已经达成的重要共识是进一步推动中俄能源合作的关键所在。

---

① 乔国栋：《中俄跨国输电日程排定将采用特高压输电方式》，《中国经济时报》2006 年 4 月 3 日。

三是价格机制与法制缺乏。如前所述，价格安全是能源安全的重要一环，也是能源安全的敏感显示器。缺乏明确的价格机制，已经严重制约到中俄两国能源合作的进一步深入发展。由于运输路线、开采成本等诸多原因，俄方向中方出口能源的价格较之中东各国高出不少。以何种价格向中方出口能源，也就成为困扰俄方的一大瓶颈问题。可见，确定一个符合中俄两国利益的能源价格形成机制，将会极大地推动两国能源合作。法律法规的缺乏，是中俄两国能源合作的另一大限制因素。中俄两国开展和深化能源合作均是为了谋求能源安全，这是一个长期性的战略问题，必须有明确的法律法规进行规范。目前，中俄两国均处在社会转型的关键时期，法制建设均处于不断完善之中。因此，为中俄两国能源领域合作制定一部完善和明细的法律十分必要与迫切。以法律规范合作，以法律区分责任，这也是中俄能源合作进一步发展的当务之急。

四是合作内容单一。一方面，当前中俄能源合作以石油为主，电力、天然气、煤炭等其他领域的合作相对滞后。目前，中国的能源安全以石油安全最为突出，这是中国自身的能源构成及现代化的重工业化所造成的必然结果，而俄方拥有十分丰富的石油资源，因此，中俄能源合作起初偏重于石油领域是情有可原的。不过，中国应当认真考虑俄罗斯东西伯利亚与远东地区的电力和煤炭资源，进一步拓展和深化两国能源合作的其他领域，这符合中俄两国国家利益。另一方面，中俄能源合作以能源贸易为主，其缺少诸如能源技术合作等内容。能源安全的实现最终是依靠能源技术来实现和保障的，扩大中俄能源领域的技术合作可谓是意义重大。在清洁能源、核电技术、特高压电网建设等各个领域，中俄两国应当着力发挥彼此的比较优势，进一步开展广泛和深入的合作关系，不断推动两国能源合作向纵深化方向发展。

四　中俄能源安全合作的逻辑困境

对中俄两国能源安全合作的乐观期待，主要源自于两国所具有的共同利益，但是，这一合作进程受制于各种因素的影响而存在着一些隐患。这些隐患成为进一步推进和拓展中俄两国能源安全合作的逻辑困境，这主要包括角色差异的困境、定位模糊的困境、阶段变更的困境三个方面。这些困境，既有阶段性的，也有长久性的；既有经济性的，也有政治性的。对此，应当引以中俄双方的高度重视。

第一，角色差异的困境。中俄在能源安全合作领域的角色差异，主要是源自于两国的资源禀赋差异。在世界能源市场上，中国是需求者（买方），俄罗斯是供应者（卖方）。在两国能源安全合作领域，中国基本上实施"走出去"的战略，而俄罗斯则实行"引进来"的战略。不同的角色定位，决定着中俄两国的合作态度和观念存在一定的差异性，这其中最明显的表现是在能源价格的确定方面。中国迫切需要俄罗斯的能源供应，但是中国对俄罗斯能源市场的冒进可能会引发俄罗斯的极度反感。2002 年，中国石油天然气集团公司收购俄罗斯大型国有斯拉夫石油公司股份受阻，之后收购"斯季穆尔"石油公司也被拒绝。2006 年 7 月，中石化成功收购乌德穆尔特石油公司股份后又将其中 51% 的股份转卖给俄罗斯石油公司。① 俄罗斯不断加强能源领域的国有控制进程，就是不想做资本的"俘虏"。其实，俄罗斯并不甘心于只是充当一个原料出口的大国。不过，俄罗斯加强对能源领域的国有化控制，并非是单方面针对中国的政策举动。中俄必须正视两国的角色差异，尊重彼此的利益诉求和价值诉求，进一步实现两国能源安全领域合作的制度化和法治化。

第二，定位模糊的困境。中俄两国能源安全领域的合作存在定位模糊的困境：究竟是政府主导，还是市场主导？这一模糊定位，直接关系到中俄两国能源安全合作的战略构想和现实选择，这其中最明显的是"安大线"与"安纳线"之争。根据 2001 年 7 月中俄两国元首促成签订的《关于制定修建中俄输油管道可行性研究的基本原则》，俄方允诺的"安大线"方案并没有落实，也意味着日本与中国公开竞争俄罗斯石油时获得了俄方的同情性考虑。② 此后，俄方提出的"泰纳线"方案存在开发周期短、造价昂贵等诸多问题，其实并不比"安大线"方案优越。这说明中俄能源安全合作仅仅依靠政府主导是不可行的，何况俄罗斯正处于经济转轨的深化时期。目前来看，走市场主导路线条件也不太成熟。毕竟，中俄在跨国能源经营管理、法律体系建设等多个方面均存在问题。应当说，造成中俄两国能源安全合作定位模糊的原因是多方面的，既有能源作为战略资源的特殊性，又有两国自身在制度建设方面的缺陷。对这一困境的妥善解决，应当寄予中俄两国稳定的国内形势和健康的制度建设，应当采用混合定位，进而不断促进中俄能源安

---

① 陈小泌：《中俄能源合作的地缘政治视角》，《俄罗斯中亚东欧研究》2007 年第 5 期，第 30~31 页。

② 查道炯：《中国石油安全的国际政治经济学分析》，当代世界出版社，2005，第 155 页。

全合作的良性发展。

第三，阶段变更的困境。中俄能源安全合作蕴藏着巨大的机遇和商机，但是两国能源安全合作的许多条件只是阶段性的。一旦中国经济最终冲出"能源瓶颈"的制约之后，其对俄罗斯的能源需求将会不断减少，能源合作的热情也会有所下降。而俄罗斯则主要是通过赚取能源外汇来带动经济复苏，达到一定阶段之后，其对外资的兴趣将会越来越下降。显然，这将会放缓中俄两国能源安全合作步伐。阶段变更的困境，将会影响中俄两国对能源安全合作的观念，进而导致两国能源安全合作态势发生微妙变化。阶段变更是不可避免的，但是中俄两国应当尽力减少阶段变更的负面冲击和影响。应当说，未来 15 年是最为关键的一个阶段，加快这一时期中俄两国能源安全合作具有十分重要的战略意义。一旦失去这一重要的历史机遇期，中俄两国能源安全合作可能会步入较长时间的滞缓期。

五　进一步深化中俄能源合作的建议

第一，加强互信建设，推动共同开发，谋求共同发展。战略协作伙伴关系无疑为中俄两国能源合作奠定了良好的政治基础，两国政府的积极引导为中俄能源合作提供了强大的牵引力。不过，受制于各种因素，近年来中国能源公司进军俄罗斯能源市场屡屡受阻，这为两国能源合作蒙上了一层阴影。因此，进一步推动中俄两国政治互信建设十分必要。从首脑外交到民间外交，从政治交往到文化交流，应当不断丰富交往方式，深化彼此的了解和认识，进一步强化中俄政治互信关系。中俄能源合作肩负着共同开发的重大使命。俄罗斯远东地区与中国东北老工业基地相毗邻，加快这两个地区的开发开放进度，发挥地区间的互补优势，有着重大的战略意义。中国东北老工业基地振兴离不开俄方的能源支撑，俄罗斯远东地区开发也离不开中国东北地区的人力资源与巨大市场。加快这两个地区的共同开发进程，应当以能源合作为重要先行，着力推动共同发展又将很好地反哺中俄能源合作。

第二，加快价格机制建设，规范法律法规，完善能源合作平台。中俄两国能源合作始终是一种经济行为，因此必须有成熟的价格机制作为保障。目前，中俄能源贸易主要以国际能源市场价格为基准，其中存在诸如俄罗斯的能源开采成本、运输成本、能源关税等一系列的棘手问题。谋求一种符合中俄两国利益，以市场为导向的价格机制是进一步深化中俄能源合作的当务之急。由于多种原因的制约，中俄能源合作将不可避免地出现一些分歧甚至是纠纷，如何化解是当前面临的一大难题所在。进一步规范法律法规，依法行事，将能源合作导入制度化轨道是中俄两国长期合作的必然方向。通过建设价格机制与健全法律法规体系，将会进一步完善中俄两国能源合作的制度平台。一系列的机制建设将会大量降低中俄能源合作中的交易成本，从而为两国能源合作提供强有力的制度支撑。

第三，丰富合作类型、深化合作领域、夯实能源合作基础。理性分析中俄两国的能源储量和能源消费构成比例，对两国能源合作具有重大的指导意义。如前所述，目前中俄两国能源合作主要集中在石油贸易领域，其结构过于单一化。中俄能源合作应当以实现能源安全为最终目标，该目标的实现离不开能源技术合作的支撑和保证。审视中俄两国能源构成，双方应当在天然气、煤炭以及电力等其他领域进一步拓展合作关系，并将之深化到煤炭液化、特高压电远距离输送、核电建设等多个核心技术领域。以能源安全为导向，在能源周期各个阶段开展合作，无疑具有巨大的乘数效益。单纯的以能源贸易方式来实现中俄能源合作，无疑具有很大的脆弱性和较高的敏感性。丰富能源合作类型，拓宽能源合作领域，实现从能源生产到能源环保等各个领域和环节的紧密合作，这对夯实中俄两国能源合作的基础意义尤其重大。

第四，兼顾周边地区，协调各方利益，创建区域性能源合作组织。能源安全问题并非一国所能够独立解决，能源合作需要发挥各国的比较优势。中俄能源合作应当兼顾周边地区，即中亚的供应市场和东北亚的消费市场。各国的盲目竞争，将会导致彼此利益的严重受损。因此，充分协调各方实际需求，既有利于地区能源合作，也有利于双边能源合作的持续展开。良好的合作组织将会降低能源交易的外部成本。目前，中俄两国能源合作缺乏一个明确的管理组织框架。上至国家元首、政府首脑，下达各个部门和能源公司竞相参与，让中俄能源合作颇费周折。就双边关系而言，建立一个能够综合处理两国能源合作相关事宜的跨国性组织十分必要和迫切；就地区关系而言，建立一个区域性的能源合作组织，从而较好地协调各方诉求，避免恶性竞争局面，这有利于东亚区域能源合作局面的进一步开展。

第四章

"朝鲜式特区经济"与中朝边境经济区发展

时隔 19 年，朝鲜最高领导人再次以电视和电台讲话而非官方报纸的形式发表了新年致辞。在 2013 年元旦致辞中，最高领导人金正恩再次强调当前朝鲜的"最重要任务"是建设经济，他号召朝鲜人民"以征服了宇宙的精神和气魄来开创经济强盛大国建设的转折性局面"。① 随着金正恩的执政地位逐步稳固，朝鲜新政权将会不断加大经济秩序的调整力度，从而努力落实 2011 年制订的"国家经济开发十年战略计划"。② 这意味着朝鲜将会更加重视"特区经济"的建设和开发，中朝边境经济区合作将会迎来新的发展期，这对促动中朝经济关系乃至东亚地缘经济关系的健康持续发展均具有重要的现实意义。

一 "朝鲜式特区经济"的总体布局与功能

按照朝鲜最高人民会议常任委员会颁布的《经济区法》的相关规定，"经济区是在经济领域中实施优惠政策的朝鲜民主主义人民共和国特殊经济区"。③

---

① 『金正恩氏「祖国統一の新局面を」，「新年の辞」発表』，http：//www.47news.jp/CN/201301/CN2013010101001369.html。

② 2011 年 1 月初，朝鲜国家经济开发总局制订了"国家经济开发十年战略计划"，其目标是使朝鲜在 2020 年达到发达国家水平。该计划确定了基础设施建设、农业和电力、煤炭、石油、金属等基础工业以及地区开发等诸多战略规划及目标。

③ 刘永刚：《中朝黄金坪经济区探秘 外媒将其误读为"租界"》，http：//finance.people.com.cn/n/2012/1127/c1004 - 19705950 - 1.html。

目前，朝鲜未实行对外开放，其设立经济特区的目的之一是探索一条新的经济发展道路。在保证不触及计划经济体制的前提条件下，通过建设和开发"朝鲜式特区经济"，使朝鲜不断提高科技发展水平、改善经济产业结构、扩大对外经济合作。通过体制外改革建立起新的经济发展模式，探索实现"强盛大国"目标的新途径和新方式。① 1991 年 12 月，朝鲜在临近中、朝、俄三国边界东北角处设立了罗津—先锋自由贸易区，就此拉开了"朝鲜式特区经济"的建设序幕。2002 年 9 月和 11 月，朝鲜先后在临近中朝边境西北角处及朝韩边境东南角处设立了新义州特别行政区和金刚山观光特区。2003 年 6 月，朝韩边境西南角处开城工业园区正式开工建设。由此，"两线四点"的"朝鲜式特区经济"的总体布局初步完成。这四大经济特区分别扼守朝鲜国境的四个角，各有针对性和专属性，其功能各不相同。

1. 总体布局及特点

"朝鲜式经济特区"主要是通过与邻国"共同开发，共同管理"的方式来建设及发展，朝鲜政府则给予特殊的政策优惠，在充分利用国内外资源的基础之上，带动整个国家经济的复兴及发展。朝鲜对经济特区的布局有着特殊考虑，其四大经济特区的功能及优势各有侧重：罗先经济贸易区定位于先进制造基地和物流中心、旅游中心，黄金坪和威化岛经济区致力于发展智力密集型产业，金刚山观光特区主打现代旅游业，开成工业园区为工业城。不过，由于朝鲜身处复杂的周边环境中，其南北两线经济特区从未同时活跃和发展。尤其是近年来朝鲜半岛南北政经关系一直冷淡甚至是剑拔弩张，朝鲜南线经济特区的发展几乎处于停滞状态。② 在面临国际经济制裁等极端不利的外部环境下，朝鲜新政权更加致力于不断加快北线经济特区的发展步伐。

罗津—先锋经济贸易区的最初定位是特惠贸易、转口运输、金融服务及出口加工。2010 年 1 月，朝鲜政府将罗先区升格为特别市，其成为继开城、平壤之后的第三个特别市。同年，中朝两国最高领导人就共同开发和共同管理罗先经济贸易区达成了基本共识。不过，由于朝鲜经济发展水平比较缓慢，罗先经济贸易区的电力、交通等基础设施相对落后，在引进外资方面多

---

① 张慧智：《朝鲜经济发展方式探析》，《东北亚论坛》2011 年第 6 期，第 5 页。
② 〔日〕重村智計：『なるほどよくわかる北朝鮮の真実』，东京：文芸社，2011，第96～99 页。

年来几乎处于停滞状态。为了提振罗先经济贸易区，2011年5月朝鲜推出"免3减2""免4减3"及"免5减3"等投资优惠政策。同年6月，罗先经济贸易区项目启动仪式正式举行。此后，中国吉林省政府与朝鲜罗先市政府签署《关于中朝罗先经贸区（2011～2020年）规划框架的协议》，罗先经济贸易区开发全面启动。2012年9月的投资说明会对罗先经济贸易区进行了重新定位，即重点发展原材料工业、装备工业、高新技术产业、轻工业、服务业、现代高效农业，逐步建设成为朝鲜先进制造业基地、东北亚国际物流中心和区域旅游中心。

2002年9月，朝鲜将其最大的边境城市及第二大加工业城市——新义州设立为特别行政区，同时通过《新义州特别行政区基本法》。新义州特别行政区的最初定位是朝鲜经济发展的坚实后盾。2010年2月，朝鲜将新义州境内靠近中国丹东的黄金坪和威化岛划定为自由贸易区，同时授予两家中国企业以50年的开发权，这两家企业的预计投资额分别为5亿美元和3亿美元。2012年中朝边境经济区发展进入历史性的关键时期——筹备阶段收官，开发建设阶段启动，中朝黄金坪、威化岛经济区首先从黄金坪岛开发起步。2012年8月14日，"中朝共同开发和共同管理黄金坪经济区管委会"在北京宣告成立，《黄金坪、威化岛经济区法》正式实施。同年9月15日，黄金坪管委会办公楼举行奠基仪式。9月26日，中朝双方在北京共同举办朝鲜罗先经贸区和黄金坪、威化岛经济区投资说明会，这意味着备受外界关注的中朝边境经济区建设进入实质性的招商引资阶段。黄金坪和威化岛经济区将重点发展信息产业、旅游文化创意产业、现代农业、服装加工业，逐步将其建设成为朝鲜智力密集型的新型经济区。

2002年11月设立的金刚山观光特区位于朝韩边境地区东部沿海军事分界线附近朝方一侧，是朝鲜境内首个正式对韩国开放的旅游地。2011年5月，朝鲜颁布《金刚山国际观光特区法》。实际上，金刚山观光特区主要由韩国现代峨山集团开发，欲建设成国际性旅游观光区，涉及宾馆、滑雪场、高尔夫球场和离散家属重聚中心等诸多项目，年均接待游客数量高达120万人次。金刚山观光特区对缓和朝鲜半岛紧张局势，促进朝鲜改革开放具有重要意义。不过，2008年7月一名韩国女游客误入旅游区附近军事禁区而被朝方哨兵所射杀，韩方随即中断了金刚山旅游项目。2010年4月，朝方宣布没收或冻结韩国在金刚山地区的不动产，同时驱逐了韩方管理人员。2012年4月，朝方宣布废除"金刚山旅游区"，新设"金刚山国际旅游特区"。

金刚山观光特区与开城工业园区、南北铁路公路连接工程并称为"朝韩三大经济合作项目",它们被视为是朝鲜半岛南北和解、合作、统一的重要象征。目前,金刚山旅游项目合作因朝韩关系陷入低谷而处于停滞状态。

开城工业园区是已故朝鲜最高领导人金正日与韩国总统金大中在平壤签署《6·15共同宣言》的产物,象征着朝鲜半岛统一的美好愿望。2000年8月,朝鲜亚太和平委员会与韩国现代集团签署《开城经济地区与观光协议书》,尔后朝韩双方政府不断介入其中。开城工业园区本着"同一民族"的基本原则,由朝方提供土地和劳动力、韩方提供资金和技术,是双方合作建设的南北经济统一实验平台。开城工业园区自2005年运营以来,朝鲜政府对韩国企业提供了减免税收、放宽投资自由度等诸多优惠条件。朝鲜还专门为开城工业园区制定了10多部法律法规,与韩国签订《投资保障协议》《防止双重关税协议》等官方文件,力图为朝韩经济合作营造完备的法律环境,进而使双方合作步入法制化轨道。不过,开城工业区的相关合作项目也时常受到朝韩政治关系转冷的影响而屡有中断。

2. 主要功能及构想

跨境经济合作强调参与各方通过双边或多边的协商或协议共同合作开发,使得生产要素在边境这个"次区域"范围内趋向自由化流动,从而带动资源的有效配置,实现参与各方福利水平的"帕累托最优"。[1] 毋庸置疑,目前有着良好势头的中朝边境经济区合作具有很大的发展空间,可以大力发展转口贸易及出口加工贸易,进一步丰富单一化的贸易结构,推动中朝边境经济区合作取得新的更大发展。这有助于朝鲜以更加开放的姿态面对改革开放及市场经济,有助于将中朝之间的传统友谊与长期发展紧密联系起来。另外,中朝边境经济区合作所产生的巨大的"外溢"效应,也能有力促进中朝边境地区以及朝鲜国内经济社会的健康持续发展。"朝鲜式特区经济"可以成为朝鲜经济发展新的增长极。[2] 随着其逐渐步入实质性的开发阶段,朝鲜四大经济特区的增长极作用将会逐步显现。

---

① 〔日〕小牧辉夫、财团法人環日本海经济研究所:『经济から見た北朝鲜——北東アジア经济协力の视点から』、明石書店、2010、第168～171頁。

② 法国经济学家弗朗索瓦·佩鲁最早提出"增长极"这一概念。他认为,在一定区域内,各地区、各行业的经济发展不可能是齐头并进的,只有少数具有区域优势、条件优越、主导部门相对集中的地区,才能够最终获得优先发展。这种凭借各种优势而获得"优先增长"的先发地区,就是所谓的"增长极"。

一方面，特区经济对朝鲜经济具有巨大的极化效用。极化效用是在增长极的吸引之下，生产要素由外围向极点不断聚集，即腹地区域的资源、人力、技术和资金等财富不断地流向增长极的核心区域，而增长极所在区域享有并保持着经济聚集的巨大优势。① 朝鲜赋予四大经济特区以特殊的经济优惠政策和相对灵活的经济管理体制——中朝、朝韩对经济特区实行"共同开发，共同管理"，这能够在一定程度上规避朝鲜式计划经济体制的诸多弊端，从而使市场因素部分发挥调节作用。另外，四大经济特区内的企业拥有一定的自主经营权，可以利用国内国外两种资源，从而使资本、劳动力等生产要素实现聚集，达到资源的优化配置和相对优势的经济增长的目的。

另一方面，特区经济对朝鲜经济具有能动的"外溢"效应。这表现为增长极不断释放自身能量，把生产要素由增长极所在地区"外溢"到其他地区，从而对周边地区产生能动的辐射作用。② 目前，"朝鲜式特区经济"还处于极化效用的起步阶段，其"外溢"效应还很小。不过，随着朝鲜四大经济特区的逐步发展，其规模一旦形成，这种"外溢"效应就会逐步显现。经济特区作为探索新的经济发展道路及模式的"窗口"、"试验区"和"排头兵"，其巨大的示范、辐射和带动作用，无疑有助于朝鲜加快各地区的经济社会发展。

二 中朝边境经济区合作的现状及特点

尽管"两线四点"的"朝鲜式经济特区"已经基本成型，但是特殊的国情使"朝鲜式特区经济"始终没有实现南北两线的良性平衡发展和同时活跃。中朝经济关系的最人特点是，在朝鲜经济的相对上升时期，中朝贸易的重要性并不十分突出，但是在朝鲜经济的相对困难时期，中朝经济关系独特的重要作用就会显现。③ 近年来，朝韩经济合作受到南北政治气候转冷的负面影响而几乎处于停滞状态，中朝经济关系反而日趋活跃起来。可以说，当前中朝边境经济区合作正处在大发展的历史机遇期。

---

① 王晓雨：《中国区域增长极的极化与扩散效应研究》，吉林大学博士学位论文，2011，第28页。
② 王晓雨：《中国区域增长极的极化与扩散效应研究》，第28页。
③ 张宝仁、张慧智：《东北亚区域贸易合作研究》，吉林人民出版社，2006，第73页。

1. 合作领域及整体规模不断扩大

在"政府主导、企业为主、市场运行、互利共赢"这一原则的导引之下，近年来中朝边境经济合作的领域及规模不断扩大，双方已经实现了边境经济的多领域合作。其一，建立了广泛的资源与能源合作关系。据大韩贸易振兴公社（KOTRA）发布的《朝鲜对外贸易动向》的数据显示，2001 年～2011 年朝鲜的矿产品出口额增长了 33 倍。2011 年朝鲜出口的无烟煤等矿物燃料总额达 11.79 亿美元、铁矿石总额达 4.05 亿美元，[①] 而中国几乎成为朝鲜无烟煤和铁矿石的唯一出口对象。其二，加强了基础设施方面的合作。伴随着中朝边境经济区的设立，若干联系中朝之间的公路、铁路、港口等正在新建或是已经列入修建计划。[②] 其三，科技领域合作逐步扩大。已故朝鲜最高领导人金正日近年来在华参观的主要是科技产业尤其是高新技术产业，中朝科技领域合作逐年扩大。此外，中朝在旅游业合作、农业与副业合作、劳动密集型制造业合作等方面也取得了新的更大进展。

自 2007 年以来，中朝边境经济区合作规模不断扩大，目前主要有贸易、投资、经济援助等合作方式。据统计，2007 年中朝双边贸易额为 19.8 亿美元，2011 年达到 56.7 亿美元，5 年间增长了 186%。2012 年上半年中朝双边贸易额为 31.353 亿美元，全年达到 59.3 亿美元。这其中作为中朝经济合作重要组成部分的边境贸易增长十分强劲。2007～2009 年，我国吉林省对朝鲜的边境贸易额分别为 22108 万美元、25962 万美元和 26193 万美元，3 年间增长了 18.5%。2010 年，我国辽宁省边境地区对朝鲜的出口额约为 6 亿多美元，进口额约为 5 亿多美元。[③]（见表 4 - 1）

表 4 - 1　2007～2012 年上半年中朝双边贸易情况

单位：亿美元

年　度	贸易额	出口额	进口额
2007	19.80	13.90	5.90
2008	27.80	20.30	7.50

① 韩方报告：《朝鲜矿物资源出口额 10 年来增至 33 倍》，http://www.cqcb.com/cbnews/instant/2012 - 10 - 02/1181005.html.

② 『中朝国境の鴨緑江橋が着工　経済協力が本格化』，http://www.47news.jp/CN/201012/CN2010123101000356.html.

③ 李欣欣：《辽宁省边境地区加快对朝贸易发展的探析》，《经济研究导刊》2012 年第 7 期，第 153 页。

续表

年　　度	贸易额	出口额	进口额
2009	26.80	18.90	7.90
2010	34.72	22.78	11.94
2011	56.70	31.65	24.64
2012（上半年）	31.353	18.37	12.982

资料来源：中国海关统计、中国商务部资料。

值得关注的是，中朝边境经济区的投资规模不断扩大。以罗先经济贸易区为例，中国投资企业（包括中国香港）的数量约占投资企业总数量的78.7%，其投资主体已经由以往的中小型商业企业转变为目前的大型国营及民营企业，投资总额占到朝鲜外资总额的50%以上。[①] 以辽宁省丹东市为例，截至2012年10月，丹东市在朝鲜的投资企业共计有25家，投资总额约为1.8亿美元，它们主要分布在矿山、水产品、房地产、餐饮服务、食品加工业等领域。[②]

2. 互补性与区位优势进一步显现

中朝边境经济区合作的重要目的之一是整合双方互补性的潜在优势，充分利用两国的比较优势，实现资源的优化配置，从而带动中朝边境地区经济发展。我国拥有相对的经济、技术、管理、人才、经营等优势，加之经济发展战略的调整，大量的劳动密集型企业需要向外转移，而中朝边境经济区内的企业可以较好地结合两国的相对优势。朝鲜被称为"有用矿物标本室"，具有经济开发价值的矿产蕴藏区约占其国土面积的80%，已经探明的矿物品类有300多种，其中有经济开发价值的矿物品类达200多种。朝鲜的很多矿产储量位居世界前列，如菱镁矿储量约占世界总储量的1/2，磁铁矿、褐铁矿等储量达数十亿吨，铜、铅、锌等储量居世界前10位。朝鲜还有丰富而廉价的劳动力。朝鲜政府规定，外资或合资企业除了为朝鲜员工交纳社会保险之外，其企业员工的劳动报酬仅为500元/月。[③]

近年来，中朝边境经济区的区位优势进一步显现。其一，中朝边境经济

---

① 金哲：《当前中朝经济合作的发展与今后的课题》，《社会科学战线》2012年第7期，第34页。

② 《中朝投资合作洽谈会召开》，http://www.idprkorea.com/news/news/view.asp? id=2541。

③ 袁迪：《以自由贸易区为模式的中朝经济合作研究》，《金融发展评论》2011年第7期，第140页。

区的合作成本较低，两国地方政府在短期内能够达成共识，从而增强双方合作的可操作性，降低合作过程中的协调成本。其二，中朝两国资源的差异性和互补性，使得边境经济区内各要素能够相对方便地流动，这有助于实现资源的有效配置。其三，在中朝边境经济区内，人们有着很多的共有观念，相似的生活习惯，这些能够有效地推动边境经济合作。

3. 合作层次较低且单向依存度高

虽然近年来中朝经济合作快速发展，中国是朝鲜的最大贸易伙伴，但是两国面临着贸易总体水平不高、发展空间萎缩、互动性较弱、深层次的经贸合作与交往不足等一系列问题，中朝边境经济区合作还存在合作层次较低以及单向依存度高等问题。中朝之间贸易结构还不合理，产品结构单一，多为初级产品和粗加工产品，附加值不高、科技含量低，从而出现了贸易规模偏小、中国的贸易顺差偏大和朝鲜对华依赖性过大的所谓"一小两大"问题。尽管目前中国企业对朝鲜的非金融直接投资已经超过3亿美元，朝鲜企业对华投资额也逾1亿美元，但是中国对朝鲜的投资比例仍然不高，中朝边境经济区的投资额亟待进一步的增容扩量。另外，朝鲜经济的脆弱性和敏感性，使其对中国存在不对称的依赖性，[①] 即朝鲜对中国贸易的单向依存度偏高。近年来，朝鲜对中国的贸易依存度始终居高不下，[②] 2003年为42.8%、2004年为48.5%、2005年为52.6%、2006年为56.7%、2007年为67.1%、2008年为73.0%、2009年为52.9%、2010年为83%、而2011年达到89.1%，具体参见图4-1。与这一形势相吻合，中朝边境贸易关系同样存在朝鲜对中国的依存度过大的棘手问题。

4. 受朝方政策波动合作不稳定性较大

朝鲜相关政策的不稳定性是制约中朝边境经济区合作的重要因素之一。特殊的国际国内环境，使朝鲜一直坚持"先军政治"路线而不放松，其对外经济关系始终带有浓厚的政治色彩，[③] 中朝经贸关系的起伏波动也比较

---

① Jaewoo Choo, "Mirroring North Korea's Growing Economic Dependence on China: Political Ramifications", *Asian Survey*, Vol. 48, No. 2 (March/April 2008), p. 363.

② 所谓的对外贸易依存度，是指一个国家在整体贸易当中所占的比率，对某国的贸易依存度过高将会使其极易受到该经济走势的影响和冲击。近年来，朝鲜对中国的贸易依存度有所增加的原因之一是国际社会对朝鲜的经济制裁有所加大，朝鲜从中国进口物资的力度显著加大。

③ 〔日〕小此木政夫、西野純也、文正仁：『転換期の東アジアと北朝鮮問題』，慶應義塾大学出版会，2012，第35~39页。

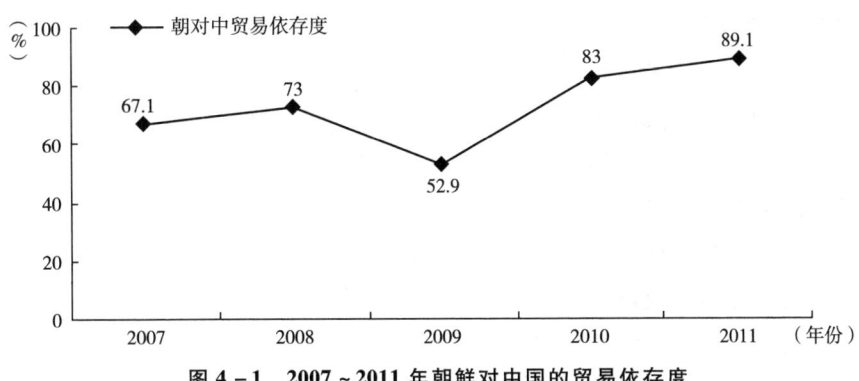

图 4 – 1　2007~2011 年朝鲜对中国的贸易依存度

数据来源：李俊江、范硕：《中朝经贸关系发展现状与前景展望》，《东北亚论坛》2012 年第 2 期，第 14 页。

大。当外部环境相对缓和之时，朝鲜会比较偏向于发展同其他国家的经贸关系；一旦受到国际经济制裁，朝鲜便会偏向于发展中朝经贸关系。不过，朝核问题阻碍了中朝经贸关系迈向更高层次合作。从经济体制的角度而言，一方面，朝鲜继续实行严格的计划经济体制，始终未和国际经济接轨，其对外贸易体制也不健全，在实际操作中的随意性较大。比如：合作伙伴不能够及时履约，朝鲜企业常常单方面更改合同，甚至存在单方面撕毁协议的严重情况，[①] 这使得中朝经贸合作风险较高。另一方面，朝鲜采取高度集权式的对外贸易管理体制，其对外公布的经贸信息十分有限，致使中国企业难以获取朝鲜的实际贸易需求、公司资信状况等基本信息。另外，朝鲜政府对我国过境人员在朝鲜境内的商务活动范围实行了严格限制。这些问题需要中朝两国进一步的协商与磨合，促使朝方保持相关政策的稳定性，从而实现中朝边境经济区合作的健康持续发展。

三　新时期中朝边境经济区的定位及功能

边境经济合作区是利用相邻国家的政策优势，吸引资金流、人员流、企业流、物资流的集聚和互动，在合理定位的基础之上，以促进边境经济合作区的健康持续发展。中朝边境经济区是兼顾经贸、旅游、加工工业的双边合作区，其最终目标是以双边促动多边，从而形成区域性

---

① 〔日〕中川雅彦：『朝鮮社会主義経済の理想と現実——朝鮮民主主義人民共和国における産業構造と経済管理』，アジア経済研究所，2011，第 116~117 页。

的经济合作效果。

1. 立足边贸功能

边贸功能是边境经济合作区的基本功能。边境地区可以利用特有的地缘优势,通过铁路、公路等交通方式与邻国开展广泛的经济联系,进而带动整个边境地区的经济发展。中朝两国边境经济合作源远流长,边境贸易是两国特有的贸易形态。中朝两国边境贸易主要包括接壤地区在一定范围内的民间商品贸易以及地方政府得到中央政府许可后各个贸易公司进行的边境官方贸易。这其中,中国对朝鲜产品给予了减少 50% 的进口关税和附加价值税的优惠政策,因此,边境贸易占据了中朝双边贸易额的大部分。

中朝边境地区共设有 15 对边境口岸,边境贸易主要集中在辽宁省丹东市和吉林省延边地区。其中,丹东市作为我国最大的边境城市,目前是中朝边境贸易最大的陆路口岸和商品集散地,承担着中国对朝鲜贸易 70% 以上的份额,有公路和铁路通往朝鲜境内。2012 年 8 月,中朝共同开发和共同管理罗先经贸区管理委员会以及黄金坪、威化岛经济区管理委员会成立,这标志着两大经济区已经进入实质性招商引资和全面建设阶段。与此同时,2011 年开工建设的新鸭绿江公路大桥主体工程部分已经完成,中方侧工程预计于 2014 年内完成。预计该桥在 2014 年 7 月正式建成通车。另外,中朝双方已经共同编制完成了上述经济区的规划纲要、地区规划等内容。"一区两岛"的开发建设以及相关政策法规的逐步完善,无疑会对进一步扩大中朝边境经贸合作提供了新的更加便利的条件,这将使中朝经贸关系更加的密切。目前,中朝两国正积极组织专门的人才培训,致力于推进电力、铁路等基础设施建设,同时希望更多的企业参与到中朝边境经济区的开发合作进程中。

2. 强化旅游功能

中朝边境经济区融合了汉族和朝鲜族的文化因子,对旅游者有着很强的吸引力。同时,边境经济合作区本身就是一种巨大的人文旅游资源,朝鲜还专门设立了参观各个经济合作区的旅游路线。在中朝边境经济合作区发展旅游产业所需要的资金相对较少,因此相比其他产业也更容易达成合作共识。边境旅游不仅可以成为中朝边境合作的品牌项目,还可以成为中朝边境地区的一项重要支柱产业。[①] 近年来,中国赴朝鲜旅游人数不断增加,中朝在旅

---

① 李俊江、范硕:《中朝经贸关系发展现状与前景展望》,《东北亚论坛》2012 年第 2 期,第 18 页。

游领域的合作不断取得新的更大的进展。2008 年，中国将朝鲜列为中国公民出国旅游目的地国家，这为中朝之间以边境游、一日游等为主的旅游合作项目开辟了新的广阔的发展空间。在强化旅游功能方面，要进一步发挥丹东市的独特地缘优势。丹东市作为中国优秀旅游城市和赴朝鲜旅游聚集区，具有组织接待赴朝鲜旅游手续简便、通关方便等独特优势。丹东市赴朝鲜旅游聚集区将着重规划丹东市新区旅游区和登岸游、太平湾电厂工业游和朝鲜房山里登岸游、朝鲜民俗风情园等一批重点旅游项目，进一步推动中朝双边旅游合作项目更好的发展。据中国国家旅游局在 2012 年 4 月发布的《第一季度外国人入境情况》的报告显示，当年 1~3 月份访问中国的朝鲜居民为 4.2 万人，与去年同期的 2.86 万人相比增长了 40.5%，其中以旅游为目的的朝鲜人为 1100 人，人数有所增长。自 2012 年 4 月朝鲜重新允许中国游客团入境之后，诸如吉林省赴朝鲜自驾游恢复运营、延吉直飞平壤旅游包机正式开航等利好消息不断涌现，[①] 因此中朝边境旅游前景被外界普遍看好。

3. 推动加工功能

伴随着边境地区自由贸易规模的不断扩大，在自由贸易的基础之上结合发展工业，便产生了边境经济合作区的加工功能。中朝边境经济区可以减免关税和所得税等为主要的优惠政策，进一步吸引外商直接在区内投资、生产和出口各种加工制品，从而推动其加工功能的不断提升。这样，既能够增加外汇收入以获得新的生产收入，还可以解决边境地区就业问题，带动中朝边境地区经济社会的全面发展。

目前，中朝边境经济区合作还处于初级阶段，其以手工艺品和初级加工产品为主，层次较低，存在产业结构不合理、规模过小、产品附加值低等一系列问题。不过，随着中朝边境经济区的基础设施、人力资源、技术等软硬条件的不断完备，其加工功能有望显著增强。中朝双方可以逐步延伸产业链条、扩大经营规模、细化产业分工，以进一步增加产品的附加值。尽管目前中朝边境经济合作区的加工功能还不明显，但是具有很大的发展空间。中朝边境经济区可以充分发挥地域资源、劳动力等比较优势，努力承接我国东部地区的产业转移，接续发展经济区内的产业链条。下一步中国应在中朝边境经济区内划分中心区和扩展区并对"分区"进行合理规划，牢牢抓住"借

---

① 《朝鲜开通延吉至平壤的包机》，http://www.idprkorea.com/news/news/view.asp? id = 2406。

港出海大通道"建设的历史性机遇,最终将中朝边境经济区建成承接我国东部发达地区产业转移的重要的出口加工基地。

4. 发展区域功能

从长远来看,中朝边境经济区具有逐步发展为成熟的经济圈,在稳步提升区域内居民生活水平的同时,通过辐射效应,促进周边地区经济社会发展的区域功能。第一,区域扩散效应,即对周边腹地发展的巨大拉动作用。随着中朝两国各项合作的不断加快和深入,中朝边境经济区将会有更大的发展空间,有能力、有条件为两国腹地之间的交流和合作搭建平台,带来更多的物流、客流和资金流,吸引更多更有实力的企业扎根落户。这有助于解决中朝边境经济区发展的资金、规模、基础设施等诸多瓶颈问题,从而形成边境经济区与中朝两国腹地之间的良性互动关系。第二,区域融入效应,即促进中朝两国更好地融入东北亚地区。边境经济区是中朝之间的客货流、资源流、人员流的重要集散地,具有十分重要的中介服务功能。近年来,朝鲜不时显露出进行经济秩序调改的迹象,如 2002 年 7 月的"经济管理改善措施"虽然未使朝鲜经济迈向市场化,但其对经济改革所产生的深远影响是巨大的。[①] 基于边境经济区的良好发展势头,朝鲜有可能实现某些政策转变,这将极大地促进东北亚地区其他国家与朝鲜的沟通和理解,有助于逐步消除彼此之间的民族隔阂和历史误解,建立起地区互信机制,促进东北亚地区一体化发展。不过,目前中朝边境经济区合作尚不具备"以双边促进多边"的区域融入功能,这只是建立在中朝边境经济区合作的更高阶段的长远展望。

四 推进和深化中朝边境经济区合作的对策建议

1. 发挥政府主导作用,夯实政策保障基础

近年来,朝鲜在经济政策调整方面先后采取了很多重要举措,这有助于中朝边境经济区合作的不断推进和深入。2005 年 10 月,中朝两国确立了"政府引导,企业参与,市场运作"的经济合作方针。2010 年 8 月,这一指导方针调整为"政府主导,企业为主,市场运作,互利共赢",[②] 其中一个

---

① Christopher D. Hale, "Real Reform in North Korea? The Aftermath of the July 2002 Economic Measures," *Asian Survey*, Vol. 45, No. 6(November/December 2005), p. 842.

② 满海峰:《新时期中朝关系定位与中朝边境地区经济合作发展》,《辽东学院学报》(社会科学版)2011 年第 6 期,第 121 页。

鲜明变化是突出了"政府主导"作用。对中国而言,这主要体现为中央政府的综合指导调控与地方政府的具体操作相结合,即建立宏观上统一对外、微观上灵活多变的调控机制,从而进一步增强中朝边境经济区发展政策的实用性和可行性。朝鲜的特殊国情需要更好地发挥中央政府和地方政府的主导作用,夯实政策保障基础。

第一,健全法律法规体系。2012 年 8 月,在中朝联合指导委员会会议上,双方已经共同编制完成了有关的规划纲要,同时共同宣布成立罗先经济贸易区管理委员会和黄金坪、威化岛经济区管理委员会,签署了成立和运营管理委员会的协议、经济技术合作协议等文件。另外,朝方修订了《罗先经贸区法》,制定了《黄金坪、威化岛经济区法》。不过,相关的法律法规还需要进一步的完善和落实,以便提供更加有力的法律保障。

第二,建立风险保障机制。由于朝鲜的特殊国情,中方在边境经济区合作过程中一旦遇到朝鲜的单方面违约、冻结中方企业资产、驱逐中方合作伙伴等突发性事件,将会使中方企业遭受很大的经济损失。为此,中朝两国政府需要进一步的磋商和协作,加快建立必要的风险保障机制,从而有效维护中朝边境经济区合作的良性发展态势。

第三,提供信息制度支持。由于朝鲜实行完全的计划经济体制,其对外公布的有效信息相对较少,致使中方企业一直难以获得真实可靠的信息内容。这种严重的信息不对称现象,极大地制约着中朝边境经济区合作规模的扩大及合作水平的提高。为此,中朝两国政府应当基于进一步扩大合作共赢的根本目标,努力建立信息制度支持体系。

2. 不断拓宽合作领域,稳步提高合作层次

首先,立足基础设施建设,夯实硬件基础。陈旧落后的基础设施是阻碍中朝边境经济区合作持续发展的重要因素之一。朝鲜的供电、路况、港口建设等均存在不同程度的问题,中朝双方应当加快改善这些硬件缺陷,尤其是全面推进港湾、公路、铁路口岸等路网建设进程。2012 年 9 月,新鸭绿江公路大桥完成了主体施工,一旦该大桥最终落成并实现通车,将会极大地改善朝鲜边境地区的交通状况。

其次,继续推动边境经贸发展,拓宽其他经济领域合作。以非市场机制手段有意识地调节生产要素的有序流动,促进中朝边境经贸务实合作持续开展。[1] 进一

---

① 金哲:《新阶段中朝经贸合作的新特点及新思路》,《当代亚太》2010 年第 6 期,第 153 页。

步加强中国企业对朝鲜的工业、农业、建筑、运输、邮电、科技、金融等各个部门的投资力度，尤其是利用朝鲜的诸多优惠政策，不断向朝鲜的高新技术等现代产业、科研机构和研发部门加大投资。中方企业要善于利用自身优势，以点带面，推动其他经济领域合作的纵深化发展。

第三，适当调整产业合作结构，实行"统一规划，统筹协调，分工合作，互惠互利"的管理模式，① 稳步提高中朝边境经济区合作的层次及水平。中朝双方可以扶持一批企业对边境经济区内的特殊产业进行重点突破，比如发展深加工产业链，提高初级产品附加值等。同时，加大高新科技领域合作，如合作投资设厂、开展研发技术合作等。

3. 努力实现合作主体及合作形式的多元化

区位优势和商业意识，使我国东北省份和南方企业成为当前中朝边境经济区合作的参与主体。2012 年 9 月，中朝两个经济区投资说明会举行，这为独具地缘优势的我国东北各省企业提供了更多的便利条件。不过，目前中朝边境经济区的参与主体依然十分有限，远远不能满足经济区健康持续发展的现实需求。上述两大经济区管理委员会应当确立进一步的招商优惠政策，努力扩大参与合作主体的范围及数量。一方面，鼓励我国广大民营企业参与其中。随着我国劳动力工资水平的持续提高，劳动密集型民营企业的比较优势逐年下降，而朝鲜有大量的廉价劳动力。我国广大民营企业的积极参与，既能够充分利用中朝两国的比较优势，还满足了朝鲜诸多迫切的日常性需求。另一方面，稳步扩大招商引资范围。比如在第三国举行大型招商投资会，或是借助东盟、上海合作组织等进行积极宣传，努力争取更多的第三国企业尤其是高新技术、金融银行、国际物流等企业不断加入，从而带动中朝边境经济区合作的全面健康发展。

在扩大合作主体的基础之上，努力促进合作形式的多元化。在边境贸易方面，加快与朝鲜中央政府的协商步伐，推动其尽快批准我国吉林省政府早已批准的 6 个中朝边民互市贸易区，即珲春圈河—元汀里、集安青石—云峰、长白—惠山、龙井三合—会宁、珲春沙坨子—柳多岛、图们—南阳，② 从而使中朝边境经济区民间贸易走上正轨化、市场化的道路；在非贸易合作

---

① 曹志刚：《抓住历史机遇加快建设中朝跨境经济合作区》，《延边党校学报》2010 年第 1 期，第 88 页。

② 林光姬：《中国与朝鲜经贸关系转型中的困境及对策》，《东北亚论坛》2012 年第 3 期，第 48 页。

方面，以承包工程、劳务合作、设计咨询等形式，进一步加强合作。朝鲜的外贸结算体制比较特殊，目前我国企业主要以补偿贸易、合作投资等形式参与其中，虽然这些形式符合朝鲜外汇缺乏的现状，但是不利于外国企业的参与。中朝双方应当立足长远，适时调整和不断创新经济合作形式，发展自由结汇方式贸易，[①] 采用国际通用标准，把中朝边境经济区发展真正纳入东北亚区域经济体系当中。

4. 增强合作效果的辐射力，推动区域发展

中朝边境经济区实行"共同开发，共同管理"的新型模式，这种模式能够实现中朝双方的优势互补，也有利于上述经济区的快速健康发展。虽然目前中朝边境经济区刚刚步入实质性开发阶段，重大的合作成果还未取得，但是其对整个区域发展的巨大辐射力不容小觑。"共同开发，共同管理"的模式，既是开发边境地区的新方式，又是一个国家扩展对外开放的新手段。对朝鲜而言，这既能够实现发展罗先、黄金坪、威化岛等地区的战略目的，从而带动其腹地经济发展，从整体上提高国家经济收入，还会使朝鲜增强开放意识、深化国际合作理念、学习和积累对外经贸合作知识，逐步探索和扩大开放的领域与范围。[②] 众所周知，一直处于封闭状态的朝鲜是东北亚地区多边经济合作中的薄弱环节之一。[③] 从长远来看，如果朝鲜能够采取开放的姿态，这将有助于缓解东北亚区域合作的一大困境，进而推动东北亚区域的整体发展。中国要把握难得的机遇，提早谋划和布局，积极发挥对朝鲜的影响力，引导朝鲜稳步融入区域发展进程。

---

① 按照清偿工具主要划分为：自由结汇方式贸易和易货贸易方式。一般外汇不足的国家，大多数是采用易货贸易方式。基于中国的特殊情况，自由结汇方式贸易比例相对较低，应当适应经济发展形势需要，逐步加大比例。

② 禹颖子：《近期中朝边境地区经济合作发展趋势剖析》，《社会科学战线》2012 年第 1 期，第 245 页。

③ 虞少华：《中朝经济合作的政策背景与发展前景》，《中朝边境经济开发方向与中韩合作展望国际学术研讨会论文集》，2011，第 89 页。

东亚地缘安全环境变化

第五章

军备安全与东亚地区军备发展

　　冷战的终结推动了世界局势的相对缓和，一度为国际军备控制与裁军创造了较为良好的政治军事环境。不过，美苏对抗时期被暂时压抑下来的地区性矛盾随之大量涌现，地区局势的不稳定性进一步的加剧。海湾战争使一些国家坚信军事实力是有效应对外部入侵和保障自身安全的不二手段，于是，地区性的军备扩张①和全球性的裁军进程呈现出"反向运行"的有趣态势。1990 年以来，中东和东亚一直是全球最大的两个军备进口地区。进入新世纪以后，东亚多国（地区）的军费开支以及军备采购呈现出持续上升的态势，成为当今世界"武装"程度最高的地区之一。

　　由于历史和现实的原因，东亚地区国家普遍缺乏必要的战略互信，对各自的军备发展一直保持着高度的警惕性。因此，许多观点认为"安全困境"是导致冷战后东亚地区国家展开军备竞赛②的主要动因，东亚各国之间保持

---

① 一般意义上，"军备"泛指"国家或政治集团军事力量的编制和装备"，其主要包括武装力量的人员和装备两大方面。在军备研究领域，这一概念更多的是指武器装备。比如，"军备控制"是指"通过双边或多边国际协定对武器系统（包括武器本身及其指挥系统、后勤保障和相关的情报收集系统）的研制、试验、生产、部署、使用及转让或武装力量的规模进行限制"。在此，笔者探讨的军备问题主要限定在武器装备方面，并集中讨论常规武器装备。相关概念的界定参见卓名信等《军事大辞海》（上），长城出版社，2000，第1219 页。

② "军备竞赛"这一概念被广泛使用，并被普遍性地解读为"以军事手段寻求安全，并会导致严重后果"。不过，由于没有准确界定何种程度的军备增长属于军备竞赛状况，因而这一术语的使用更多地被作为"贬低对手军事政策的手段"。参见〔英〕巴里·布赞、埃里克·海凌《世界政治中的军备动力》，薛利涛、孙晓春等译，吉林人民出版社，2005，第87 页。

着极大的军备警惕性。其中，中国的迅速崛起以及军事力量的增强引起了广泛关注。"中国威胁论"者认为，中国军事实力的迅猛增长，引起东亚地区国家的高度警惕和防范。不过，从中国的立场来看，其军事现代化"不仅出于遏阻和制止台独的绝对必需，也是在美国的霸权性优势和潜在威胁（以及来自其他个别大国的潜在威胁）面前维护中国基本安全和自主的绝对必需"，[①] 中国的军费增长无可厚非。"中国威胁论"显然不能够解释20世纪90年代以来的日本、韩国和新加坡的军事现代化进程，因为当时中国的军备增长才刚刚起步。另外，安全困境理论只是关注军备发展的外部因素，而基本上忽视了内部因素。因此，这一观点不能够完全解释冷战后东亚地区的军备发展状况。

关于军备发展的动力问题，从装备经济学的角度来看，其主要包括需求牵引与供给推动两个方面。在需求牵引方面，主要包括国家安全、军事现代化、国家威望、军事部门利益等基本要素；在供给推动方面，主要包括商业利益、外交政策考虑、战略需求等基本要素。可见，这其中既有外部因素也有国内因素。国防经济学在研究军费和军备问题时，提出军备竞赛模型和新古典模型，前者强调行动—反应（action - reaction），而后者则强调经济政治和军事等综合性因素。[②] 因此，在军备研究中，"外部竞争压力"和"纯粹国内因素"均被视为促成军备发展的动力因素。对和平时期的大部分国家而言，单纯的外部或内部因素均难以起到唯一的和决定性的作用。英国学者巴里·布赞和埃里克·海凌把军备发展的动力归结为"使行为体获得武装力量并改变已有武装力量的数量和质量的所有压力的集合"，[③] 并从"行动—反应""国内结构"和"技术强制性"三个角度来解释军备增长的动力问题。在此，笔者主要借鉴这一分析模式，通过全面考察冷战后东亚地区军备发展的现实状况，从"行动—反应""国内结构"和"技术强制性"三大视角，对东亚地区军备发展的动力情况进行多维度的剖析和解读。

一　冷战后东亚地区军备发展的现实态势

冷战结束后，东亚地区军备水平呈现持续增长的态势。一方面，这表现

---

① 时殷弘：《东亚军备控制和不扩散问题：现状与危险》，《战略与管理》2002年第5期，第30页。

② 陈波：《国防经济学》，经济科学出版社，2010，第199页。

③ 〔英〕巴里·布赞、埃里克·海凌：《世界政治中的军备动力》，第93页。

为该地区国家军费开支的持续增加；另一方面，这体现为整个地区军备贸易的显著增长。据瑞典斯德哥尔摩和平研究所（SIPRI）公布的统计数据，2011 年东亚地区军费开支高达 2500 亿美元，比 2010 年增长 4%，比 1991 年的 1086 亿美元增长 130%。[①] 以东北亚地区的中、日、韩三国和东南亚地区的新加坡、泰国、马来西亚、印度尼西亚、越南五国为统计对象，[②] 在 1991～2011 年的 21 年中，上述国家的军费开支均出现了明显的增长。这其中，日、韩等发达国家由于军费基数相对较大，其增长幅度相对较小。日本的军费开支从 505 亿美元增长到 545 亿美元，增长幅度最小。这是由于受到"和平宪法"的制约，其军费开支需要保持在 GDP 的 1% 左右。但是日本 500 多亿美元的庞大军费开支长期位列世界第二位。中国与东南亚地区发展中国家的军费开支增速相对较快。在东南亚国家中，除了新加坡以外，各国的军费增长均出现了明显的波动，其受经济发展状况的影响十分明显。由于近年来新加坡保持了经济持续增长的良好势头，其军费开支规模逐渐攀升为东南亚地区国家之首，具体参见图 5-1 和图 5-2。

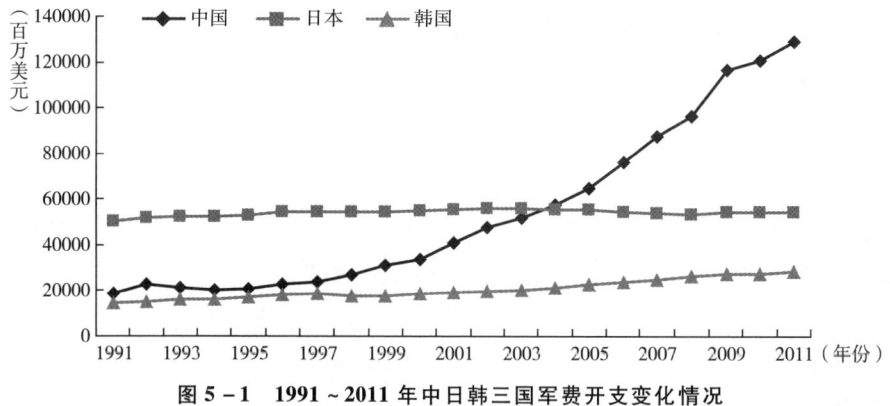

图 5-1　1991～2011 年中日韩三国军费开支变化情况

数据来源：SIPRI Military Expenditure Database。

冷战结束后，东亚地区军备贸易的总体规模持续扩大，其交易数额明显

---

① The SIPRI Military Expenditure Database, *Military Expenditure by Region in Constant US Dollars*, *1988 - 2011*.

② 在地理概念上，东亚地区是指亚洲大陆的东缘部分，主要包括中国、日本、朝鲜半岛、蒙古以及俄罗斯远东地区。广义的东亚地区则被界定为东北亚地区（包括中国、日本、朝鲜半岛、蒙古、俄罗斯远东地区）和东南亚地区（包括中南半岛、马来群岛、印度尼西亚群岛和菲律宾群岛）的总和。这种定义在西方学术界和媒体中被普遍使用。

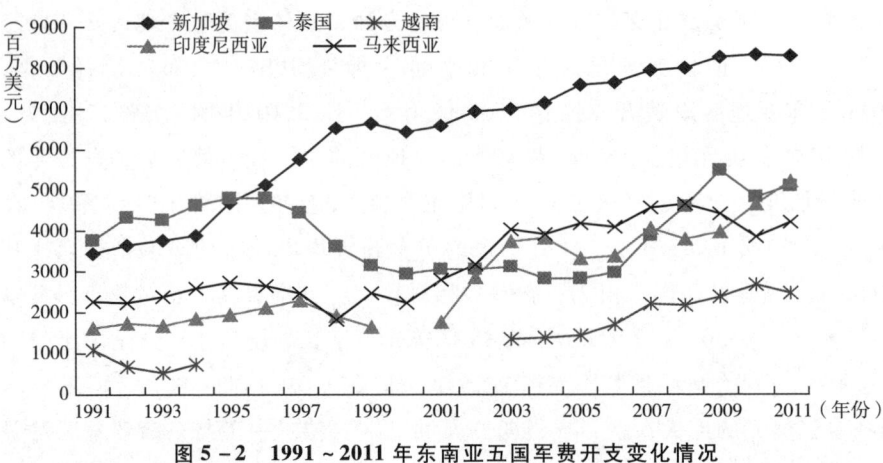

图 5 - 2   1991 ~ 2011 年东南亚五国军费开支变化情况

数据来源：SIPRI Military Expenditure Database。

上升并趋于稳定。以上述选取的八个国家为分析对象，1981 ~ 1990 年间，上述国家的军备进口总额约为 434.43 亿美元；1991 ~ 2000 年间，达到约 523.16 亿美元，增长 20%；2001 ~ 2010 年间，进一步增加到约 529.74 亿美元，相比前十年增长约 1%。1991 ~ 2010 年间，全球武器进口前 50 名的国家和地区当中，东亚地区有 11 个国家（地区）名列其中。[①] 与 20 世纪 80 年代相比，东亚地区的军备进口状况并非完全是线性式的增长态势。以 10 年为一个计量阶段，中国、新加坡、马来西亚三国在近 30 年来是渐次式的增长态势（2005 年之后，中国的军备进口开始大幅度下降）；韩国与泰国则是先增长而后有所下降；越南与印度尼西亚是冷战结束初期先出现大幅度下降，近十年又恢复性增长；日本的军备进口呈现为逐渐下降的态势。

如图 5 - 3 所示，1981 ~ 2010 年，日本是东亚地区最大的军备进口国，其次是中国、韩国和新加坡。20 世纪 80 年代，中国是上述八个国家中军备进口额度最小的国家，仅有 7.13 亿美元。这一数额不仅远远小于日本和韩国，也比东南亚地区一些国家少得多。近年来，日本军备进口趋于减少的原因，可以归结为其军工产业的不断发展和武器装备的周期性更新。一方面，日本的国防科技工业取得长足的进步，已经建立了除核武器之外的覆盖航空、航天、轻武器、坦克、舰船、雷达、电子等装备的相对完善的研发和生

---

① 在此，主要包括中国、韩国、中国台湾、日本、新加坡、马来西亚、泰国、印度尼西亚和越南。

产体系；另一方面，日本早在 20 世纪 70 年代就已经基本实现了武器装备的现代化，而东亚地区大部分国家的这一进程直到 20 世纪 90 年代才算正式起步。不过，伴随着新一代的武器装备陆续面世，在未来一段时间内，日本的军备进口将会出现明显的增长势头。比如，日本在 2011 年已经决定采购第四代战斗机 F-35，这一计划预计将会耗资 100 亿美元。

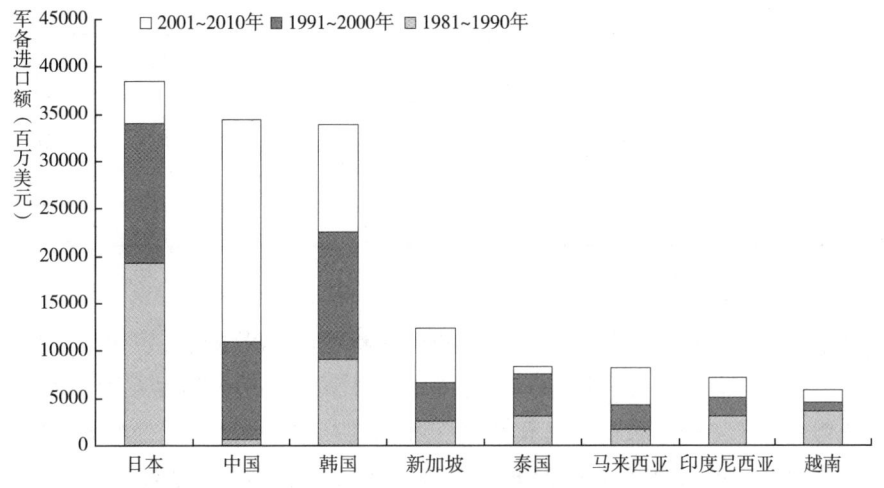

图 5-3　1981~2010 年东亚地区主要国家军备采购情况

数据来源：SIPRI Arms Transfers Database。

在东亚地区军备发展的过程中，海军、空军的军备增长十分强劲。20世纪 90 年代以前，东亚地区只有日本、韩国、新加坡三个国家引进了 F-15 系列和 F-16 系列等美制第三代战斗机，只有中国、日本、印度尼西亚和朝鲜四个国家拥有制式潜艇。1989 年以后，韩国先后从德国购买许可证生产了 6 艘 209 级常规动力潜艇（分别在 1989 年和 1994 年），新加坡则从瑞典购买了 4 艘"海蛇"（Sjöormen）级常规动力潜艇（分别在 1995 年和 1997 年）。2000 年以后，韩国继续从德国引进了多达 9 艘 214 级常规动力潜艇的生产许可证（分别在 2000 年和 2008 年），马来西亚从法国购买了 2 艘"鲉鱼"级常规动力潜艇（2002 年），越南则从俄罗斯购买了 6 艘"基洛"级常规动力潜艇（2009 年）。泰国、缅甸等国家也在考虑或着手购买潜艇。可以看出，东亚正在成为当今世界潜艇装备最为集中的地区。另外，近年来大部分东亚地区国家陆续购买了第三代战斗机，其主要集中在美制的 F-15 系列、F-16 系列和俄制的 Su-27 系列、Su-30 系列四种机型上。海、空军

装备成为冷战后东亚地区军备发展中最为集中、最为抢眼的领域，具体参见
表5-1。其中，日本与韩国外购舰艇的数量相对较少，这得益于它们较为
发达的造船业。除了部分关键性部件以外，这两个国家基本上实现了舰艇的
国产化。

表 5-1 1991~2012 年东亚地区主要国家军购中海、空军装备的比例

单位:%

	中 国	日 本	韩 国	新加坡	泰 国	马来西亚	印度尼西亚	越 南
飞 机	47	69	47	47	39	39	31	50
舰 艇	15	1	7	23	33	35	50	27
导 弹	18	11	10	10	5	11	4	16
发动机	7	6	4	5	4	2	4	2

数据来源：根据 SIPRI Arms Transfers Databas 数据整理所得。

可以看出，冷战后东亚地区的军费开支和军备规模均出现了比较明显的
增长势头，但是，东亚各国的军费开支占 GDP 的比率没有发生明显的变化，
依然普遍低于冷战结束前的总体水平。如图 5-4 所示，冷战后东亚地区国
家的军费开支占 GDP 的比率呈现先下降后攀升的态势。冷战结束前后，越
南的军费开支占 GDP 的比率最高，达到 5.6%。冷战结束初期，除日本以外
的其他东亚地区国家的军费开支占 GDP 的比率均出现下降趋势。其中，印

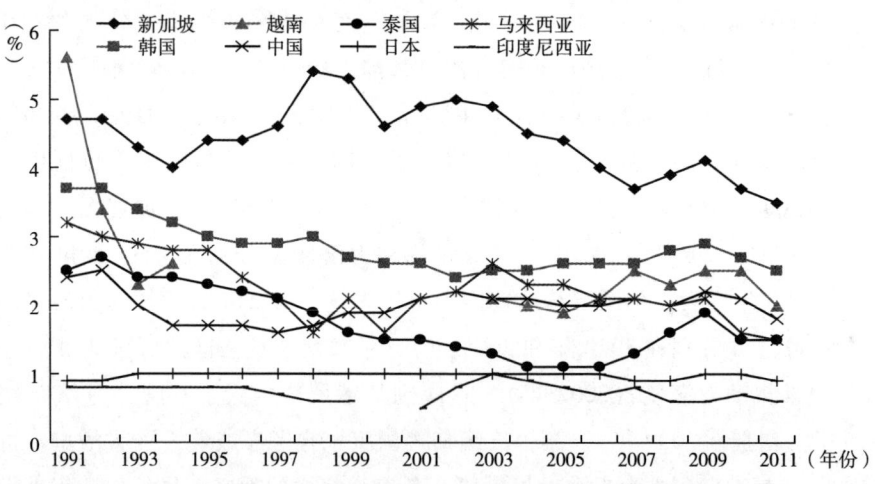

图 5-4 1991~2011 年东亚地区主要国家军费开支占 GDP 的比率

数据来源：SIPRI Military Expenditure Database（缺少越南 1995~2002 年、印尼 2000 年的相关
数据）

度尼西亚最低，一直在 GDP 的 1% 以下；中国在 1994～2000 年间一直维持在 GDP 的 2% 以下，2000 年以后稳定在 2% 左右；韩国则保持在 GDP 的 2.5%～3.0%。值得注意的是，冷战后新加坡的军费开支占 GDP 的比率最高，高峰时约占 GDP 的 5.4%，最低时也占到 3.7%，远高于东亚地区其他国家的占比水平。从总体来看，大部分东亚地区国家的军费开支占 GDP 的比率一直控制在较为合理的范围内，尽管东亚地区国家军费开支的绝对值出现明显的增长势头。但是，这一合理的比率至少说明军费开支并没有严重影响到上述国家财政开支的其他领域，其军备发展没有陷入恶性扩张的境地。

另外，近 20 年来中国的军备发展确实出现了显著增长，但是，20 世纪 90 年代之前中国的军备进口额是东亚地区最少的。这从一个侧面说明中国军费开支的增长，其实是一种"补偿性增长"。中、日、韩三国的军费增长率没有"趋同性"，中国军费开支的基数一直较低，其较高的增长率没有引起日、韩两国对应性的军费增长，这三个国家之间没有形成军备竞赛状况。引人注目的是，东南亚各国的军费增长具有一定的趋同性，且受国内经济水平的影响较大。比如，受 1997 年东亚金融危机的影响和冲击，东南亚国家的军费开支一度普遍下滑。中、日、韩三国与东南亚国家之间的军费开支以及军备水平存在巨大的差异性，其军备发展的动力自然也存在显著的差别。这些现象说明影响东亚地区军备发展的动力因素是多方面的，而不能够简单地归结为彼此之间所谓的"竞争压力"。

二　内在需求与东亚地区军备发展的合理性

有关内在需求对军备发展影响的研究最早始自于 20 世纪 70 年代，当时"行动—反应"模型无法完全解释美、苏两个超级大国的军备发展动力问题。由于美、苏之间进行了长时期的对抗，发展军备应对潜在威胁在两个国家已经是根深蒂固的观念。美、苏两国的军备研发以及生产机构几乎成为"永久性"部门，其军事技术进步成为一种自我演进的过程，军工企业则在生产规律的拉动之下持续地高速运转。军备生产以及与之相关的政治、经济部门和个人渐渐融入到国家体制当中，它们成为国家生活的重要组成部分。在这种情况之下，国内因素成为影响美、苏两国军备发展的主要动力源之一。这一分析主要适用于军备生产国，因为非军备生产国不存在大规模的军事工业，它们也不会产生像美国那样的势力庞大的军事工业复合体。不过，

"越来越多的低工业化国家中军事工业化的研究成果包含了大量支持许多国内结构模型的内容"。① 而且,军备发展的内在需求所包含的因素,也并非局限于军事生产的制度化,它还包括军备全寿命周期、经济增长、选举政治、国内安全威胁、部门利益和以军事威胁促进内部团结等重要内容。在这些因素当中,武器的更新换代、军事生产的制度化和国内安全威胁是促成东亚地区军备发展的主要动力因素。

持续的经济增长,使得一些东亚国家有能力对快报废武器进行更新换代。由此,带来了之前由于各种原因没有实现的军备增长特别是技术层面的发展。一个国家的军备需求,是指其愿意购买且有能力支付的军事装备,具有购买能力是军备发展的基本前提条件。早在 1995 年,联合国裁军委员会就指出,"军事支出增长要归因于区域内许多国家日益富裕,这使它们获得了更尖端的硬件";② 而"影响政府进口武器多少的一个重要因素是它的财政能力"。③ 冷战结束后,东亚地区经济保持了快速的增长势头。1991 ~ 2010 年,在上述八个国家当中,经济增长速度最快的中国平均经济增长率达到 10.47%,最慢的日本为 1%,其他国家在 4% ~ 8%。上述八个国家的平均经济增长率为 5.72%,这明显高于同时期全球 2.7% 的平均经济增长水平。④ 除了日本、韩国、新加坡等经济条件较好的国家以外,大部分东亚地区国家在冷战结束初期面临着武器严重老化的尴尬情况。对中国而言,这主要是因为 20 世纪 80 年代开始集中力量进行经济建设而大幅度压缩了国防开支,大部分东南亚国家则是受制于自身的经济规模和当时的冷战环境。

20 世纪 80 年代中国的国防开支处于"低投入"的状态,而 1979 ~ 1989 年中国的居民物价总指数(CPI)年平均上涨了 7.49%,这段时期的中国国防投入实际上是处于一种"负增长"的状态。⑤ 中国的国防费用以不变价格计算下降了 26.33%,购买力减少了 1/4,"军费的削减超过客观限量,已严重影响到国防现代化的正常进行"。⑥ 进入 20 世纪 90 年代以后,由于经济

---

① 〔英〕巴里·布赞、埃里克·海凌:《世界政治中的军备动力》,第 121 页。

② 联合国裁军事务部:《联合国裁军年鉴 1995》(第 20 卷),联合国,1997,第 145 页。

③ Michael T. Klare, "The Next Great Arms Race", *Foreign Affairs*, Vol. 72, No. 3, 1993, p.138.

④ 根据世界银行网站公布的相关数据整理所得。

⑤ 姚佳威:《追问中国国防费:4800 亿是如何定出来的?》,《中国新闻周刊》2009 年第 10 期,第 58 页。

⑥ 袁明全:《我国今后几年的军费规模》,《军事经济研究》1992 年第 6 期,第 45 页。

条件得到了明显改善，中国的军费开支进入"补偿性增长"的新阶段，其开始快速更新严重老化的军事装备。当时，中国军队的装备水平已经严重滞后，其陆军列装最多的 59 式主战坦克属于战后第一代坦克，第二代主战坦克 88 式刚刚开始换装；空军的主战飞机是已经服役近 40 年之久的歼 - 6 战斗机；海军方面的主力舰艇同样老化，海上防空能力十分薄弱，潜艇噪音明显。而同时期的欧、美军事强国早已经装备诸如 M1、豹 2 等第三代主战坦克和 F - 15、F - 16、幻影 2000 等第三代战斗机。东亚地区的日本、韩国、新加坡等国家纷纷引进了先进的第三代战斗机，日本还装备了十分先进的"宙斯盾"驱逐舰。可以说，20 世纪 80 年代末 90 年代初是中国军备同世界先进水平差距最大的时期，这才有了此后 20 年军费和军购的快速增长。即便如此，截至 2010 年，中国空军和海军水面舰艇的现代化水平也只有 26% 左右，防空力量达到 40%，潜艇达到 56% 左右。[1] 作为世界政治经济大国，中国的军备现代化水平至今依然存在很大的不足。2010 年中国军费增长率为 3.77%，2011 年为 6.8%，较之前期的两位数增长出现了明显的下降，这说明随着"补偿性增长"的逐渐到位，中国的军备增长速度正在稳步放缓。

与中国有所不同，东南亚地区在冷战期间存在着美、苏两大集团的对峙，在 20 世纪 70 年代以后又存在着东盟与越南之间的对抗，因此，军费开支一直是东南亚地区各国政府预算的重头。不过，由于东南亚在美、苏对峙当中并不属于最重要的前沿地区，其内部还存在着复杂的领土争端和内战，这使得美、苏两国一方面没有把最先进的常规武器部署在该地区，另一方面谨慎地选择向该地区输出武器装备。20 世纪 90 年代之前，大部分东南亚地区国家的常规武器均属于中等威力的水平，"无论坦克、飞机或军舰都不是武器输出国——美国和苏联军队中使用的先进武器"。[2] 这些主战装备大都采购于 1960~1970 年，存在严重老化等棘手问题。比如，1995 年的东盟国家海军，"其战斗编成中有 113 艘舰和 1500 余艘艇，其中在最近 10~15 年建造的具有现代战术技术性能的舰艇占 15%~20%"。[3] 2004 年，印度尼西亚军队在海啸灾难搜救过程当中难以有所作为，这充分暴露了其与大部分东

① Office of the Secretary of Defense, *Military and Security Developments Involving the People's Republic of China* 2011, Annual Report to Congress, p. 43.
② 〔泰〕素拉差、班斋成：《东南亚的军事力量对比》，《东南亚研究资料》1985 年第 4 期，第 8 页。
③ 宋兰珠：《发展中的东盟各国海军》，《现代兵器》1995 年第 7 期，第 38 页。

南亚地区国家一样，军事装备很落后。冷战结束后，美、苏势力相继退出了东南亚地区。国际军火商不再担心先进武器的输入会引起超级大国之间的战争，他们纷纷争夺这一地区的军火市场份额。东南亚国家经济条件的持续改善，也使得买方市场拥有了一定的购买条件。

军事生产的制度化是中、日、韩等军备生产国重要的军备发展动力。军备的研发与生产需要国家投入巨额资金，创建"永久性"的研发机构，并维持军工企业的长期有效运转。尽管外部压力和"以备不时之需"是一个国家维持高水平军事研发和军工生产的重要原因，但是，科技研发与工业生产均有其内在的周期性和自发性，一旦形成一定的规模就会产生内在动力，从而使技术和生产不断地向前发展。在外部压力的条件之下，"保持生产能力的愿望，最终导致产生了内在化的推动力，将军备生产推向足以满足工业需求的层次"。[①] 一方面，研发和生产部门的高水平运转会加速军备的淘汰周期，推动军备水平的不断提高，高精尖的技术研发和装备生产会要求更高的军费投入；另一方面，制度化的军事研发与生产，造就了特殊的利益集团和部门利益。这些集团、部门以及相关群体具有相对的独立性，它们为了自身利益而不断影响国家的军事开支行为，逐渐成为具有大规模军备工业的国家发展军备的动力之一。总体而言，中、日、韩三国在军备生产国等级结构中属于较高层级，其军事装备的科研与生产已经制度化，这些部门在国内因素中扮演着重要角色。

在军备生产国等级序列中，中国建立了完整的国防工业生产体系，属于部分军备生产国中"几乎全类别生产，在某些领域技术领先，在许多领域接近领先水平"的国家。日本建立了"除核武器以外的覆盖航空、航天、兵器、舰船、军事电子等装备的科研生产体系"，"科研生产能力在亚洲处于领先水平，在世界也属先进国家之列"。[②] 日本的国防工业体系完备程度不如中国，其对进口部件的依赖程度高于中国，但是在部分领域的技术水平领先中国。因此，日本属于军备生产国等级结构中大致与中国相当的"部分军备生产国"。近二十年来，韩国着力打造"自主国防"，其国防工业得到快速发展，部分自制武器的技战术性能十分先进和突出。但是，韩国尚不足以成为全类别的军备生产国，其在战斗机、发动机、导弹以及雷达系统等

---

① 〔英〕巴里·布赞、埃里克·海凌：《世界政治中的军备动力》，第 126 页。
② 魏俊峰：《美国人看日本国防工业发展》，《现代军事》2006 年第 5 期，第 65 页。

重要武器和核心部件上的对外依赖程度仍然偏高，其属于部分军备生产国当中"多类别生产，但通常依靠进口部件"的国家。

对军备生产国而言，维持军事研发与生产的必要规模，需要保有足额的军购订单数量。当本国军事力量无法满足时，就需要努力寻求武器出口的途径。中国的国防工业大部分属于国有企业，其对本国军备发展的影响力集中在自我研发与生产的内在动力方面。而日本的军事工业走的是"寓军于民"的发展道路，其军备生产主要是由三菱、富士、三井等巨型财团的下属企业来完成。韩国也是由现代、三星等大财团的下属企业来完成。这使得除研发生产的内在动力之外，上述大财团会因为部门利益而不断推动军备的研发、生产和出口。2004 年，日本经济团体联合会曾经向政府提出《关于今后军事力量发展的建议书》，要求发展军工产业、放宽"武器出口三原则"，而这一建议在 2012 年最终成为现实。

国内安全威胁是促成东南亚地区一些国家军备增长的动力因素。较之东北亚地区国家，东南亚地区国家面临着更加复杂的民族和宗教问题。长期以来，许多东南亚地区国家饱受国内安全问题的严重困扰，泰国、印度尼西亚、菲律宾等国家的反政府武装长期与政府军相对抗，不断发生激烈的武装冲突。印度尼西亚的亚齐、巴布亚等地区的民族和宗教问题十分突出和棘手，地区分离主义盛行；泰国南部的民族和宗教冲突也相当严重，南部武装组织多年来一直主张通过武力建立独立的国家或是与"同文同种"的邻国马来西亚相合并；菲律宾南部信仰伊斯兰教的摩洛人在宗教信仰、国家认同、经济利益和政治权利等诸多方面，与菲律宾主体民族存在着严重分歧，国内的暴力冲突一直持续不断。"9·11"事件以后，东南亚成为恐怖主义活动的重灾区之一，这股逆流从印度尼西亚、菲律宾、新加坡、马来西亚一直延伸到了泰国、缅甸和柬埔寨，呈现马蹄形之势，该地区处处均有"基地"组织的影子。① 恐怖主义、分离主义和极端主义势力相勾结，成为当前东南亚地区最大的安全威胁。由此，内部暴力成为一些东南亚国家国内政治生活的重要特征之一，并成为促动其军备发展的重要动力。不过，旨在应对国内暴力的军备增长毕竟是低技术层面的，即对小型军备的需求。这实际上属于军备发展动力的次要部分。这是因为，国内暴力占用的军事资源，更多

---

① 施文：《东南亚反恐形势依然严峻》，http://www.chinanews.com.hk/cgi-bin/shownews.pl?filename=0407-02.CNA&date=20040407&type=cna。

地体现在人员、车辆等方面的开支上。

此外，国内政治当中的选举政治、部门利益等因素，也是东亚地区国家军备发展的内在动力。一些东亚地区国家的国内政治，一方面具有世界各国政治的普遍性，即"国外的安全威胁是获得国内政治支持的有效手段"，进而使国外因素转化为国内因素成为其军备增长的动力。日本就长期在《防卫白皮书》当中将俄罗斯的战略压力和朝鲜的军事威胁视为其安保考虑的首要问题，近年来又将安保矛头直接指向中国。另一方面，东亚地区国家的国内政治与欧、美国家有着显著的不同，不存在势力庞大的军事工业复合体。但是，在一些东南亚国家，军队在政治生活中扮演着重要的角色。比如在泰国，"军人一直被视为国内政局的稳定力量和对国王忠诚的象征"。有学者就称，"在军队会干预政治的国家，平民政客会用巨大的军费开支来换取军队的政治服从"，泰国就是一个极好的例子。不过，在 1998 年以后，泰国的军费开支一直保持在 GDP 的 2% 以下的较低水平。另一个曾经长期由军人执政的国家——印度尼西亚，其军费开支在 1991 年以后也从未超过 GDP 的 1%。这些情况说明，在泰国、印度尼西亚等东南亚地区国家中，军队的重要影响力并不是其军费增长的主要动力。

三 "行动—反应"与东亚地区军备发展的竞争性

从"行动—反应"的视角来观察军备发展是一种经典方法，它为"军备竞赛"这一概念的提出奠定了重要基础。"行动—反应"的观点认为，军备动力主要受到国家外部因素的推动，其主张"国家加强军备的原因是它们认为受到其他国家的威胁"，[1] "任何潜在的敌对国家增强军事力量的行动，在其他国家看来都是威胁的增大，这时他们做出反应，增强他们自己的军事力量"。这一观点的逻辑起点是，国家之间的不信任感和国际无政府状态所导致的"霍布斯式的恐惧"，使得一个国家为了保障自身安全而采取的自然的、必要的措施，反而会降低其他国家的"安全感"；即使是出于"纯粹的"防御目的的增强军备，也会被其他国家视为是需要做出反应的巨大威胁。这样一种相互作用的过程，将最终导致每个国家的更加不安全。由此，就形成了所谓的"安全困境"，其最终结果极有可能是"雅典力量的增

---

① 〔英〕巴里·布赞、埃里克·海凌：《世界政治中的军备动力》，第 97 页。

长以及由此导致的斯巴达的恐惧使得战争无法避免"。①

　　"行动—反应"观点的权威例证是一战前夕英、德之间的海军军备竞赛，当时两国的"行动—反应"特征十分清晰。除了冷战初期的美、苏竞争之外，这种高度清晰化的特征很难在其他国家的军备动力中得到明确体现。更多的国家可能无意相互视为军事威胁，而感到互相威胁的国家之间的军备增长往往带有国内因素的现实影响。因此，"行动—反应"观点很难精确地在军备动力中完全地反映出来，只能够明确外部威胁在一定程度上影响了国家的军事行为。为了考察东亚地区军备增长的"行动—反应"因素，笔者确定了三个主要变量。第一，东亚地区国家之间是否存在不信任感，从而互相视为敌手或是竞争对手；第二，东亚地区国家之间是否存在针对性的武装力量部署；第三，东亚地区国家的军费开支和军备采购是否具有内在的联动性。通过对这三个主要变量的系统考察，进而分析"行动—反应"因素对东亚地区国家军备发展的重要影响。

　　当前东亚地区国家之间彼此防范的心理是普遍存在的，这源于该地区复杂的历史问题、领土争端和海洋权益纠纷等因素。在东北亚地区，政治安全互信相对于经济合作水平而言一直严重滞后，中、日、韩三国普遍存在军事上的相互防范心理。日、韩两国对中国的军事现代化始终保持着高度的警惕性，它们认为中国没有澄清军事现代化的最终目的。"（军费）内容相当不清楚，中国军费的持续上升将会影响日本和韩国等其他国家的防御战略"。②日本的《防卫白皮书》称，中国正在急速推进海军和空军的现代化，"在周边海域的活动日趋扩大和活跃，对地区和国际社会造成隐忧"。中国除了要考虑与周边国家的领土争端和海洋权益纠纷所带来的各类安全隐忧之外，还面临着美国不断增加在东亚地区前沿部署的巨大战略压力。中国认为，"维护国家领土主权、海洋权益压力增大……来自外部的疑虑、干扰和牵制增加。美国违反中美三个联合公报原则，继续向台湾出售武器"。③另外，美国向澳大利亚轮换调防新部队，不断加强与日、韩等国家的军事同盟关系，

----

① 修昔底德：《伯罗奔尼撒战争史》，徐松岩、黄贤全译，广西师范大学出版社，2004，第15页。

② 《李明博：中国军费增加带来军备竞赛风险》，http://cn.reuters.com/article/wtNews/idCNChina-3868020090305。

③ 《2010年中国的国防》，http://news.xinhuanet.com/mil/2011-03/31/c_121252301_2.htm。

与印度、越南等国家建立新型的军事关系等政策举动，也让中国方面非常担心会受到"战略围堵"。

在东南亚地区，东盟内部、东盟与东亚大国之间均存在复杂的博弈关系。在东盟成立之前，东南亚国家之间的对立和冲突是普遍存在的，东盟成立后和越南主导的印度支那集团处于激烈的对抗状态。印度支那集团瓦解之后，相关国家陆续加入东盟，东南亚安全局势得到了明显改观。虽然东盟成员国之间一直没有发生大规模的武力冲突，但是彼此防范和不信任感依然普遍存在。在东盟成员国中，多个国家之间存在边界问题。而东盟的组织形式相当的松散，其对成员国违反宪章的行为没有法律上的约束力，只是规定"严重破坏或不遵守宪章的情况应提交东盟首脑会议解决"，而"协商和一致同意"的原则使东盟对区域内国家间冲突的调停和仲裁几乎没有实际效力。"为了追求国家利益而舍弃地区和平在东南亚地区国家交往中屡见不鲜。"① 菲律宾、马来西亚、越南、文莱等国家都和中国存在着海洋权益纠纷。一些国家认为"在亚洲，中国势力的崛起和军事力量的增强都令人担忧，重要的是把这种潜在的不安全感、中国的政治和军事野心公之于众"。② 1992 年，中国以法律的形式确认了对南沙群岛的主权之后，当时东盟所有国家第一次一致请求美国保持在亚太地区的"战略平衡"作用。另外，东南亚地区国家希望日本在东亚政治、外交和安全事务当中发挥更大的作用。新加坡资政李光耀就表示，"希望日本作为对抗中国的势力"，③ "以配合其在东南亚、中国、中国台湾、香港和韩国业已取得的重要贸易、投资与援助地位"。④ 不过，他"认为日本的防卫能力增强预示着'军国主义的复活'，普遍存在日本将继经济入侵后对东南亚发动军事入侵的担忧。日本拒绝为战争罪行道歉，其中包括慰安妇事件，暴露出这个国家缺乏诚意"。⑤ 可见，东南亚地区国家对日本在该地区进一步发挥作用也保持着一定的警惕性。

① 王子昌、郭又新：《国家利益还是地区利益——东盟合作的政治经济学》，世界知识出版社，2005，第 95 页。

② Etel Solingen, "ASEAN, Quo Vadis Domestic Coalitions and Regional Cooperation", *Contemporary Southeast Asia*, Vol. 21, No. 1, April 1999, p. 44.

③ 〔日〕《日刊工业新闻》2002 年 4 月 8 日。

④ Sheldon W. Simon, "U. S. Strategy and Southeast Asian Security：Issues of Compatibility", *Contemporary Southeast Asia*, Vol. 14, No. 4, March 1993, p. 230.

⑤ Nishihara Masashi, "Japan's Political and Security Relations with ASEAN", in *ASEAN – Japan Cooperation：A Foundation for East Asian Community*, p. 155.

　　由于不信任感的普遍存在，东亚地区针对性的武力部署近年来越来越明朗。日本在 2010 年底出台的《防卫计划大纲》和《中期防卫力量整备计划》当中，将"密切关注中国"的说法升级为"警戒监视"，把防卫重点从北方转向南方，着重加强西南诸岛地区的防卫。日本决定在"距中国最近"的冲绳县与那国岛部署"沿岸监视队"，并在相关地区部署陆基反舰导弹系统；将海上自卫队的潜艇数量由 16 艘增加到 22 艘，提高在日本西南海域周边的"监视能力"；将航空自卫队那霸基地的战斗机师团由 1 个增加到 2 个；上述举措的根本目的是"对抗中国增强军力在东海频繁的活动"。韩国则开始在济州岛海军基地着手组建由 2 艘 KDX - 3 级"宙斯盾"导弹驱逐舰、3 艘 KDX - 2 级导弹驱逐舰、2 艘警备舰和 2 艘常规动力潜艇组成的"独岛离于岛舰队"，以增强对独岛（竹岛）及苏岩礁海域的管控能力，应对与中、日两国的领土和海洋权益纠纷。

　　东南亚地区大部分国家陆续加入了《东南亚友好合作条约》（TAC），根据"不以武力相威胁或使用武力"的条款，通过建立成员间的相互信任措施和安全合作，其在一定程度上缓解了彼此之间的猜疑和互不信任。东盟机制降低了成员国之间的敌意程度，因此该地区针对性的武力部署并不特别突出。不过，东盟国家就南海问题以联合的方式增强与中国谈判的力量，其军事战略由陆地型、内向型转向了海洋型、外向型，一些国家的军备采购和军力部署也集中在南海方向。比如，越南在近年来采取了"陆守海进"的军事战略，以"夺控南沙岛礁"作为其军事准备的核心要点，将扩充海空兵力、调整纵深基地群、建设南沙一线阵地作为构筑南沙战场体系的三大战略支撑。[①] 单从外部因素而言，以越南为代表的东南亚地区国家不断扩充海军和空军军备，对此不能够简单地归结为是应对来自中国或日本的海、空军力量的压力。东盟国家的军费开支和军购显示了较强的关联性（如图 5 - 2 和图 5 - 5 所示）。这说明除了应对本地区大国的安全压力之外，东盟国家对自己的邻国依然保持着强烈的戒备心理。于是，一个国家增加军事开支或是引进先进武器，便"自然而然"地会引起其他邻国的效仿。

　　与东南亚地区国家相比，中日韩三国的军费没有出现明显的联动性增长，具体参见图 5 - 1。而图 5 - 6 则进一步显示，在冷战结束后的大多数年份里，中、日、韩三国的军备进口没有联动性，上述三国仅是在 1995 年和

---

　　①　《越军为南沙"不惜一战"底气何来》，《国际先驱导报》2008 年 8 月 1 日。

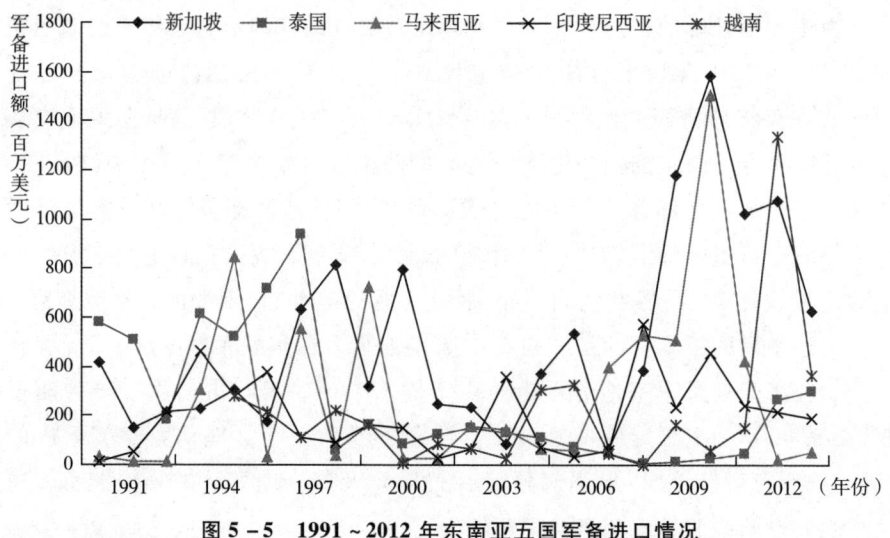

图 5-5 1991~2012 年东南亚五国军备进口情况

2009 年保持了某种程度的一致性。而东南亚地区国家与中、日、韩三国相比，无论是军费开支还是军备进口均存在巨大的差距，将之进行比较无法得出明确的结论。

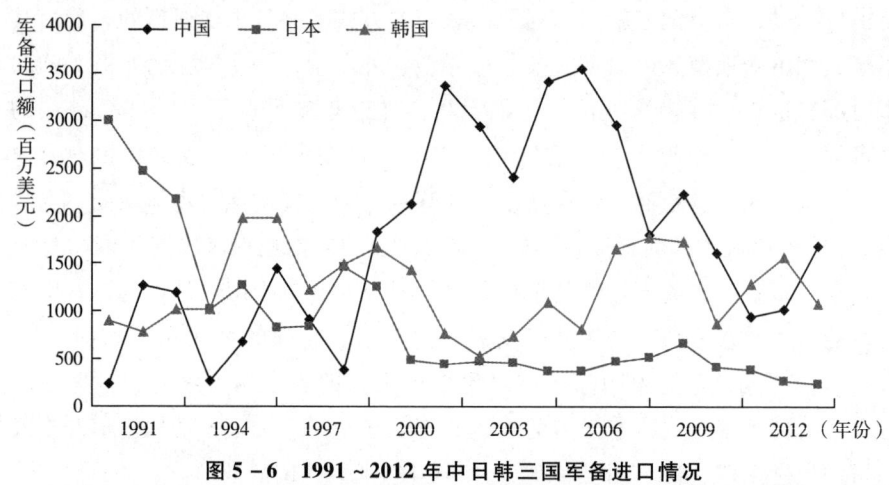

图 5-6 1991~2012 年中日韩三国军备进口情况

上述现象表明，东亚地区军备发展具有"行动—反应"的某些特征，这种特征在东南亚地区国家当中表现得更加明显。中、日、韩三个实力较强的国家之间存在着安全互信不足等棘手问题，彼此之间有针对性的武力部署。不过，中、日、韩三国的军费开支和军备进口并没有密切的关联性，中国军费的持续增长没有带来日、韩两国相应的、成比例的军费增长。这说明中国军费的"补偿性增长",没有导致东北亚地区的军备竞赛局面。而东南亚地区国家的军费开支和军备进口规模远远小于中、日、韩三国,其军备发展的"行动—反应"特征在很大程度上体现为东盟内部的竞争。

四 技术强制与东亚地区军备发展的内外因素

军备发展的内外因素显然不是孤立性的。在全球化的条件之下,这两方面的因素越来越相辅相成。一个国家由于内部需求所导致的军备发展,在信任缺失的国际环境之下将会引起其他国家的严重不安,从而成为另一个国家发展军备的动力。这种"行动—反应"模式循环下去,又会在国内形成新的军备动力。在东亚地区本身就缺少安全互信的环境中,一些国家的军备现代化进程会引起其他国家的过分担忧,从而不断推动自身军备新的升级。另外,这一过程与(军事)技术强制性(technological imperative①)有着密切关系。技术哲学当中的"技术自主论"认为,技术是一种自控性的力量,按其自生的内在逻辑和规律自主发展,并决定、影响社会系统的发展。"技术强制"就是这一语境之下的概念,由美国技术哲学家兰登·温纳最先提出。它是指技术会构建其所需要的环境,"技术系统有自己确定的,必须得以满足的运行秩序,它不是对政治或社会过程产生的要求做出反应,而是对社会提出要求,社会必须满足它"。② 在技术不断革新的过程当中,"一个社会被迫沿着这条路线进行大量的投资,它没有选择,也无法回避。"③ 始于20世纪80年代的新军事变革改变了战争的性质和模式,世界军事强国竞相研制和开发技术含量更高的武器系统。军事技术在全球范围内的急速传播,使得技术强制性从发达国家逐渐流向了发展中国家。由此,通过内、外因素作用于每个国家的军备发展,也就成为一种隐藏性的动力来源。

军事层面技术强制性的基本背景来自于军备贸易的广泛进行以及军事技术的全球性传播。二战以来,军备贸易规模的不断扩大,一方面使军事技术在全球范围内的传播更加的频繁和广泛;另一方面使没有军备生产能力的国

---

① 对"technological imperative"有着不同的译法,还有"技术绝对命令""技术规范"和"技术命令"等多种译法。

② 梅其君:《技术自主论研究纲领解析》,东北大学出版社,2008,第89页。

③ Langdon Winner, *Autonomous Technology Technics – Out – of – Control as a Theme in Political Thought*, Cambridge:The MIT Press, 1977, p. 104.

家也能够获得先进的军事装备。在这种情况之下，领先的军事强国主导着世界军事秩序，① 并通过他们的技术标准来确定所谓的安全环境。在这种环境之下，通过军备贸易来传播军事技术，从而给低工业化国家提供一整套军事的技术、理念及编制。非军事强国在这种压力之下被迫参与到世界军事体系当中，即便是这种技术标准和安全环境标准并非它们的真实需求。这是因为"跟不上先进军事标准的国家容易受到其他国家的攻击"，"它们被一种军事文化卷入了世界军事秩序，在这种军事文化中，由专业的武装力量操纵的高技术武器被认为是正常的，也是最好的"。② 可见，技术强制性规定了军备发展的环境，进而促动军事力量与国家安全的技术状况始终处于频繁变革的过程。每个国家只有不断地实现现有武器的升级和更新，才能够使其维护国家安全的能力不被进一步弱化。而这一过程有赖于创立和维持永久性的军备研发与生产体系，并不断推动军备技术的新变革。这一循环往复的过程，就成为"技术强制性"影响一个国家或地区军备发展的基本模式。

众所周知，当前世界军事技术标准均是由发达国家，其中大部分是由美国的军事技术标准所确认的。以军用航空领域为例，美制的 F－15 系列、F－16 系列战斗机树立了当今世界第三代战斗机的主要标准，而 F－22 系列、F－35 系列战斗机树立了第四代战斗机的新标准。这些技术标准引领和刺激着世界各国在军用航空领域展开一轮又一轮的技术竞争。东亚地区军备发展也处于这样的（军事）技术环境之中。日本、韩国、新加坡等国家作为美国在亚太地区同盟体系的骨干成员，其本身就是美国军事体系在全球范围内的自然延伸。这些国家的主战装备或是从美国直接进口，或是得到美国方面的技术支持，其军备技术要求一直紧跟美国标准。比如，日本在 1999年参加了由美国主导的战区导弹防御系统（TMD），其原因除了所谓的"朝鲜导弹威胁"之外，也是美国导弹防御计划在全球范围推行的强制性后果。同样，从技术强制性的角度出发，可以认为东亚地区海军军备快速增长的一个重要原因是"宙斯盾"系统的不断引进。"宙斯盾"系统问世 30 多年来，一直代表着世界最先进的海军科技水平，装备"宙斯盾"系统的驱逐舰具备强大的防空、反导、反潜、反舰和对陆攻击能力。日、韩两国先后引进这

① 吉登斯认为，"现代性"主要有四大制度性的维度，即资本主义、工业主义、军事力量和监督体系。由此，导致全球化的四个维度，即世界资本主义体系、民族国家体系、国际劳动分工和世界军事秩序。
② 〔英〕巴里·布赞、埃里克·海凌：《世界政治中的军备动力》，第 119～121 页。

一先进的作战系统，其所装备的"宙斯盾"级驱逐舰在技术、吨位、数量上均紧跟美国的技术标准，韩国的 KDX-3"世宗大王"级"宙斯盾"驱逐舰甚至在吨位和火力上超过了美国的同类型军舰。这就将东亚地区海军军备的技术环境一下子拉升到了世界的最高水平，其他国家自然会相应地提高自身军备的技术标准。中国就从俄罗斯引进了"现代"级导弹驱逐舰，并研发了类似于"宙斯盾"级驱逐舰的 052C 型防空导弹驱逐舰。此外，诸如 AIP 潜艇、第四代战斗机等先进的武器装备系统，其主要的技术源流均在欧、美发达国家，而后迅速扩散到东亚地区，并构建起新的军备安全标准，进一步推动该地区军备发展的不断更新和升级。

东南亚地区国家军备发展的技术强制性特征也有着自己鲜明的特点。相比中、日、韩三国相对较强的技术吸收和转化能力，大部分东南亚地区国家在技术强制性面前缺少足够的自主性。在世界军事技术变革的巨大浪潮中，作为军备生产低等级国家的东南亚各国，它们在主战装备上只能够购买美、俄等国家的武器，而这些武器并不一定完全适合它们。以马来西亚为例，1995 年引进的米格-29N 战斗机在 2010 年被迫提前退役，其服役周期只有短暂的 15 年。马来西亚官方的解释是因为维护费用太高，这说明引进该型战斗机并不成功。俄制军事装备所适应的主要环境是寒冷干燥的气候，俄罗斯的设计师更加关注战斗机可以暴露在极端寒冷的条件之下，其在热带高温环境之下的故障率会显著提高，这已经在印度引进的苏-30MKI 战斗机上得到了充分证实。此外，马来西亚、印度尼西亚、泰国等引进了俄制苏-30 系列战斗机，同时装备了美制的 F-16 系列或 F-18 系列战斗机。不同的战斗机需要不同的后勤支持系统、训练操作体系以及武器系统，同时装备俄、美不同体制的战斗机，从效费比的角度来说显然不是一种合算的选择。

在技术强制性的环境之下，"购买安全"已经成为东南亚地区国家普遍性的固有认识，而单件兵器的技术先进性则成为它们所追求的优先目标。越南、印度尼西亚、泰国和马来西亚相继购买了苏-30 系列战斗机，南海周边国家当中除泰国以外均引进了新型的常规动力潜艇。受制于经济和技术水平，东南亚地区大部分国家没有能力建设配套的软硬件体系，如战斗机维修、零部件保障、空中预警、数据链传输、精确制导等。这些显然不是通过购买单件兵器就能够妥善解决的，建立完整的作战体系不是短时期内所能够完成的。军事技术革新的步伐不会减慢，这些国家的军购步幅将会随着世界军事强国技术标准的不断升级而无休止地重复下去。因此，"技术强制性"推动了东南亚地区国家购买先进军事装备的热情，也导致这些国家的军备发展带有一定的盲目性。

五 东亚地区军备发展的可能趋向

冷战结束后，东亚地区军备发展的动力因素是多方面的。这其中，既有正常的更新换代和升级、应对内部安全的现实需要、军事生产制度化的不断推动等内在因素，也包括了安全信任缺失、领土问题、海洋权益纠纷等外部安全压力。另外，技术强制性通过内、外两个层面，也不断发挥着巨大的作用。这些动力，既有来自于内在需求的合理性，也有来自于外部刺激的竞争性。从军费占 GDP 的比例来看，大多数东亚地区国家的军费开支控制在一个合理的范围内。从军费增长和军备进口的关联性来看，中、日、韩三国之间的竞争性并不明显，东盟国家之间的竞争性反而更加的突出。但是，东盟国家武器增长的规模相对有限，并且不能够与中、日、韩三国置于同一层面比较。① 因此，当前东亚地区军备发展还没有达到"武器数量或者质量竞争性的、非同寻常的急速增长"，② 即没有达到"军备竞赛"的程度。

进一步而言，目前东亚地区军备发展没有带来明显的战争风险，但是，某种程度的军备竞争苗头已经不断显现。由于国内因素和技术强制性因素对东亚地区国家的影响远远不如冷战时期的美国和苏联，因此，东亚地区军备发展能否最终走向军备竞赛局面，其关键因素在于外部刺激程度。当前，东亚地区所面临的战略格局是中国的经济、军事力量继续快速发展，美国战略重心继续东移并不断加强在东亚地区的前沿军事部署。这意味着"今后 10 年，中美在东亚的战略竞争的激烈程度将超越它们在其他地区的战略竞争"。③ 美国将会"通过提供安全保护或推动受保护国之间的合作，尽可能地制约中国影响力的扩展，将会增加东亚地区的安全竞争"。④

未来，东亚地区的军备发展主要有三种可能性：第一，竞争性显著加

---

① 迈克尔·华莱士把"军备竞赛"这一概念限定在实力相当的国家之间的军备竞争，该界定得到了广泛的认可。

② 〔美〕查尔斯·H.安德顿、约翰·R.卡特：《冲突经济学原理》，郝朝艳、陈波译，经济科学出版社，2010，第 174 页。

③ 阎学通：《权力中心转移与国际体系转变》，《当代亚太》2012 年第 6 期，第 10 页。

④ 孙学峰：《东亚准无政府体系与中国的东亚安全政策》，《外交评论》2011 年第 6 期，第 38 页。

剧，达到军备竞赛的程度；第二，竞争性有所加剧，但是依然处在可控水平，从而达不到军备竞赛的程度；第三，竞争性状态缓解，东亚地区安全合作取得重大进展。第一种情况出现的可能性不是很大，这是因为相比同样军备增长势头迅猛的南亚地区和中东地区，东亚地区国家之间紧密的经贸联系是其他两个地区所不具备的。东亚地区国家经济相互依存的敏感性十分明显，区域性合作机制日臻成熟。除非东亚地区国家认为彼此之间政治、安全领域的冲突性利益要高于经济合作所带来的共同利益，否则，将很难出现严重的军备竞赛情况。相比较而言，第二种情况出现的可能性较高。中国与美国的战略竞争，与美国的盟友或"保护国"之间的战略竞争将会持续存在，甚至是时有激化，但是，中国显然不会主动挑起与美国的军备竞赛。随着中国在隐形战斗机、航空母舰、大型运输机、空间武器、无人机等尖端军事装备上的技术突破，及其在国际政治、经济事务上主导权的稳步上升，其他国家与中国相竞争的战略成本将会越来越高，这将减小中国与它们发生军备竞赛的概率。虽然第三种情况出现的可能性最小，但是，随着东亚地区主导权的日渐明朗和战略竞争态势的逐渐弱化，这种可能性会逐渐增强。

第六章

安全困境与朝鲜半岛和平机制

朝鲜半岛停战机制自 1953 年建成之后，长期维持了朝鲜半岛局势的基本稳定。不过，冷战结束后朝鲜半岛停战机制的巨大局限性和滞后性逐渐暴露出来，建构新的和平机制已是当务之急。由于朝核问题的反复出现和一再发作，建构朝鲜半岛和平机制问题与解决朝核问题逐渐融合，朝核问题的演化在一定程度上决定着朝鲜半岛和平机制的建构状况。究其原因，朝核问题推动朝鲜半岛陷入"安全困境"状态，并且放大了朝鲜半岛的诸多结构性矛盾，致使朝鲜半岛和平机制迟迟无法建立。此外，制约因素还包括相关各方存在的利益分歧、朝鲜半岛所处的"纯然"无政府状态、朝鲜半岛南北双方的权力和安全理念差异等方面。如果希望建构朝鲜半岛和平机制，东北亚各国必须在解决朝核问题的过程中，努力缓解安全困境带来的各种阻力，逐渐明确和维护共同利益、发展双边和多边关系，并不断通过经济上的共同发展战略来带动安全对话和政治合作。

冷战结束后，朝鲜半岛先后发生了两次核危机。朝鲜方面先后在 1993 年 3 月和 2003 年 1 月宣布退出《不扩散核武器条约》（NPT），并分别在 2006 年 10 月、2009 年 5 月和 2013 年 2 月进行了三次地下核试验。由于朝鲜半岛地处东北亚地缘中心地带，其安定与否直接影响到整个地区的和平、稳定与发展。在朝核危机逐渐走向失控边缘之前，朝鲜半岛和平机制的创建已是迫在眉睫。只有将停战机制真正地转变为和平机制，朝鲜半岛才能够真正地走出冷战的阴霾，东北亚地区才会最终实现迟来已久的和平、稳定、发展与繁荣的局面。

一　安全困境的制约：朝鲜半岛和平机制的发展现状

1953 年，以《朝鲜停战协定》的正式签订为标志，朝鲜半岛停战机制建立。它是中止朝鲜半岛战争行为的主要管理机制，但是，由于停战双方均无终战的意愿，这一机制先天存在着很多结构性缺陷。比如：停战机制并未就从朝鲜半岛撤出一切外国军队达成最终协议，因此其对在中国撤出全部军队后仍然保留驻韩美军等无能为力。冷战结束后，朝鲜半岛停战机制巨大的局限性和滞后性不断显现。在"南三角"和"北三角"均势格局已不复存在的背景下，停战机制已经无法维持原有的朝鲜半岛安全结构的平衡态势，由停战机制向和平机制转变的必要性及紧迫性进一步凸显。1991 年，朝鲜曾经提议建立和平机制，韩、美两国对此未予理睬。从 1993 年起，朝鲜开始要求捷克、波兰、瑞士和瑞典等成员国离开中立国监督委员会。1994 年 5月，朝鲜撤回了驻军事停战委员会朝方代表团，另外组建了"朝鲜人民军驻板门店代表处"，停战机制的两个执行机构就此完全陷入瘫痪。此后，随着朝核问题的一再发作和激化，美、朝、韩三方之间的矛盾不断加剧，由停战机制转向和平机制的议题被束之高阁。

和平机制是为维持双边或是多边之间的和平而形成的一套明确或含蓄的原则、规范、规则和决策程序。[①] 在朝鲜半岛，构建和平机制与解决朝核问题的关系渐趋紧密，和平机制其实是一种安全机制。由于朝核问题成为影响朝鲜半岛局势的重要因素，首先解决朝核问题，尔后建立和平机制的路线图，显然不是处理复杂的朝鲜半岛问题的理性和可行方式。再者，朝核问题的出现源自朝鲜半岛安全结构的不平衡性，而建立和平机制的最终目的是为了实现朝鲜半岛安全，因此两个问题的解决很难截然分开。应当看到，朝核问题与朝鲜半岛和平机制之间形成了一种"交叉模式"。[②] 这意味着朝鲜"弃核"与朝鲜半岛和平机制的建构是相互制约和相互促进的关系，最终在解决朝核问题的基础之上，朝鲜半岛和平机制也会顺理成章地建构起来。

---

① 韩献栋：《朝鲜半岛和平机制的构建——国际政治和国际法的视角》，《当代亚太》2008 年第 3 期，第 81 页。

② 建构朝鲜半岛和平机制与解决朝核问题的关系主要有三种模式：一是前后模式，即先解决朝核问题，后解决朝鲜半岛和平机制问题；二是平行模式，即两种问题同时进行但是互不相扰；三是交叉模式，即解决朝核问题与构建朝鲜半岛和平机制相关联，两者互相促进，这目前最为可行的模式。

从第一次核危机发生以来，朝核问题不见缓解反而逐渐加深，朝鲜与美、韩、日三方的互信程度持续走低，各类突发事件和安全摩擦不断，朝鲜半岛陷入更加严峻的"安全形势"。这种"安全形势"被判定为"安全困境"（security dilemma）。阿兰·克林斯总结了安全困境的三大基本特征，即自身意图的善性、对方意图的不确定性和政策的自我挫败。① 根据这一参照标准，可以基本判断朝鲜半岛是否处在安全困境状态。冷战期间，美、苏两个大国控制着朝鲜半岛，它们在朝鲜半岛建立均势格局的战略目标得以实现，"政策的自我挫败"局面没有出现，因此，当时的朝鲜半岛没有处在安全困境之中。冷战结束后，朝核问题成为影响东北亚地区安全形势的重要因素。从战略意图来看，朝鲜希望通过核试验，获得国际社会的经济援助和自身政权的安全保障，而中、美、俄等国家则希望通过和平方式解决朝核问题，各方的战略意图均有善性的倾向。从不确定性的角度来看，虽然朝鲜与中、美、俄等国家均制定了非恶性的政策目标，但是，由于朝韩、朝美、朝日之间尚未建立正常国家关系，各方认为对方战略意图的不确定性较大。从结果与目标的切合度来看，当前朝鲜没有通过发展核武器获得相应的经济援助和安全保障，反而面临着更加糟糕的国际环境；中、美、俄等国家始终没有实现和平解决朝核问题的最终目的，反而促使朝鲜先后进行了三次核试验，各方均出现"自我挫败"的情况。可以看出，朝核问题进一步塑造了朝鲜半岛的"安全困境"状态。

　　"安全困境"这一概念首先是由赫伯特·巴特菲尔德、约翰·赫兹和罗伯特·杰维斯提出。② 赫兹指出："在没有被组织成为更高的统一体之前，一些具有生存相关性的集团或个人一定会考虑自己的安全，努力使自己免于受到其他集团的攻击、隶属、独裁或毁灭。为了逃脱其他国家的权力威慑，这些国家会努力获取更多权力。而这又导致其他国家缺乏安全感，纷纷往最坏处做准备，最终形成安全与权力的恶性循环。"③ 为了表意更加明确，巴

① Alan Collins, *the Security Dilemma and the End of the Cold War*, Edinburgh: Keele University Press, 1997, pp. 23 – 24.

② Herbert Butterfield, *History and Human Relations*, London: Collins, 1951; John Herz, *Political Realism and Political Idealism: A Study in Theories and Realities*, Chicago: University of Chicago Press, 1951; Robert Jervis, *Perception and Misperception in International Politics*, Princeton: Princeton University Press, 1976, chap. 3 and Jervis, "Cooperation under the Security Dilemma," *World Politics*, Vol. 30, No. 2, 1978, pp. 167 – 214, quoted from Tang Shiping, "The Security Dilemma: A Conceptual Analysis", *Security Studies*, Vol. 18, No. 3, 2009, p. 588.

③ John H. Herz, *Political Realism and Political Idealism: A Study in Theories and Realities*, Chicago: University of Chicago Press, 1951, p. 157.

里·布赞提出"实力—安全困境"假说，强调正是"实力"与"安全"之间的矛盾关系造成了这种困境。① 我国学者唐世平从无政府状态根源、他国目标的不确定性等八个方面具体阐释了"安全困境"这一概念。② 安全困境的存在，显然不利于各国运用机制化手段解决复杂的安全问题。一般而言，安全机制的形成需要以下基本条件：大国有实力和意愿建立这一机制；主权国家必须相信在安全与合作中拥有共同价值；必须放弃以扩张谋求安全的固有思想；认识到通过战争谋求安全的代价将会十分昂贵。③ 这些条件在安全困境中难以完全实现。可见，安全困境将严重制约着安全机制的建立。其实，朝核危机之所以能够决定朝鲜半岛和平机制的建构，正是源于"安全困境"的这种制约性作用。

　　由于不同的国家行为主体在朝鲜半岛安全困境当中的实际处境多有不同，相关各方对朝鲜半岛和平机制的基本立场存在很大的分歧。对于朝鲜半岛和平机制的构建，朝鲜最为主动，韩国相对被动，美国则最为消极。出于自身安全环境的现实考虑，朝鲜对朝鲜半岛和平机制的态度非常热烈和急迫。但是，由于朝鲜没有放弃"先军政治"路线和核武计划，因此它又不急于立即构建朝鲜半岛和平机制。由于朝鲜的"拥核"举动，美、韩等国家对于朝鲜的积极态度往往是以消极举措相对待。韩国方面认为，建立朝鲜半岛和平机制的最佳方案是以韩、朝双方为主导，以韩、朝关系的正常化为主轴。而美国则将缔结和平条约、建立和平机制与朝鲜全面"弃核"相挂钩，其坚持"弃核、半岛和平协定和朝美关系正常化三项内容互相关联，应该同时实现"。④ 这与朝鲜的安全追求不相符合，因此很难在朝美之间达成一致性。可见，处在安全困境之中的相关各方在朝鲜半岛和平机制建设问题上长期未能够达成共识，停战机制转向和平机制的进程就这样被一拖再拖。

① 〔英〕巴里·布赞：《人、国家与恐惧——后冷战时代的国际安全研究议程》，闫健、李剑译，中央编译出版社，2009，第285页。
② Tang Shiping, "The Security Dilemma: A Conceptual Analysis", *Security Studies*, Vol. 18, No. 3, 2009, pp. 594–595.
③ Robert Jervis, "Security Regimes", in Stephen D. Krasner, ed., *International Regimes*, Cornell University Press, 1982, p. 176–178.
④ 〔韩〕李明键：《弗什博：弃核、和平协定、北美关系正常化应同时进行》，《东亚日报》2007年5月16日。

二 安全困境的根源：建构朝鲜半岛和平机制的障碍

目前，安全困境的存在已经成为制约朝鲜半岛和平机制建构的主要障碍。一方面，主权国家对国家利益的不懈追求，是造成安全困境局面的基础条件。"在客观上，安全表明对已获得的价值不存在威胁；在主观上，安全是指不存在价值将会受到攻击的恐惧。"① 维护自身安全无疑是主权国家的首要利益，只要一国在主观上感受到自身安全受到某种威胁，出于国家利益至上的原则，即使这种威胁并非是实情，该国仍然会积极地加强戒备，这就容易导致安全困境的出现。巴特菲尔德认为"人性恶"是安全困境产生的根源，人类对财富和权力的欲望，推动国家走上互相争夺资源的不归道路。实际上，"普遍的道德原则不能以其抽象的、一成不变的共识应用于国家行动当中，必须经过实践、地点等具体条件的过滤。"② 在国际社会当中，国家行为主体对自身利益的维护和拓展，不能够简单地用"人性善恶"加以衡量。归根结底，"性恶论"对安全困境产生根源的解释是掩盖在"人性论"之下的国家利益说，其仍旧强调了主权国家追逐利益的本性特征。

另一方面，在维护自身利益的基础之上，如果国家行为主体之间缺乏沟通、互相猜疑，安全困境局面便会出现。从体系结构的角度来看，无政府状态（anarchy）引起各国的相互猜疑。肯尼思·沃尔兹认为国家行为主体无法摆脱安全困境局面，"在无政府状态下，一方聊以自慰的源泉成为另一方为之忧虑的根源。因此，一个国家即使是为了防御的目的而积聚战争工具，也会被其他国家视为需要做出反应的威胁所在"。③ 不过，有学者反对这一观点，他们指出"无政府状态下的安全是可能的，西欧国家提供了成功的例子"。④ 尽管存在诸多的争议，但是无碍无政府状态是安全困境产生的必要条件这一事实。尽管无政府状态不能必然导致安全困境，但如果没

① Arnold Wolfers, "'National Security' as an Ambiguous Symbol", *Political Science Quarterly*, Vol. 67, No. 4, 1952, p. 485.

② 〔美〕汉斯·摩根索：《国家间政治——权力斗争与和平》，徐昕等译、王缉思校，北京大学出版社，2006，第 25 页。

③ 〔美〕肯尼思·沃尔兹：《国际政治理论》，胡少华等译，中国人民公安大学出版社，1992，第 3～4 页。

④ Ken Booth, "Security in Anarchy: Utopian Realism in Theory and Practice", *International Affairs*, Vol. 67, No. 3, 1991, p. 544.

有无政府状态，安全困境肯定不复存在。从行为主体的角度来看，主权国家在外交理念上的巨大差异性加剧了彼此之间的互相猜疑。根据一国外交理念中对权力的不同追求，主权国家被区分为维持现状国家和修正主义国家两大类。前者是维护既得利益的国家，[①] 主要包括霸权国、霸权国盟友和附庸国。而后者则是那些发现自己国内制度明显与现有关系模式不合拍，因而感到被现状威胁的国家，[②] 主要包括传统型国家、激进型国家和革命型国家三种。如果这两类国家处在同一国际格局当中，势必会导致安全困境的产生。

从现实情况来看，朝核问题加剧了朝鲜半岛的安全困境状态，进而阻碍了朝鲜半岛和平机制的最终确立。第一，相关各方在诸多问题上存在严重的利益分歧。朝鲜方面同意实现朝鲜半岛无核化，这符合东北亚各国的共同利益，但前提条件是美国放弃对朝鲜的敌视政策，这带来了巨大的利益分歧。从朝鲜的立场来看，朝方无视核武计划对其他国家的利益威胁，只是将核武计划视为免受他国威胁、实现"强盛大国"地位、维护政权体制加强国内的工具和手段。如果在核武计划取得初步规模的情况之下选择"弃核"，朝鲜为此付出的巨大的国家成本将会前功尽弃，从短期来看其国家利益将会严重受损。而东北亚各国则将朝鲜发展核武器视为是对各自安全利益及国际核不扩散体系的巨大威胁，因此坚持实现朝鲜半岛无核化，争取采取多种手段阻止朝鲜的"拥核"进程。不过，美、韩、日三国一味地将朝鲜视为是不安定的"邪恶"因子，极易无视朝鲜正当的安全利益诉求。最终，利益分歧导致朝鲜半岛问题各方更多关注自身的利益诉求，而严重忽略了共同利益的存在和建构。另外，关于驻韩美军问题，朝美之间也存在巨大的利益分歧。在朝方看来，驻韩美军严重威胁到朝鲜的安全利益。朝鲜始终强调"美国从南朝鲜撤军是衡量美国要战争还是要和平的标志，美国必须从南朝鲜撤军"。[③] 在驻韩美军依然存在并不断加强的背景之下，朝鲜不会自动放弃核武计划。在美方看来，美国的安全利益要求继续在韩国驻军。一方面，面对朝核危机的不断反复和加深，美国显然不会轻易撤军，而是保持其对朝鲜的战略威慑力。由此，朝核问题与驻韩美军问题之间形成

① E. H. Carr, *The Twenty Years Crisis*, London：Macmillan, 1964, pp. 93－222.
② 〔英〕巴里·布赞：《人、国家与恐惧——后冷战时代的国际安全研究议程》，第293页。
③ 〔朝〕《劳动新闻》2002年5月27日社论，转引自龚克瑜《如何构建朝鲜半岛和平机制》，《现代国际关系》2006年第2期，第18页。

了一种恶性循环；另一方面，美国的朝鲜半岛政策为其亚太政策服务，如果美军从朝鲜半岛最终撤出，势必会影响其在亚太地区的战略优势。这一政策变动将不利于美国与该地区大国的继续竞争。因此，出于全球和地区利益的现实考量，美国不但不会撤军，反而会更加重视驻韩美军的前沿价值。

第二，朝鲜半岛处于"纯然"无政府状态。所谓"纯然"无政府状态，是指虽然朝鲜半岛建立了停战机制，但国际规则和国际组织往往不能约束有关国家的行为。在双边关系上，朝鲜与韩国、美国、日本尚未恢复正常国家关系，朝核问题的出现阻碍了上述国家展开有效的双边对话。朝韩最高领导人会晤、朝美高级别对话等双边会谈形式，均未形成固定化、定期化的机制。在多边关系上，六方会谈为缓解朝鲜半岛安全困境进行了大胆尝试，它是目前解决朝核问题的最佳形式。① 但由于种种原因，会谈进程自 2008 年底起停滞至今。可见，和平解决朝核问题的各种沟通渠道始终处于不通畅的状态之下，朝鲜半岛形成了一种"纯然"无政府状态，该地区安全形势的恶化无法得到外力的有效遏制，最终阻碍了朝鲜半岛和平机制的建立。

第三，朝鲜半岛南北双方的权力和安全理念根本不同。在朝核问题上，朝美关系是决定朝鲜半岛安全环境走向的关键性变量。其中，美国是维持现状的一方，其作为霸权国，需要维护自己建立的国际体系和国际制度，也需要保持自身业已达到的相对优势地位。而朝鲜则被视为是一个激进型修正主义国家。激进型修正主义国家介于传统型修正主义国家和革命型修正主义国家之间，其目标是既超乎于传统型修正主义国家单纯的"自强"，又没有革命型修正主义国家异乎寻常的"野心"，而是寻求在保持大部分原有结构的基础之上，进行一定程度和规模的体系改革。② 冷战结束后，朝鲜渴望改变苏联解体所带来的南北实力倾斜，这是它成为激进型修正主义国家的主要动力所在。为此，朝鲜选择通过发展核武器的所谓"捷径"，以期实现朝鲜半岛安全结构的平衡。对此，极力维护优势地位和地区安全的美国予以坚决反对，这反而使朝核问题更加的复杂化和微妙化，进一步导致朝鲜半岛安全困境升级。

---

① 石源华：《朝鲜核试爆与重开六方会谈》，《东北亚论坛》2007 年第 1 期，第 57 页。
② 〔英〕巴里·布赞：《人、国家与恐惧——后冷战时代的国际安全研究议程》，第 298 页。

三　安全困境的疏解：建构朝鲜半岛和平机制的路径

由于安全困境的根源严重阻碍着朝鲜半岛和平机制的建构，因此，只有消除或缓解这一安全困境状态，才能够实现建构朝鲜半岛和平机制的最终目标。在安全困境能否消除这一问题上，学术界始终存在争议。新现实主义认为，主权国家无法摆脱安全困境局面。新自由主义认为："国家可以通过合作，来避免出现这样的安全困境，它们可以达成一个共识，即双方都不增强国防力量，这样对大家都好。"[①] 建构主义强调观念因素，视安全困境为一种"主体间性"（intersubjectivity）的社会规则结构，认为"安全困境并不是由无政府或自然界给定的"。[②] 行为者之间可以建立安全困境的社会结构，自然也可以塑造安全共同体。实际上，一旦安全困境形成，其生命力便十分强大。尽管有学者提出了消除安全困境的方法，但是在现实当中，"不增强国防力量"和"形成共同的安全认知"的可能性均是极小的。

不过，在能否缓解安全困境这一问题上，学术界取得了广泛共识，即安全困境可以获得缓解。虽然有些悲观主义的学者支持安全困境是无政府状态固有特征的观点，但其仍然认为缓解安全困境的可能性是存在的。比如：杰维斯认为，"安全困境不能消除，而只能加以改良"。[③] 通过猎鹿博弈、囚徒困境等模型，杰维斯论证了在安全困境下的合作是可能的。为缓解安全困境，他还引入防御性军力和进攻性军力这两个概念。当防御性武器占有优势且进攻性武器和防御性武器可以有效区分之时，安全困境便可以得到缓解。[④] 布赞也认为"安全困境无疑将继续存在下去"，但是，在军事方面，大国可以通过提高武器装备透明度来缓解安全困境；在经济方面，各国可以通过市场提高相互依存程度，减轻安全困境带来的各类威胁。因此，从确定性和可能性的角度来看，缓解安全困境比摆脱安全困境更值得研究。

---

① 〔美〕小约瑟夫·奈：《理解国际冲突：理论与历史》，张小明译，上海人民出版社，2002，第 23 页。

② Alexander Wendt, "Anarchy is What States Make of It: the Social Construction of Power Politics", *International organization*, Vol. 46, No. 2, 1992, p. 407.

③ Robert Jervis, "The Security Regimes", *International Organization*, Vol. 36, No. 2, 1982, p. 178.

④ Robert Jervis, "Cooperation under the Security Dilemma", World Politics, Vol. 30, No. 1, 1978, p. 167 – 214.

为建构朝鲜半岛和平机制，东北亚各国必须在解决朝核问题的过程中不断疏解安全困境带来的各种阻碍。第一，从这一困境的根源来看，朝鲜半岛问题相关各方需要进一步明确和发展共同利益。在东北亚地区，拥有中、美、俄三个核大国和一个追求核武器的朝鲜，一旦该地区的安全冲突升级，后果不堪设想。因此，实现朝鲜半岛无核化是东北亚国家的共同利益所在。即便是朝鲜，其发展核武器的初始目的也不是为了破坏该地区稳定。只有朝鲜半岛各方明确了这一共同的安全利益诉求，安全困境才有缓解的可能性。另外，朝鲜与其他国家的利益交织较少，因此受到的外部约束力相对较小。如果加快推动朝鲜融入国际社会，其与东北亚各国的共同利益将会不断增多，东北亚安全困境将有望进一步得到疏解。作为朝鲜的友好近邻，中国尤其要推动朝鲜不断融入国际社会、遵守国际规则。在政治方面，中国应当积极协调朝鲜与周边国家的外交关系；在经济方面，中国应当不断通过加强中朝双边贸易，带动朝鲜相关产业的持续发展。

　　第二，从体系结构的角度来看，朝鲜半岛需要通过发展双边或多边关系改变"纯然"无政府状态。改善朝鲜半岛南北关系、朝美关系和推动六方会谈是朝鲜半岛走出"纯然"无政府状态的必由之路。在这一基础之上，朝核问题才能够最终得到妥善解决，朝鲜半岛安全困境才会得到有效疏解，朝鲜半岛和平机制才会最终建立。要实现朝鲜半岛南北关系的进一步发展，朝韩需要使业已存在的部长级会谈、总理级会谈进一步机制化，尤其要恢复首脑会晤机制。由于朝韩两国人民皆为同胞兄弟，加强民间合作与交流尤为重要。朝美关系是塑造朝鲜半岛安全困境的另一个关键性变量，美国在朝鲜半岛拥有众多的战略利益，而朝鲜认为与美国实现关系正常化，可以收到一通百通的巨大效果。为尽量解决争议、缓和矛盾，朝美双方需要围绕朝核问题展开更加有效的双边会谈，争取在粮食援助、能源建设等关键问题上达成共识，并切实履行相关会谈承诺和协议精神。

　　在朝鲜半岛，六方会谈机制不应当只是实现朝鲜半岛无核化的"多边谈判机制"，而应成为一种"危机应对机制"。目前，六方会谈最为紧要的任务是实现"功能升级"，加强建设六方会谈的"执行机制"。[1] 在安全困境疏解之后，六方会谈机制可被考虑作为建立朝鲜半岛和平机制的有效途径

---

[1] 朱锋：《二次核试后的朝核危机：六方会谈与"强制外交"》，《现代国际关系》2009 年第 7 期，第 46 页。

与合理形式。届时，六方会谈经过长期发展已经趋于成熟，具备转化为朝鲜半岛和平机制的基础条件。六方会谈机制综合考量了东北亚地区的多方利益，更符合朝鲜半岛和平机制的确立与发展。不过，这一构想引出了和平机制参与主体的问题。周边各国对参与主体的数目持有不同的主张，朝鲜认为签订《停战协定》的主体是朝、美两国，未来的《和平协定》应由朝美签署，而韩、美则主张"和平协定"应当由朝、韩两个当事国直接签署，由中、美两国或中、美、俄、日四国提供国际保证。① 考虑到朝鲜半岛问题的历史现实状况，中、美、朝、韩四方应是朝鲜半岛和平机制的参与方，也可考虑采取六方会谈成员均参与的方式。

第三，从国家行为主体的角度来看，朝鲜半岛问题相关各方可以推动朝鲜选择"经济发展带动政治合作"的决策路径。作为朝核危机的主要施力方，朝鲜是影响朝鲜半岛和平机制建构的最重要的国家行为主体。在当前的安全困境中，朝鲜从多个方面继承了已故最高领导人金正日的国家发展战略：在核政策上，朝鲜仍然坚持拥有核武器的强硬基调；在决策思维上，朝鲜依然坚持绝对主义的行动哲学；在外交手段上，朝鲜继续以口号宣传和不时示强、去边缘为主要手段。因此，东北亚各国很难直接从政治合作入手，实现朝鲜半岛无核化的根本目标。这就需要中、美、俄、日、韩等国家另辟蹊径，努力克服各方外交理念差异的巨大干扰，寻找到推动朝鲜走向"弃核"的真正突破口。目前，不断推动朝鲜实现经济发展，是启动建构朝鲜半岛和平机制进程的最佳路径。金正恩上台以后，朝鲜加大了对经济发展的重视程度，连续修订了《外国人投资企业劳动法》《外国人投资企业财政管理法》《外国投资银行法》等经济投资类法律法规。对此，东北亚各国可以抓住难得的历史机遇，不断加强与朝鲜的经济联系，进而缓解其安全困境压力，实现建构朝鲜半岛和平机制的最终目的。

---

① 龚克瑜：《如果构建朝鲜半岛和平机制》，《现代国际关系》2006 年第 2 期，第 17 页。

第七章
日本军工产业转型的地缘效应

    长期以来，日本一直在谋求"正常国家"的身份和权利并特别重视通过军事途径谋求"政治大国"地位，军工产业是其进一步追求军事大国地位的有力支撑。朝鲜战争期间，在美国占领当局的允许之下，日本逐渐恢复了大规模的武器生产能力。伴随着国民经济的迅速起飞，日本军工产业得到了快速发展和长足进步。目前，日本已经形成了门类齐全、水平很高、潜力巨大、寓军于民的军工产业体系，其在亚洲乃至世界处于领先地位。近年来，随着国际形势、地缘格局和日本政局的不断变化，日本的军工产业也面临着新的调整，其呈现出一系列的新特点和新趋势。在政府部门的强力主导之下，日本军工产业以针对性、前瞻性、集约化和增强自主性为核心目标，以导弹防御系统建设为牵引，进一步加强了远程作战武器平台及其系统的研发与生产，重点研发空间技术，并继续维持强大的核武器生产潜力。这种军工发展态势与日本防卫政策"由守向攻"的外向型转变及其不断寻求突破《和平宪法》制约的种种举动，极有可能导致东亚地区陷入军备竞赛的危险境地，从而严重影响东亚地区的和平、发展与繁荣。

一 日本军工产业转型的原因与目标

    众所周知，日本军工产业采取"寓军于民"①的发展模式，其以国家的整体工业能力、技术能力为重要基础，最大限度地利用民间企业的开发能

---

① 1970 年，日本颁布《国防装备和生产基本政策》，以法律形式确立了"寓军于民"的战略思想。

力、技术能力和生产能力。近年来，伴随着国际形势的不断变化，日本面临的地缘环境呈现出新的特点，其防卫政策不断进行调整，使其军工产业面临着新的加快转型问题。

1. 地缘环境的新变化

日本的国家安全有着天然的脆弱性和敏感性。它拥有 6000 多座岛屿、海岸线长达 33889 千米，国土狭长且自然灾害频发，[1] 缺乏足够的战略纵深，经济资源又十分集中，在战争当中极易受到重创。随着武器技术的不断升级换代，特别是远程投射力量的快速发展，岛国以广阔海洋为屏障的地缘优势一再受到削弱。加之日本经济对外依赖度极高，以及一些别有用心的政客刻意渲染所谓的周边"威胁"，从而使日本确立了"强烈的忧患意识和谋求先发制人的战略导向"。[2]

日本认为自身面临着新的安全威胁和多种事态。"9·11"事件以后，传统安全面临着新的挑战，非传统安全的重要性不断上升。日本政府认为，在新的地缘安全环境之下，敌方身份变得更加的多元化，并且攻击手段增多、攻击烈度增强、攻击目标更广、攻击范围扩大、攻击距离变远、攻击速度极快。日本除了要应对正规武装侵略以外，还面临着"弹道导弹攻击、游击队和特种作战部队的攻击、对日本岛屿的侵略、侵犯日本领空或有特殊目的的武装船只等入侵"。[3] 此外，日本认为国际恐怖主义活动、大规模杀伤性武器扩散、索马里海盗，甚至是"宇宙、网络活动以及疾病的流行也都存在安全保障方面的问题"。[4]

日本认为其面临着越来越复杂的周边安全环境。东亚地区多民族、宗教和政治体制的多样性，使主要国家之间的利害关系纷繁交错，统一问题、领土问题以及海洋权益问题层出不穷，传统安全问题与非传统安全威胁交叉存在，使得地区局势日趋错综复杂。另外，日本方面出于一己私利的考虑，不断刻意渲染"朝鲜威胁论"和"中国威胁论"。朝鲜核问题的长期化和复杂化，使日本对"朝鲜威胁"的认知固定化、深入化和扩大化。日本强调要"关注朝鲜局势动向，防止朝鲜权力结构发生变化导致的动荡"。[5] 从 2003

---

① 1994～2000 年，全球发生的里氏 6.0 级以上地震中的 22.9% 在日本。
② 胡掀、马赛：《危机意识下的日本国防工业发展》，《现代军事》2007 年第 12 期，第 7～8 页。
③ 〔日〕防卫省：《日本防卫政策简介》。
④ 〔日〕防卫省：《日本的防卫》，2009。
⑤ 〔日〕防卫省：《日本的防卫》，2009。

年起，① 每年日本《防卫白皮书》均以大量篇幅对中国的军费开支、国防政策、"军事透明度"等问题进行高调渲染，刻意夸大中国军力发展及现代化，并宣称"有必要对中国军力进行客观评价，应对中国军事现代化目标是否超过其防卫所需范围做出慎重判断"。②

2. 日本防卫政策的新调整

2004年的《防卫计划大纲》改变了单纯"防卫日本"的安保目标，增加了"改善国际安全环境，使日本免遭威胁"的新的战略目标。该大纲声称，日本应当通过自身努力和盟国及国际社会合作，达到上述两大目标。这意味着日本将采取更加主动和外向型的防卫政策。

第一，由传统的"日美同盟"转向"日美同盟＋自主国防"。日本多次表示"对确保日本安全以及亚太地区的和平与稳定，日美安全保障体制是必不可缺的"。"9·11"事件之后，日美同盟的应对重点由"周边事态"转向"全球事态"。2003～2006年，驻日美军整编结束，日美同盟进入"对等双向"发展的新阶段。借助日美同盟的不断强化和持续扩大，日本进一步增强了国防自主能力。2002年的《防卫白皮书》当中提出，"扩大防卫厅和自卫队的权限"，将"军事大国作为一项国策"。③ 2004年的《防卫计划大纲》当中指出，日本本国军事力量才是国家安全的"最终保证"。2007年，日本防卫厅正式升级为防卫省，完成了由管理机构向政策机构的新转变，在提交军事预算、向海外派兵等多个方面拥有了更多的自主权。

第二，由防备正规侵略转向应对多重威胁。日本认为，"受到外部大规模登陆进攻的可能性很低"，④ 日本的防卫将更多关注大规模杀伤性武器扩散、国际恐怖主义活动、弹道导弹攻击等新型威胁和多种事态。日本自卫队也调整了防卫重点，缩减、调整陆上自卫队，充实、强化海上自卫队和航空自卫队，提高快速反应和远程作战能力，陆续组建"海上特别警备部队""中央机动集团""空中突击师""网络特攻队"等特种作战部队。

---

① 从2003年开始，日本的《防卫白皮书》关注的对象国排序由延续多年的美、朝、俄、中四个国家，转变为美、朝、中、俄，中国的被关注度上升一位。
② 〔日〕防卫省：《日本的防卫》，2006。
③ 梁明：《日防卫白皮透露日本军事企图》，《瞭望新闻周刊》2002年第35期，第55页。
④ 〔日〕防卫省：《日本的防卫》，2003。

第三，由"专守防卫"转向"主动介入"。近年来，日本不遗余力地突破传统防卫政策的种种限制。2001年，日本借阿富汗反恐战争之际，通过《恐怖对策特别措施法案》等三项法案。据此，日本向印度洋派遣军舰向美军提供补给，开启了战时向海外派兵的先例。2004年的《防卫计划大纲》当中，将"国际和平合作"确定为日本自卫队的基本任务之一。2005年，日本国会通过"自卫队法修正案"，日本自卫队的"维持国际和平活动"由"附属任务"上升为"本职任务"，其参与世界范围内的军事行动已经实现合法化和制度化。

3. 日本军工产业转型的总体目标

为了适应地缘环境和防卫政策的新变化，日本军工产业以针对性、前瞻性、集约化和增强自主性为总体目标进行了有序调整，以支撑日本的军事战略和对外战略。

日本军工产业转型紧随其防卫政策的新变化，以提供有针对性的军事装备保障。随着日本自卫队的任务增多、范围扩大、角色升级，日本军工产业也有针对性地对大型智能化计算机的中枢系统、导弹防御系统、远程作战武器平台、特种装备等展开了研发和生产。主要涉及压缩坦克、火炮等传统主战装备的生产，以及C4ISR系统、轻型装甲车、直升机、大型舰艇、大型飞机、侦察及预警卫星等先进装备的重点研制。除了自行研制以外，日本采购的武器集中在高精尖领域，其完全着眼于日本自卫队"跨越式"发展以及国内军工企业掌握领先的核心技术。

强烈的忧患意识和先发制人的战略导向，使日本军工产业的研发生产极具前瞻性。日本在东亚地区率先建造万吨级战舰，其潜艇采取每年退役1艘旧艇、服役1艘新艇的更新方式，舰艇生产规模和速度在东亚国家首屈一指且始终走在世界前列。日本是亚洲地区第一个建设导弹防御系统的国家，目前已经开始构筑拦截范围更大的第三级导弹防御系统。此外，在信息化设备、复合材料、电子及光学元件等关键性领域，日本军工企业始终保持领先地位，其在空间开发、航空器研制等其他领域也加大了投入力度。可以看出，日本正在谋求建立军工领域的新优势。

出于提高效率和节约经费的现实考虑，日本军工产业加强了集约化发展。近年来，日本政府的累计财政赤字已经相当其国内生产总值的250%，加之军费与国内生产总值之比不超过1%的限制，日本的财政状况无法为其军事项目提供更多的资金支持。为使国防采购和研发更加的高效化，日本政府鼓励引进民用先进技术，有重点地分配研发资源，及时评估研发项目。提高重点军工企业军品生产的集约化水平，确保它们的军品生产功能和开发能力。

日本的军工产业转型重在提高自主研发能力。由于同盟关系的存在，美国向日本提供了大量军事技术援助。比如：F-2支援战斗机，其中40%的零部件由美国方面提供，这在一定程度上遏制了日本的军工创新意识和能力。日本认识到军工产业是国家安全的必要物质保障，其致力于军工生产的本土化，并强调"在国家安全不可缺少的核心技术领域要加强自主性开发能力，保持关键武器系统核心生产能力的先进性，巩固军工生产的技术基础"。①

二　日本军工产业转型的主要特点

近年来，日本军工产业加快转型步伐是有目共睹的，主要呈现以下四个特点：

1. 政府主导，大力扶持

政府导向型市场经济是日本经济发展的主要模式。在军工产业转型上，日本也有异于西方国家以市场、利润等指标为导向的传统做法，而是在政府主导之下进行了有序调整。日本政府成立了新的政府部门来指导军工产业转型。2003年10月，日本政府合并3家航天机构，将航天工业从基础研究到卫星研制以及火箭发射等航天活动，均纳入日本航空航天探索局的管理范围。2006年12月，日本通过法案，将防御局升级为正式部级机构。2008年5月，日本成立以首相为部长的"宇宙开发战略本部"，用以全面指导、协调日本的宇宙开发活动。

日本政府根据不同时期的情况制定有关的政策和措施，其对军工产业发展给予政策指导和扶持，主要做法包括：整合军工生产能力，调整强化产业体制；对军工产业转型造成的债务给予必要的担保；促进军工新技术和生产技术开发，强化研究开发体制；制订综合性的研发计划，集中科研力量，以技术力量雄厚的企业研究力量为核心，推动产学官三方联合开发。

---

① 王宏伟：《新防卫大纲对日本军事工业发展的影响》，《国防科技工业》2005年第3期，第60页。

另外，日本政府以庞大的采购经费和导向性的采购政策，支持军工产业转型。2008年以前，日本的军费总量和人均军费长期保持在世界的第二位。除了日本公布的用于武器研发的军费之外，日本政府还有大量的隐形军费投入到军工产业。比如：700亿日元的军事间谍卫星研发费用，就被纳入到日本内阁官房的预算当中。日本防卫省在武器采购上坚持不惜代价采购国产装备，支持进口武器国产化，以维持日本军工生产的自主性。比如，在早些年，日本坚持研制并装备单价高达1.35亿美元的F-2支援战斗机，放弃进口作战能力相当而价格只有2500万美元的F-16战斗机。近年来，日本坚持三菱重工引进许可证生产"爱国者"PAC-3型反导弹系统，这比直接从美国购买原装产品要多花40亿美元。

2. 合并精简，节约成本

日本的军工生产相对集中，专业分工非常明确。不过，近年来受经济危机、财政不景气及其他因素的影响和冲击，日本军工产业为节约成本和提高效率，纷纷对各部门进行合并和重组。2002年，日本将造船工业重组为三菱重工、住友重工两大造船集团和万国造船公司、石川岛播磨联合造船公司、川崎造船公司、三井造船公司四家造船企业，它们仅占日本船厂总数的3%，但是造船能力和产量占日本造船工业的50%以上。此前，石川岛播磨重工集团和住友重工已经联合了集团双方的海军舰艇和武器设计业务以及产品维修业务，此次重组之后，石川岛播磨的造船部门完全合并了住友重工的军舰建造部门，其生产能力得到进一步的提高。① 三井造船和日立造船也实现了技术合作与人员交换，双方船厂甚至可以共同使用技术人员。除了军舰制造之外，2002年8月27日，川崎重工兼并日本飞行机公司。三菱重工在坦克生产项目当中，将1200家供应商缩减到230家，并计划在10年之内进一步缩减到10家。日本工业向来注重集约化发展，未来日本军工产业的发展方向必然是集约化、高效化，特别是在航空工业、宇航工业等属于高投入、高风险的关键性领域，整合制造商自身生产环节、加强制造商之间的分工协作，这是日本增强军工整体研发生产能力的必由之路。

3. 明确需求，超前发展

保障海上通道安全是日本国家防卫的重中之重。日本的军工生产历来重视海上自卫队的武器装备，其舰艇制造走在东亚地区国家的前列。近年来，

---

① 朱允诚：《日七大造船企业重新"洗牌"》，《中国船舶报》2002年9月6日。

日本政治家多次声称要摆脱陆地"小国"的概念，树立海洋"大国"的意识。2005 年，日本政府将与邻国存在争议的海域①列入《防卫白皮书》规定的防卫范围，提出"洋上阻止"等进攻性概念。由此，日本的海上防卫范围从冷战时期的"线"（如 1000 海里海上航道）拓展为"面"（日本"周边"地区包括远洋航道在内的大片海域），尤其是控制争议领土及大片争端海域已经成为其安全战略的重要目标。② 为此，日本军工产业加快了装备生产的大型化、远洋化和高技术化。

2004～2009 年，石川岛播磨联合造船公司建造完成 2 艘排水量达 1.35 万吨级直升机驱逐舰"日向"号和"伊势"号。该级舰拥有 195 米长的直通飞行甲板，满足短距/垂直起降舰载机③的各种需要，与航空母舰仅有一步之遥。由三菱重工和川崎重工轮流建造的"苍龙"级 AIP 潜艇已经陆续下水数艘，其排水量达 2900 吨，可持续潜航达 3 周，堪比小型核动力潜艇。

除了舰艇之外，日本在其他领域也针对需要，规划了超前性的研发计划。2008 年，日本防卫省技术研究本部（TRDI）披露下一代主战坦克样车 TK - X。新坦克采用特种塑料以及陶瓷防护装甲，重量大大减轻，并配备了电子信息系统，己方坦克之间还能够快速完成信息交换。该坦克不仅能够对付敌方坦克，还能够有效应对游击队、特种部队等"非对称威胁"。日本防卫省技术研究本部对外散发的一份技术手册显示，日本正在发展高空无人机，该机有发展成为无人战斗机（UCAV）的巨大潜力。除了先进的无人机之外，日本防卫省技术研究本部将海军无人水面平台和水下作战平台技术作为当下的重点发展项目。④ 目前，日本已经成为继美国之后世界第二个大力开发"无人战争系统"的国家。

4. 加强合作，消化技术

日本军工产业发展独具特点，其不单纯以短期产量、销售额、利润增长为标准来衡量一切，而是更加重视先进技术和知识的消化及吸收，重视持续的技术增长。近年来，日本坚持引进许可证生产，通过联合生产不断增强技

---

① 根据《联合国海洋法公约》规定不具备岛屿资格的"冲鸟礁"也纳入其中。

② 段廷志：《冷战后的日本防卫战略：基本取向及其对西太平洋和中国海上安全的影响》，《世界经济与政治论坛》2009 年第 5 期，第 78 页。

③ 2009 年 11 月 22 日，日本防卫省表示，计划选定 F - 35 战斗机作为日本航空自卫队的新一代主力战斗机机型，这为引进舰载型 F - 35B 战斗机埋下了伏笔，F - 35B 战斗机滑行起飞距离仅为 135 米。

④ 《日本亮出新武暴露"野性"》，《大公报》2008 年 5 月 12 日。

术基础，持续提高研发水平。这种联合生产模式更加灵活，技术出口限制逐步放宽，其国际合作显现双向交流的特点。

20 世纪 90 年代，日本的军工企业就以许可证生产和合作生产的方式，生产了 29 套由美国方面提供的重要的武器系统，这比其他国家要多不少。2005 年，三菱重工从美国洛克希德·马丁公司获得生产许可证，其在 2008 年开始自行生产"爱国者"PAC－3 型导弹，从而掌握了导弹防御系统的部分核心技术。尽管日本此举要多花费数十亿美元，但是，日本企业进行自行生产，零部件供应不仅能够得到绝对保障，还会大大加强日本军工产业的核心能力和发展信心。

日本的武器采购向来以"建立国防生产与技术基础，特别是对日本国家安全必不可少的核心技术领域"为主要目标，主张技术自主，在"全寿命费用"基础之上，对日本国内生产商给予特别优惠。[①] 这自然引起美国等武器出口大国的强烈不满，从而在国际防务生产合作当中对日本进行排斥。日本也意识到技术上的长期单向流动，将会使自己孤立于世界市场之外。因此，在三菱重工获得"爱国者"PAC－3 型导弹生产许可证之后，日本表示将推动导弹防御系统相关武器的对美出口和对美技术转让。2010 年 1 月 12 日，日本防卫大臣北泽俊美表示，日本将考虑修改"武器出口三原则"。可以预见，随着日本武器出口政策的不断放松，日本军工产业在不断增强自身技术水平的基础之上，将在国际防务市场上扮演更为重要的角色。

三 日本军工产业转型的重点与趋向

在布局重点和发展趋向上，日本军工产业转型主要体现为以下四个方面：

1. 以导弹防御系统建设为牵引，积极推动军工产业的整体发展

2003 年 12 月，日本正式决定从美国引进导弹防御系统（MD）。日本政府辩称，"弹道导弹防御系统是用于保卫日本国民生命和财产安全的纯粹防御性手段，也是无可替代的唯一手段"。[②] 此后，每年日本均将导弹防御系统建设视为其防卫计划的重点内容，并相继投入巨额经费，以"推进弹道导弹防御相关政策"。[③] 导弹防御系统是一项十分先进和复杂的系统工程，

---

① 魏俊峰：《美国人看日本国防工业发展》，《现代军事》2006 年第 5 期，第 66~67 页。
② 〔日〕防卫省：《日本防卫政策简介》。
③ 2004~2008 年，日本在该领域分别投入 1068 亿日元、1442 亿日元、1500 亿日元、1070 亿日元和 1580 亿日元。

其涉及雷达、导弹、卫星等多种装备和军舰、潜艇、飞机等多个武器平台。日本军工产业以此为牵引，实行引进技术和自主开发同步推进，有力地推动了相关产业的共同发展。

2001～2008 年，日美两国合作先后对 4 架 EP－3 电子侦察机、2 架 E－2C 预警机、4 架 E－767 预警机和 1 架 RF－4E 侦察机进行现代化改装，进一步提升了早期预警和侦察能力。2004～2008 年，三菱重工和长崎造船厂建造完成 2 艘"爱宕"级"宙斯盾"导弹驱逐舰，随即编入日本海上自卫队，使其装备宙斯盾系统的导弹驱逐舰达到 6 艘之多。这使日本具备了组建 6 支"十·九舰队"的能力，其借此拥有了亚洲地区最为庞大的"宙斯盾"舰队。而日本军方表示，拥有 8 艘"宙斯盾"导弹驱逐舰，才能够最终满足国土防御的现实要求。

日本以导弹防御系统建设为牵引，进一步整合预警、通信、指挥系统，完善自卫队信息化建设。日本防卫省 2005～2009 年在信息化建设领域的投入超过 1.5 万亿日元。2003 年以来，日本军工产业部门发射了多颗侦察卫星；构筑了新型卫星通信网络，建设完成防卫信息通信基础设施、铺设了基地光纤通信网络；研制、装备了超大型计算机中枢系统，初步完成由 C3I 系统向 C4ISR 系统的过渡；完善了指挥控制链的信息汇总和传输功能。此外，日本政府已经开始考虑独立开发可探测导弹发射的预警卫星系统。

2. 加强远程作战武器平台及系统的研发和生产

随着日本防卫重心的不断转移，其武器生产也由本土安全防御需要向外向战略打击转变，以支撑日本自卫队的快速反应和远距离投放能力，加强其域外干涉、应对恐怖主义活动、防范导弹袭击的实际能力。近年来，日本不断增加军费开支，将其中 70% 的军费用于推进武器装备向大型化、远程化的方向发展。① 三井造船公司制造的"大隅"级登陆运输舰，可以起降大型直升机甚至是垂直起降战斗机，并能够搭载多达 1000 名的陆战队员，运载 2 艘气垫登陆艇、10 辆 90 式主战坦克。石川岛播磨联合造船公司建造的 1.35 万吨"日向"级直升机驱逐舰的排水量甚至超过一些国家的轻型航空母舰，可以搭载多达 11 架直升机。2009 年 8 月 31 日，日本防卫省提出"22DDH"造舰计划，计划建造 1.95 万吨级"多用途直升机搭载驱逐舰"，

---

① 河山：《2004：日本军事动向值得警惕》，《中国国防报》2004 年 12 月 14 日。

可以搭载 14 架直升机，并为固定翼舰载机上舰做好准备。2007 年 9 月 28 日，日本防卫省技术研究本部和川崎重工牵头的多家军工企业合作研制的 XP - 1 海上巡逻机的原型机在航空自卫队岐阜基地试飞成功，标志着日本在大飞机研制技术上取得了阶段性突破。2010 年 1 月 26 日，日本防卫省和川崎重工在岐阜县共同进行了航空自卫队下一代军用运输机 XC - 2 的首次试飞并取得成功。XC - 2 的载重量达到 30 吨，其正常载重航程达 6500 千米，最大油量航程为 10000 千米，综合性能超过欧洲的 A400M 军用运输机。

日本的航天工业在固体燃料火箭领域，包括发动机、燃料、喷管技术以及飞行控制等方面，均已达到世界一流水平。这些固体燃料火箭稍加改造，就能够变成中远程弹道导弹。比如，TR - 1A 火箭将实验舱换成高爆弹头后，就可以变成射程超过 750 千米、覆盖整个朝鲜半岛的中程弹道导弹；M - 3S2 火箭的第三级和卫星舱换成战斗部之后，可以成为具备攻击整个东南亚地区的中远程弹道导弹；H - 2 或 J - 1 运载火箭搭载核弹头之后，可以改装成为具有全球打击能力的战略核导弹。

3. 重点研发空间技术

随着航天力量在现代战争中的战略作用越来越突显，太空已经成为世界各国谋求和夺取的新的战略制高点。日本作为世界性航天大国，其着眼于构筑高边疆、争夺制天权，极力谋划发展军用航天系统，以增强遂行"先发制人"的作战能力。2001 年 4 月 2 日，日本成立侦察卫星办公室，以推进侦察卫星计划。2003 ~ 2007 年，日本陆续研制和成功发射 4 颗侦察卫星，建成由 2 颗光学卫星和 2 颗雷达卫星组成的全球情报处理系统。2007 年 9 月 14 日，日本成功发射探月卫星"月女神号"。2008 年 5 月，日本成立由首相任部长的"宇宙战略开发本部"。2009 年 6 月 2 日，日本宇宙开发战略本部通过首个"宇宙基本计划"。该计划将宇宙开发定位为国家战略，并将过去以研究开发为主转为重视产业振兴和安全保障等领域的航天活动。"宇宙基本计划"提出进一步完善侦察卫星系统，决定加强研究预警卫星所需要的各类传感器部件。2009 年 11 月，三菱重工和宇宙航空研究开发机构联合研制的"光学三号"侦察卫星发射成功，其识别精度高达 0.6 米。日本在 2011 年还发射了 1 颗新的雷达卫星，进一步实现其卫星情报系统的全面升级。2009 年，三菱重工成功研制出新型运载火箭 H2B，其低轨道发射能力达到 19 吨，地球同步转移轨道发射能力达到 8 吨。相比之下，中国同步轨道发射能力最强的"长征三号乙"仅有 5.5 吨，发射"神舟七号"的"长征 2 号 F"的低轨道发射能力为 8.4 吨。①

尽管近年来预算受限，日本宇航探索局仍在推进多个雄心勃勃的计划，包括在 2010 年开始三级"先进固体火箭"（ASR）全尺寸研发工作，以及发射太阳能实验卫星、在太空建立大型太阳能电站等项目，其中关于建立导航系统的计划已经在 2010 年 1 月 20 日正式对外公布，当年的 7、8 月份开始部署"指路"号导航卫星，从而构筑起日本的 GPS 系统——"准天顶卫星系统"。

4. 维持强大的核能力

目前，日本的核技术研究水平处在世界前列，从事原子能研究的单位多达 600 个，并储备有大量的核原料，有多台可模拟核试验的超大型计算机，拥有在短期内制造核武器的巨大能力。近年来，日本国内的"拥核"声音不断增多，特别是政界对待核武器的态度不断发生微妙变化。2002 年，自由党党首小泽一郎表示，"日本制造核武器非常简单，我们的核电厂里拥有足够的钚元素，足以制造三四千枚核弹头，日本一夜之间就可以拥有上千枚核弹头"。② 同年，安倍晋三和福田康夫相继发表"拥有核武器"的狂妄言论。2006 年 9 月，时任首相安倍晋三表示，"不应该死守无核三原则"；同年 10 月，在朝鲜进行核试验之后，时任日本外相麻生太郎宣称，日本应当对"是否拥有核武器"进行公开认真的讨论。

在核原料的储备方面，联合国专家认为，2010 年以前日本钚的储存量可以达到 100 吨，这足以生产 1 万枚核弹头。而且，日本的钚储存量仍以每年近 8 吨的数量快速增长。③ 在核技术方面，日本拥有全世界唯一的大型螺旋核聚变实验装置，这是唯一具备从废燃料当中分离出钚和进行浓缩铀再处理工艺的无核国家。三菱重工拥有当今世界规模最大的铀浓缩工厂，东芝、日立等企业掌握着非常成熟的民用核技术。在核运载工具方面，日本拥有一流的火箭制造技术，而"固体空间运载火箭"与"固体弹道导弹"之间其实只有一纸之隔。如果把火箭运载的卫星换成核弹头，它就成为能够攻击任

---

① 《日本最新 H2B 火箭发射成功 运载能力已大大超过中国》，http：//news. ifeng. c om/mil/jsdg/200909/0911_ 6242_ 1344784. shtml。
② 《媒体披露惊人报告 日本造核弹最快三年》，http：//japan. people. com. cn/GB/35 469/35476/5223900. html。
③ 孟鲁斌、吴忆平：《日本发展核武器动向》，《现代军事》2009 年第 3 期，第 29 页。

何地面目标的战略核导弹。

尽管日本政府表示将继续坚持"无核三原则"，但是，1997年日本曾经以书面方式向国际原子能机构承诺，保证遵守国际原子能机构规定的"无过剩钚"原则，这样，日本无法解释目前自己多达100吨的钚储量。日本政府每年在核技术方面均投入巨额资金，[①] 日本军工产业将会继续维持巨大的核武器生产能力，一旦局势需要，日本可能会随时放弃"无核三原则"。

日本的军工产业大多数隶属于大型财团，而三菱、三井、富士这样的大财团，对日本政界有着巨大的影响力和塑造力。2004年，日本经济团体联合会曾经向政府提交"关于今后军事力量发展的建议书"，提出要发展军工产业，放宽"武器出口三原则"。近年来，日本国内的新保守主义思潮不断涌现，要求修改《和平宪法》，加快扩展军事力量。在这两种力量的不断推动之下，日本的防卫政策已经发生了渐进性变化。如果日本不能够以正确的心态对待历史，仍然固守"军事强国"的绝对哲学理念，其军事工业发展极有可能导致东亚地区的军备竞赛局面，从而给东亚乃至世界人民带来新的重大安全隐患。

四　日本航天技术军事化及其影响

日本长期以来倡导"科技立国"的理念，并把航天技术列为与国家利益密切相关的战略技术领域。日本利用航天技术，不仅拉动一系列的战略性产业发展，进一步增强了科技和经济竞争力，还夯实了本国持续发展的科技基础。冷战结束后，日本竭力谋求政治军事大国地位，其军事战略已经由"专守防卫"全面转向"主动遏制"，日本自卫队建设则由"基础防卫力量"加快转向"动态防卫力量"，更加强调美日军事同盟体制之下的全面军事合作关系。强大的军事航天力量，既可以使日本实时掌握周边国家和地区动态，还能够大大增强日本自卫队的武器装备水平，提高其地区干预和作战能力。冷战结束以来的历次局部战争表明，侦察、导航等卫星系统以及各种制导武器在战场上的作用越来越大。日本深刻认识到航天技术军事化的巨大价值，开始谋求军事航天力量的快速发展。日本废弃航天开发的"和平目

---

① 例如2006年日本对核技术方面的投资高达2万亿日元，占当年日本政府能源研发资金的64%。

的"指向，一再打破"非军事"的国际承诺，其目的是不断扩大军事航天开发利用范围。日本的航天技术日趋军事化与谋求政治军事大国的战略目标以及不断强化美日军事同盟体制等诸多因素相互作用，势必对东亚地区安全与稳定产生复杂和微妙的多种负面影响。

1. 日臻完备的军事侦察网络及其影响

1998 年，日本利用"朝鲜导弹威胁论"很快制订了建立高分辨率军事情报侦察卫星网络计划。2003 年 3 月，日本成功发射首颗光学成像侦察卫星 IGS-1A 和首颗雷达成像侦察卫星 IGS-1B。同年 11 月，因 H-2A 运载火箭发生技术故障，从而导致剩余两颗 IGS-2A 和 IGS-2B 侦察卫星发射失败。2006 年 9 月，第二颗光学成像侦察卫星 IGS-3A 发射成功。2007 年 2 月，第二颗雷达成像侦察卫星 IGS-3B 成功进入预定轨道。这标志着日本所计划的由至少 2 颗雷达卫星和 2 颗光学卫星组成的全球情报处理系统已经建成。随同 IGS-3B 侦察卫星一起升空的还有一颗光学实验卫星 IGS-4A，它的任务是验证日本下一代光学卫星的实际性能。因设计寿命和技术故障等问题，截至 2010 年 8 月，雷达成像侦察卫星 IGS-1B 和 IGS-3B 先后停止工作。在准备替代卫星的同时，日本积极推进研究成像侦察技术更为先进的卫星系统。2009 年 11 月，日本成功发射第二代光学成像侦察卫星 IGS-5A。2011 年下半年，日本先后成功发射一颗光学成像侦察卫星和一颗雷达成像侦察卫星，在 2012 年发射第四颗雷达成像侦察卫星，这两颗雷达成像侦察卫星均属于性能更加先进的新一代卫星系统（参看图 7-1）。

日本成功建立侦察卫星网络体系，是其迈向政治军事大国目标的重要步骤之一。由 2 颗光学卫星和 2 颗雷达卫星组成的全球情报处理系统，可以保证日本在任何条件之下，每天对地球上任何地点至少侦察 1 次。2 颗光学成像侦察卫星 IGS-1A 和 IGS-3A 的黑白图像分辨率仅为 1 米，其彩色图像可以识别地面上 5 米的物体。2 颗雷达成像侦察卫星 IGS-1B 和 IGS-3B 均使用合成孔径雷达技术，根据地面反射电波信号合成黑白图像，其分辨率为 1~3 米，在天气不好的情况下也能够照常进行观测活动。4 颗侦察卫星协同工作，每天可以绕地球飞行 15~20 圈，从而使日本能够昼夜不停地搜集周边国家信息，发现和识别大部分的军事目标。日本的侦察卫星系统除了监视朝鲜核设施及其导弹基地以外，还包括俄罗斯远东地区和中国东北地区的军事设施，甚至中国的东海海域、台湾海峡等也在其监视范围之内。应当说，全球情报处理系统的初步建立，使日本具有了一定的早期战略预警能力。目

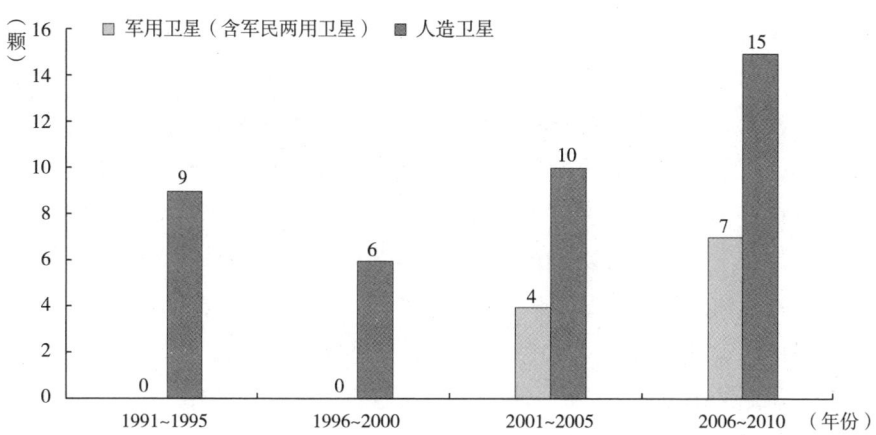

图 7 - 1　1991 ~ 2010 年日本的人造卫星发射情况

数据来源："Aerospace Industry in Japan 2011," http：//www.sjac.or.jp/common/pdf/hp_ english/ Aerospace_ Industry_ in_ Japan_ 2011.pdf

前，日本的侦察卫星系统已经具备军事侦察所必需的"普查"能力，并具备一定程度的"详查"能力，其在世界范围内处于较高水平。[①] 2011 年 9 月，日本成功发射的第六颗光学成像侦察卫星所搭载照相机的分辨率达到 60 厘米级，其与光学成像侦察卫星 IGS - 5A 同属于日本的第二代侦察卫星，而日本在 2012 年发射的新一代雷达成像侦察卫星的分辨率优于 1 米。此外，日本研制的军民两用高分辨率成像卫星，能够与全球情报处理系统配合使用。比如：2006 年 1 月，日本发射的陆地观测卫星（ALOS）所搭载的相控阵型 L 波段合成孔径雷达不受云层、天气和昼夜变化的影响，可以发射微波并根据接收的地表反射波进行全天候观测分析，这可以极大地满足军事应用要求。随着日本军事侦察卫星网络体系的逐步建立，这势必会进一步推动美日军事一体化进程，为美日联合作战提供坚实的技术基础并不断增强其地区威慑力。日本在拥有高分辨率侦察卫星网络之后，在安全保障上将大大减轻对美国太空情报的依赖程度，这有助于提升日本在美日同盟体系当中的地位和作用。

2. 快速提升的导弹研发能力及其影响

固体火箭发动机因造价低廉、机动性能强、长期贮存无妨并处于待发射状态等诸多优点，适用于各种类型的弹道导弹。日本研制的各种固体火箭只需要稍加改造，就能够组成中程、远程和洲际弹道导弹的完整序列。1970 年 2

---

① 魏万军、孙佳：《日本航天侦察能力与发展概况》，《国际太空》2008 年第 12 期，第 21 页。

月，日本使用 L-4S-5 三级固体运载火箭，成功发射本国第一颗人造卫星。
为了更快地掌握运载火箭技术，日本随后引进美国"雷神-德尔塔"（Delta）
运载火箭技术，并以此为基础成功研制了 N 系列运载火箭。自 L-4S-5 运载
火箭开始，日本在以后的历次火箭发射当中均使用固体火箭技术，其对该技
术的掌握已经达到世界先进水平。1985 年，日本成功发射新一代三级固体运
载火箭 M-3S-Ⅱ，它能够将 780 千克的有效载荷送入 250 千米的低地轨道。
如果将该火箭第三级和卫星舱换成弹头之后，其就成为能够攻击包括东南亚
地区在内的中远程弹道导弹。1991 年 9 月~1998 年 8 月，日本对微重力火箭
研究计划研制的单级固体运载火箭 TR-1A 进行了七次成功发射。这其中，前
三枚火箭的实验舱质量为 750 千克，这意味着如将实验舱换成 750 千克的弹
头，该火箭就能够变成射程达 750 千米以上、覆盖朝鲜半岛及中国东北地区的
战区导弹。三级固体运载火箭 J-1 和 M-5 同样具有远程和洲际弹道导弹的
基本性能。1996 年 2 月，日本使用 J-1 运载火箭，成功发射一个高超音速飞
行实验装置。如果把 J-1 运载火箭芯级的第三级和卫星舱换装成弹头，其就
成为长约 27 米、重达 84 吨、射程达 3000 千米的两级中远程弹道导弹。M-5
运载火箭是三级固体运载火箭，其在 1992 年 2 月首次发射成功，重达 140 吨，
可以将 1.8 吨重卫星送入 250 千米的低地轨道。这相当于把 2 吨多重的弹头送
达洲际射程。M-5 运载火箭在当今世界三级固体燃料的弹道导弹或运载火箭
中是体积最为庞大的，比美国"和平卫士"洲际导弹（重约 88 吨）还大得
多。日本宇宙航空研究开发机构研制的 H-2B 固体火箭助推器（SRB-A 改
进型）的直径甚至比美国"民兵"Ⅲ洲际弹道导弹（直径为 1.84 米）宽近
0.7 米，其每台助推器平均海平面推力为 235 吨。该助推器稍加改造之后，即
可以成为单级固体火箭，能够将 2 吨以上的弹头送达 5500 千米的远距离，成
为名副其实的洲际导弹。虽然日本始终没有公开承认，但是其已经具备世界
一流的弹道导弹研制能力是不争的事实（参见表 7-1）。

表 7-1　日本的固体火箭与美国"民兵"Ⅲ，俄罗斯"白杨"M 洲际导弹的数据比对

国　家	固体火箭/洲际导弹	长度（米）	直径（米）	质量（吨）	推进重量（吨）
日　本	M-5	30.7	2.5	139	1.8
	H-2B	15	2.5	77	2.0
美　国	"民兵"Ⅲ	18.2	1.84	34.5	1.1
俄罗斯	"白杨"M	22	1.86	42.7	1.2

数据来源：http://www.defence.org.cn/aspnet/russia-mil/。

弹道导弹的精确定位能力是衡量其杀伤效果的重要指标之一。在火箭初始段和末段的制导技术方面，日本具有十分先进的技术创新。日本的 M - 5 运载火箭使用先进的光纤技术，虽然它是当今世界最大的固体火箭，但是保持着很高的发射成功率，可见其制导系统的精确性。目前，日本在全力建设和完善导弹防御系统。该系统是由 4 艘"宙斯盾"导弹驱逐舰和 6 支"爱国者"型反导部队组成的反导体系，从而形成由"爱国者"PAC - 3 型导弹和标准 - 3 型（SM - 3）导弹组成的双层导弹防御系统，初步具有发现、跟踪和拦截短程、中程弹道导弹的能力。2010 年 10 月 28 日，日本"雾岛"号"宙斯盾"导弹驱逐舰发射一枚拦截导弹，其在太平洋海域 160 千米处高空成功击落一枚中程弹道导弹靶弹。目前，日本的导弹防御系统所需要的导弹预警、跟踪和定位信息均来自美国的导弹预警卫星，该系统成为美国在亚太地区导弹防御系统的核心组成部分。日本通过与美国共建弹道导弹防御系统，既加强了与美国的政治军事联系，进一步巩固美日军事同盟关系，又推动自身导弹防御系统不断向外太空延伸，增强反导作战能力，扩大其在东亚地区的军事威慑力和影响力。为了增强自主性，改变预警情报严重依赖美国的情况，继续提升日本在美日军事同盟体系当中的地位和作用，日本决定加快发展自己的导弹预警卫星系统。为进一步提高导弹精确制导能力，日本政府与民间企业界合作开发了"准天顶"全球卫星定位系统（QZSS）。作为美国全球定位系统（GPS）的一种辅助和增强系统，"准天顶"全球卫星导航系统有望提高日本及其周边的 GPS 定位性能，从而使区域内高精度卫星定位服务成为可能。据悉，"准天顶"卫星将 GPS 的定位精度提高到十几厘米。一旦将这种高精度的卫星定位系统应用在弹道导弹制导方面，将会极大提高弹道导弹的打击精度。日本不断提升的导弹精确制导能力以及导弹防御能力，将会极大地打破东亚地区现有的力量均势格局，促使有关国家进行导弹技术的革新和换代升级，从而提高该地区尖端武器装备的技术水平。这极有可能加剧东亚地区的紧张局势，成为诱发域内国家军备竞赛的重要导火索之一。

3. 不断强化的军事导航能力及其影响

为提高"准天顶"全球卫星定位系统的实用性，日本政府决定将卫星数目至少增加 1 颗，并在 2020 年以前建立由 4 颗卫星组成的导航系统。另外，日本计划将未来使"准天顶"卫星数目增至 7 颗，最终建立自己的全球卫星定位系统，彻底摆脱对美国 GPS 系统的严重依赖。① 目前，日本拥有1996 年设计并在 2007 年正式投入使用的导航增强系统——MSAS。该系统使用日本发射的"多功能运输卫星"MTSAT - 1R 和 MTSAT - 2R，主要用于航空导航与进场、着陆服务，能够覆盖日本、澳大利亚等地区，差分定位精度优于 1 米。②

由于卫星导航定位系统具有重要的军事应用价值，其已经成为高技术战争不可或缺的空间支援力量。近年来，日本自卫队的海外活动日趋频繁，如参与伊拉克重建、印度洋反恐、索马里反海盗等，而卫星导航定位系统能够为其海外军事行动提供极大的便利。通过卫星导航定位系统，日方舰艇可以准确判定位置，为通过特殊海域获得精确导航。这有助于保证和提高日本自卫队执行任务的安全性和及时性。利用空间定位、时间和导航支援，日本自卫队能够顺利完成海上集结、营救等一系列的军事行动，提高空投、搜索、侦察、空中加油、低空导航和执行隐秘任务的能力，还能够提高各种空中武器的打击精确度。把卫星导航定位系统"嵌入"指挥、控制、通信、计算机、情报、监视与侦察（C4ISR）系统，可以为日本自卫队提供时间和空间上的坐标基准，提升 C4ISR 系统的整体运转及协调性能，同时增强指挥官实时了解各部队位置的能力。③ 另外，卫星导航定位系统对日本自卫队的特种作战具有重要作用。手持式卫星导航定位接收机是特种作战部队的重要装备，它能够接收卫星导航定位系统提供的目标搜索和定位信息。特种作战部队不需要无线电静默，就已经能部分保持与指挥机构的联系，无须呼叫就可以获得战术支援，并可以随战场变化随时确认理想的行动路径。④ 日本对卫星导航定位系统的研发与应用，有力地提升了日本自卫队的精确定位和制导能力，提高了其导弹精确打击能力，从而增强地区和海外军事威慑力，有助于提升日本的政治军事影响力和干涉力。

冷战结束后，日本正式确立争做世界政治大国的战略目标，其经济实力和军事实力无疑是两大基础。航天产业是当代的新兴产业，航天技术的开发

① 蓝建中：《日本将继续研发"准天顶卫星"定位系统》，http：//news. xinhuanet. com/world/2011 - 09/30/c_ 122113685. htm。
② 王杰华：《日本卫星导航系统》，《中国航天》2008 年第 1 期，第 40 页。
③ 司耀锋：《日本首颗导航卫星升空》，《国际太空》2010 年第 10 期，第 25 页。
④ 翁寒松：《卫星导航定位系统在战争中的应用》，http：//www. people. com. cn/GB/junshi/1078/3071141. html。

与应用对拓宽经济发展领域，培植新兴产业进而拉动经济增长、促进经济社会可持续发展具有巨大的推动作用。更为重要的是，航天技术的不断提高，对推进军事技术变革有着立竿见影的巨大效果。日本政府将航天产业视为其大国发展战略的重要基石，不遗余力地发展航天事业及其应用产业并推出一系列的航天开发计划，也是基于航天产业的军民两用特性。日本利用"寓军于民"的航天体制，借助商业开发和市场因素，大力发展军事航天能力，已经取得巨大成就。随着航天技术的军事化应用越来越广泛，必将推动日本自卫队建设向着高技术化方向快速发展。加之日本十分注重独立发展航天技术尤其是军事侦察领域技术，通过研发自己的侦察卫星系统，试图减轻在安保领域对美国的严重依赖性。另一方面，日本的航天发展与美日军事同盟体制及其谋求"海外干预"的世界大国战略相联系、相切合，这些势必对东亚地区的安全与稳定带来复杂和微妙的多种影响。

2010 年 12 月 17 日，日本内阁会议和安全保障会议通过新版《防卫计划大纲》。该大纲提出在军队建设上转向"动态防卫"，强调建设一支能够快速恰当处置各种事态的防卫力量，要求日本的防卫力量具备"快反性、机动性、灵活性、持续性和多用性"，以"把握军事技术前沿的高水平的技术能力和情报能力为支撑"。[①] 同时，日本强调美国军事存在对东亚安全的所谓"保障性"作用，致力进一步强化美日军事同盟体系。随着美国全球战略重心东移以及加快重返亚太地区，日本快速提升的航天技术及其军事化力量，必将使美日联合作战力量如虎添翼。不过，这势必增加日本周边国家的安全压力与信任困境，容易导致日本与邻国的摩擦加剧。该地区国家不断加快航天装备等高技术武器的研发和列装速度，还将使该地区新一轮军备竞赛风险增加，成为破坏东亚地区和平、发展与稳定的一股潜流。

---

① 刘俊：《日本新防卫计划大纲述评》，《国防》2011 年第 4 期，第 76 页。

第八章
环境安全与东亚地区环境治理

当前，东亚地区已经超前进入"污染共同体时代"，呈现环境热点问题突出严峻，解决治理困难重重；突发环境灾害频现，环保技术水平参差，应急协调难度较大等主要特点。随着环境安全问题的日趋严峻，东亚地区环境安全合作愈发紧迫。不过，受制于区域公共产品属性、东亚特有权力结构、环保意识淡漠等诸多因素的影响，东亚地区环境安全合作的先天动力不足，进一步发展的阻力相对较大。中国作为地区大国，必须沿着自己的路径与方法，按照自己的战略与原则，采取双边和多边结合、官民并举的基本政策，不断推进东亚地区环境合作制度化建设，努力实现该地区环保意识的全民普及，从而稳步推动和推进东亚地区环境安全合作。

众所周知，生态系统的相互依存性和环境问题的跨国传染性，使得环境安全合作成为全球范围内和平与合作的重要催化剂。妥善处理环境安全问题，才能建立跨越国界和社会的相互联系，培育共同的环境责任意识以及和平解决争端的新规范。① 由于环境问题对一个国家会造成直接影响和严重后果，因此在地区范围内针对环境安全问题开展多种合作，已经成为当今世界各国的必然选择。在环境问题不断突显的大背景之下，"地区环境安全复合体"② 这一概念无疑为一个地区围绕环境问题展开多种合作，切实维护环境安全、地区安全进而推动地区一体化，提供了一种切实可行的思路和途径。

① Ken Conca, "The Case for Environmental Peacemaking", in Ken Conca and Geoffrey D. Dabelko, eds., *Environmental Peacemaking*, Woodrow Wilson Center Press, 2002, pp. 9 – 10.

② Barry Buzan, People, *State and Fear: An Agenda for International Security Studies in the Post – Cold War Era*, Hemel Hempstead: Harvester Wheatsheaf, 1991, p. 218.

东亚国家应当顺势推进和不断深化在环境安全领域的合作，妥善解决本地区各类环境危机，在建立和健全地区环境保护机制的同时，更好地促进该地区的和平、发展与繁荣。

一　东亚环境安全的现状与特点

随着发达国家经济增长速度的相对放缓，东亚逐渐成为当今全球经济发展最快和最具活力的地区，同时，这也不可避免地导致了地区性环境问题的不断突显。

（一）环境热点问题突出严峻，解决治理困难重重

当前，东亚地区的环境问题可以分为三大类别，即远程越境移动的大气污染、海洋及河流污染、迁徙候鸟及鱼种栖息地保护等相关的生态问题。[①]

1. 越境大气污染问题

东亚是当今全球大气污染最为严重的地区之一，其中酸雨是该地区最严重的跨国界空气污染，给地区环境造成了巨大的负面影响。酸雨具有传播性、渗透性和跨国性等突出特点，它给生物、土壤、建筑物和人体健康带来了巨大的危害。因此，酸雨被称为"空中死神"或"空气杀手"。[②] 由于东亚地区长期以来形成的以重工业和化学工业为中心的产业发展模式，以及煤炭为主要能源来源的不合理的能源结构状况，致使该地区的酸雨污染情况十分严重。尤其是在许多人口密度高的大城市、重工业地区以及矿物燃料的高耗地区，其污染物浓度已经超过世界卫生组织（WHO）对颗粒物和 SO_2 的推荐极限值。[③] 以中国为例，尽管"十一五"期间全国废气中 SO_2 排放总量、工业废气中 SO_2 排放量和生活废气中 SO_2 排放量均呈现逐年下降的趋势，[④] 但是 2010 年全国 SO_2 排放量仍然高达 2185.1 万吨，位居世界之首。尽管东亚国家处在不同的工业化发展阶段，但是域内各国 SO_2 排放量普遍偏高且增长趋势持续，其产生的污染物远程漂移所引发的地区性酸雨问题已经成为一个严重的地区性环境安全问题（参见表 8-1）。

---

① 刘姈：《东北亚环境问题的博弈分析》，复旦大学博士学位论文，2011，第 45 页。

② Shigenori Matsuura, "China's Air Pollution and Japan's Response to It", *International Environmental Affairs*, Vol. 7, No. 3, 1995, p.235.

③ 赵光瑞：《东北亚区域环境问题的制度探源与解决对策》，《东北亚论坛》2003 年第 5 期，第 13 页。

④ 中华人民共和国环境保护部：《2011 年环境统计年报废气》，http：//zls. mep. gov. cn/hjtj/nb/2010tjnb/201201/t20120118_ 222725. htm。

表 8 – 1 1990 年与 2020 年中日韩三国的 SO₂ 排放量及其预测①

单位：百万吨

预 料	年 度	中国东北	韩 国	日 本	合 计
排 出 量	1990	11.9	0.8	1.7	14.4
BAS 预测	2020	32.5	1.1	5.5	39.1
HEF 预测	2020	23.7	0.8	3.7	28.1
BCT 预测	2020	22.3	1.0	1.5	24.8

资料来源：Streets，2005。

沙尘暴是东亚地区另一个比较严重的跨国界灾害性天气现象。② 20
世纪下半叶以来，包括中国某些地区在内的亚洲沙漠地区特大沙尘暴，
开始频繁地侵袭东北亚部分国家和地区。据统计，该地区沙尘暴的发生
次数已经由 20 世纪 60 年代的每年 8 次，增加到 90 年代至今的每年约
20 多次，且波及范围和所造成的损失越来越大。③ 沙尘暴国际来源，频
繁极端气候，特别是人类对生态环境的过度开发和破坏，致使近年来东
亚地区的沙尘暴灾害愈演愈烈。这给该地区人民的生产和生活带来了极
大的不便，也造成了严重的经济和生命损失，成为亟待解决的地区环境
热点问题之一。如何建立地区性沙尘暴早期预警系统，形成地区性沙尘
暴防范治理机制，也成为东亚各国政府及社会团体应当认真考量的现实
问题。

2. 海洋污染问题

东亚地区的黄海、日本海、南海等大多为半封闭型海域，其自身调节能
力相对较弱，加之周边沿岸国家排放了大量的生产及生活性的化学物质、垃
圾废物，海洋运输中产生的大量污染和工业垃圾，致使该地区的海洋污染愈
发严重，海洋环境状况令人担忧。以韩国为例，虽然海洋废弃物的投放量呈
现逐年下降的趋势，但是据韩国国土海洋部（MLTM）的统计，其海洋倾倒

---

① BAS 预测（Base case）：即随着各国的公式能源预测，假设能源效率性提高，但是没有其他
环境改善努力；HEF 预测（High Efficiency Forecast）：即假设减少能源消费与用水力代替煤
炭；BCT 预测（Basic Control Technology）：即假设中国的新火力装备有基本适度水平的污染
防治装置。

② 王炜、方宗义：《沙尘暴天气及其研究及其发展综述》，《应用气象学报》2004 年第 3 期，
第 367 页。

③ Alexander Sheingauz & Hiroya Ono, *Natural Resources and Environment in Northeast Asia：Status
and Challenges*, The Sasakawa Peace Foundation, 1995, pp. 42 – 43.

量从 1998 年的 55 万吨增加到 2010 年的 447.8 万吨。[①] 日本的海洋废弃物投放量高达韩国的 10 倍，而中国全国经济发展的主引擎——长江流域及东南沿海地区的污水和污染物的排放量也十分惊人（参见表 8-2）。目前，东亚地区的海洋污染主要表现为：域内各国沿海环境趋于恶化，海洋渔业资源逐年减少，海洋资源纠纷不断，公海领域运输污染摩擦加剧，这些均是必须尽早解决的棘手问题。

表 8-2　2000 年以来韩国海洋废弃物投放量

单位：万吨

年　度	2000	2005	2006	2007	2008	2009	2010
垃圾量	710.4	992.9	881.2	745.1	617.3	478.5	447.8

资料来源：韩国海洋研究院、韩国国土海洋部。

3. 生态系统破坏问题

生物多样性是生态系统保持基本平衡的必要条件之一，其受损就意味着生态平衡被破坏，多种生物将处于濒危状态。从亚洲来看，至少有 70% 的自然生态环境遭到了破坏，致使一些非常珍贵且稀缺的物种基因不复存在。目前，东亚各国针对生态系统遭受到的严重破坏，纷纷采取了保护行动，其中最重要的做法是建立各式各样的国家自然保护区。不过，这些国家自然保护区的面积相对偏小，借此保持生态系统平衡的局限性很大。如何实现对跨界物种的有效跨界管理，切实维护东亚地区生态系统的良性持续发展，成为该地区环境治理的一个热点问题。

（二）突发环境灾害频现，环保技术水平参差，应急协调难度较大

1. 环境安全领域应急行动的未知风险——突发环境灾害

2011 年 3 月 11 日，日本大地震引发的福岛核电站核泄漏事故，将东亚国家处理突发环境灾难及环境应急系统的缺陷暴露无遗。核电作为核能民用领域的重要代表，是近年来世界范围发展最快的新型能源之一，甚至成为一些国家主要的电力来源，日本就是如此。目前，日本拥有 18 座核电站、55 个反应堆，核电发电量占总发电量的 1/3 以上。日本原子能安全保安院按照国际核事件的分级表，最终将福岛第一核电站核泄漏事故确定为 7 级，成为人类历史上最为严重的核安全事故之一。福岛"核泄漏"事故发生以后，

---

① 刘姈：《东北亚环境问题的博弈分析》，第 47 页。

其放射性污染物先向日本东部、北太平洋区域扩散,进而波及整个东北亚地区。随后,日本东京电力公司决定将福岛第一核电站内含有低浓度放射性物质的1.15万吨污水排入大海,从而引发东亚国家对可能的环境危机的普遍关切。

福岛"核泄漏"作为一起典型事件,突显了东亚国家在应对突发环境灾害方面,存在应急预案缺失、协调响应滞后等诸多棘手问题,也从一个侧面反映了东亚各国针对环境安全问题进行先期预警和事后一致行动的必要性和迫切性。可以说,由潜在突发环境灾害事件所引发的地区性环境安全威胁,已经成为东亚地区和平、发展与繁荣进程中不容忽视的重要议题。

2. 环境安全领域协调行动的现实难题——环保技术差距

20世纪80年代末90年代初,在世界范围内掀起了一股环境保护的新浪潮。东亚各国针对环境问题及环境危机等领域的合作也于此时起步。产业与技术是国家之间开展环境安全合作的最直接方式。以东亚地区环境污染防治技术最先进的日本为例,20世纪70、80年代,日本相继启动产业结构转型进程,开始探索更加节能环保的产业模式。在这一过程中,日本在减少污染物排放、可再生能源、低碳技术和大型环保装备等方面积累了非常丰富的经验,拥有他国无法比拟的技术优势和科技话语权。此时,多数东亚国家刚刚开启本国的改革开放、经济发展和工业化进程,其间伴随着大量的资源开发和环境破坏。东亚经济发展的"雁行模式"特点,也使大多数在这一时期发展起来的国家成为世界高污染产品的"加工厂"。经济发展滞后,必然会削弱对环境保护和环境领域先进技术开发的重视程度。多数东亚国家同日本等地区工业强国在环境保护技术上的巨大差距,阻滞了该地区在环境安全领域的对等交流与协调行动,这对该地区环境安全合作的进一步展开产生了一定的消极影响。

二 东亚环境安全合作的主要进展

(一) 东亚环境安全合作的现有模式及问题

1. 东盟模式:制度框架先行,实质规范在后

东盟国家在环境领域的相关合作是伴随着东盟地区一体化进程而逐渐展开,同时主要针对本地区环境热点问题的一种区域性的环境合作治理模式。20世纪70年代末80年代初,东盟作为东南亚次区域组织首次将环境安全议题引入该地区合作框架，同时通过地区层面的集体合作与多边协调，形成具体的行动计划，以解决东盟国家共同面对的环境问题。① 东盟环境合作从起步之初，就确立了制度化的发展轨迹。从1996年东盟将环境问题正式纳入亚太经济合作组织（APEC）议程并在北京成立"环境保护中心"，到目前明确的地区性十大环境合作的重点领域，基本上覆盖了该地区全部环境安全领域的热点问题，在协调合作的制度化和政策制定的创新性方面也均有着长足的进步。不过，东盟模式作为一种区域性的环境安全合作模式，其缺陷和问题也十分明显。

一方面，东盟存在固有的制度缺陷，从而导致以此为载体展开的环境合作表面意义大于实质作用。东盟本身缺少类似于欧盟的严密性组织制度框架，在环境合作领域不可避免地出现政策制定权及决策权的相对疲弱，政策执行监督缺位等一系列棘手问题。一个行之有效的区域性环境安全合作机制，必须具有顺畅的信息交流平台、权威的政策制定中心和有力的监督落实机构。当前，"东盟10＋3"区域合作机制还未具有明确的环境合作方向，以其现有机制展开的环境安全合作，大多数停留在信息交流的低级层面，缺乏实质性的决策权和监督权配套及跟进举措。

另一方面，为东盟国家解决环境问题的独立自主性，使环境安全合作存在着各成员国法规和标准难以协调，地区性环境保护政策难以推行等棘手状况。地区一体化组织既是成员国"以一个声音说话"的统一体，又是彼此之间进行讨价还价、争夺主导权的重要场所之一。② 加之东盟在发展进程当中所形成的"不干预"和"冲突解决一致性"等基本原则，致使该地区范围内一些棘手的、分歧较大的环境安全议题被长期搁置起来。

2. 日本模式：科学技术先行，普惠共识在后

其一，制度化特征不太明显，主要利用地区现有机制开展灵活的多边与双边合作。在多边合作领域，发展较为完善的是始自于1992年的"东北亚地区环境合作会议"，以及1993年在联合国亚太地区经济社会委员会（ESCAP）倡议之下建立的"东北亚环境合作机制"。在双边合作领域，中日、日韩之间的环境合作开展时间相对较长，积极进展及成果比较多。比

① 邱昌情：《东盟治理进程中的环境区域合作模式——从APEC到"东盟10＋3"》，《世界经济与政治论坛》2009年第2期，第101页。

② 宋伟：《关于国际组织的结构主义分析——以东南亚国家联盟的发展为例》，《东南亚研究》2002年第1期，第73页。

如：中日两国已经建立比较完善的环境合作机制，进行了较高层次的环境技术合作，并在两国民间实施了一些重要的环保合作项目。

其二，单向输出重于双向交流，主要利用日本在环境保护领域积累的成熟经验与先进的研发技术，向域内国家积极推广。日本在环境保护领域起步较早，在环境保护机构运行、环境保护法律建设、防治污染科学技术、环境保护意识养成、环境保护专业人才教育等诸多方面，均领先地区其他国家，这造成了其与域内国家双向交流乏力的尴尬局面。

其三，积极扮演"环境大国"角色，在对域内国家提供一定环境资金和技术援助的同时，转移环境重污染产业，借"环境外交"之名而推行"主导亚洲战略"。美国学者马修·帕特森在《理解全球环境政治》一书当中指出，国际权力结构与可持续性之间不相吻合。[①] 尽管在日本主导之下的环境安全合作模式，能够带来一系列先进的技术和理念，能够通过多边与双边合作相结合的方式，逐步实现该地区环境合作的制度化。但是，伴随着国际关系民主化进程的不断发展，日本通过技术优势继续主导东亚地区环境合作进程的战略企图，显然难以被域内各国所认同和接受。

（二）东亚环境安全合作乏力的原因及症结

20 世纪 70 年代以来，环保意识在世界范围内进一步觉醒和发展。无论是东亚国家面对日渐严峻的环境问题所采取的联合行动，还是不同侧重的东盟模式和日本模式在各自区域内所展开的一系列的环境安全合作，均已表明东亚地区逐步形成了多层次、多领域的环境安全合作格局。不过，从环境合作开展的深度和广度来看，从合作机制的成熟度与执行力来考量，东亚地区的环境安全合作尚处于起步阶段，诸多的阻碍性因素不容忽视。

首先，区域公共产品属性，致使东亚地区环境安全合作的先天动力不足。区域公共产品是将公共产品的非排他性和非竞争性，在较小的范围内集中地加以展示，从而容易出现供给不足和公共产品霸权国"私物化"等不端现象。东亚地区环境安全合作所必需的制度建设以及信息、技术、经验等方面的交流与推广，必然伴随着大量环境安全领域区域公共产品的供给。东亚国家经济发展水平参差不齐，所面对的环境问题迥然各异，它对地区环境安全议题的兴趣点大相径庭，致使"搭便车"的现象大量存在。此外，日

---

① Mathew Paterson, *Understanding Global Environmental Politics：Domination，Accumulation，Resistance*，New York：St. Martin's Press，p. 43 – 45.

本在环境技术领域具有明显优势，在地区环境安全合作进程中对跨境环境问题强势关注和介入，已经引起域内国家对其在该地区推行"环境霸权政策"的某种担忧。可以说，区域公共产品的属性缺陷，从根本上制约着东亚地区环境安全合作进一步推进和发展。

其次，东亚地区特有的权力结构，致使其环境安全合作的深化阻力较大。东亚地区环境安全合作同样受制于权力因素的影响。形成于冷战时期的东亚地区的固有权力结构，如有关国家历史积怨颇深、社会政治制度迥异、经济发展水平差异明显、安全困境广泛存在等，致使在东亚地区开展深入和有效的环境安全合作困难重重。由于经济社会发展水平的阶段性差异，使得环境问题在不同国家的利益排序多有不同，环境安全合作缺乏可靠的经济基础。日、韩两国是发达国家，环境保护状况相对良好，它们所关心的是如何更好地减轻区域性环境问题对本国的现实影响和冲击。而域内其他国家关注的则是如何获得一定的环境技术及资金援助，以便更好地解决自身的环境问题，而不是同日、韩等国家分摊环境治理成本。由经济实力差距所导致的对环境项目的不同关注点，将不可避免地阻碍到该地区环境安全合作的进一步发展。

再次，在政治安全领域，东亚地区的复杂性是世界其他地区所无法比拟的。各种政治意识形态并存，错综复杂的地缘战略利益影响着该地区的双边和多边关系。如地区性安全困境的广泛存在，域内国家普遍存在历史纠葛以及领土争端、现实冲突等棘手问题。这些"高政治"领域的分歧与矛盾，基于东亚各国现实主义的考量与判断，必然会对该地区"低政治"领域的环境安全合作产生一定消极影响，甚至是巨大的干扰。

最后，地区环境意识淡漠，致使东亚地区环境安全合作进程的落实任重而道远。在东亚地区环境合作中，非物质性观念的制约作用主要表现在两个方面，即地区认同意识尚未觉醒和地区环保观念尚需普及。由于长期的历史恩怨所造成的纷争与不信任状况，加之地区权力结构的冲击和影响，东亚国家合作及地区一体化始终面临着凝聚力和向心力不足的问题，回应性认同、功能性认同尚处于萌芽阶段。地区认同还未完全觉醒，不仅阻碍着东亚环境安全合作原则及模式的最终确定，也会造成维护地区生态环境的整体稳定是域内国家共同利益这一基本理念迟迟无法得到集体认同。另外，作为地区发达国家的日、韩两国已经开始由工业文明社会向生态文明社会迈进，由于其生活相对富足、公民素质较高，两国国民对环境安全、社会生态和谐的要求程度较高，环境意识普遍较强。而域内尚处经济起步与加速发展阶段的其他国家，面临的主要社会矛盾并非是环境问题，其环保意识的觉醒仍需时日。可以说，由于经济社会发展水平不同，东亚国家公民社会发育程度及公民基本道德水平存在巨大差异，致使地区性环境保护观念的普及与深入人心仍是一个遥远的命题。

三 环境合作与国际机制：互动机理

环境问题与区域地理因素、生态环境系统密切相关，呈现区域性、长期性、共同性的重要特征。当今的环境问题不仅是一国内部事务，而已经跨越国界的限制，渗透到整个区域甚至是全球生态系统。随着环境问题规模和范围的不断扩大，监测和解决难度进一步增加，单一国家在资金、技术、人力等方面均难以有效应对区域环境问题，因此，"合作"成为解决环境问题的必要途径之一。近年来，东亚地区环境问题越来越突出，诸如酸雨、沙尘暴、水污染等问题日益引起域内各国的高度关注，加强和深化环境领域合作成为解决东亚地区环境问题的一种内在的迫切要求。东亚地区环境合作始自冷战结束，历经20多年的发展，"已经形成了多渠道、多层次、多领域的新格局"。[①] 国际机制不仅是分析环境合作的一个重要视角，更是推动、发展和深化东亚地区环境合作的一种有效方法。

一般而言，环境问题是指人类活动使环境质量发生了重大变化，从而危及人类生存和发展的问题，主要包括自然环境破坏和环境污染两个方面。当今的环境问题已经被引入国际关系领域，这是因为环境问题的产生具有跨国界的巨大影响力。因此，环境问题的解决也越来越多地涉及跨国因素，即环境问题需要通过各国政策协调、区域合作、国际机制等途径来加以解决。随着环境问题及其影响作用的日渐突出，其区域性、共同性等重要特征更加明显，从而使域内各国在环境领域产生共同利益，形成紧密的相互依赖关系，这为当前东亚地区环境合作提供了良好契机。

在国际关系理论当中，"合作"一般是指"行为者通过政策协调的过程，不断调整自身的行为，适应他者目前和以后的需要"。[②] 可以看出，合

---

① 董立延、于洋：《东北亚区域环境合作对推动东北振兴的作用》，《社会科学战线》2009年第2期，第81页。

② Helen Milner, "International Relations of Cooperation Among Nation, Strengths and Weakness," *World Politics*, April 1992, pp. 467.

作是一组关系，"这组关系不是建立在压迫或者强迫之上的，而是以成员的共同意志为合法基础的"。① 环境领域合作是指各国针对全球或区域领域的环境问题，通过政策协调，采取一致行动，进行超越国家或地区界限的合作，从而妥善解决环境问题。各行为体在环境问题领域开展合作主要有两个好处：一方面，增加该区域环境政策空间的密度，"形成国际机制的激励因素，在那些紧密的政策空间中要比那些较低的议题密度领域多"。② 紧密的政策空间能够达成更多的环境协议，这有利于环境合作机制建设。另一方面，促进产生环境领域的共同意识，形成和深化共同利益，突显环境合作效益，从而为环境机制建设奠定坚实的基础。同时，随着环境合作逐步增多，可以进一步加深各行为体在环境领域的相互依赖关系。因此，可以使各行为体的相互依赖程度进一步增强，政策密度进一步增加，共同利益进一步深化，从而促进了该领域国际机制的产生和发展。

国际机制是指"一系列围绕行为体的预期所汇聚到的一个特定的国际关系领域而形成的明示或默示的原则、规范、规则和决策程序。原则是指对事实、因果关系和诚实的信仰；规范是指以权利和义务方式确立的行为标准；规则是指对行动的专门规定和禁止；决策程序是指流行的决定和执行集体选择政策的习惯"。③ 在此，一系列的原则、规范、规则和决策程序，进一步限定了行为体特定的行动并禁止其他行动，这有利于推进相关合作。国际机制的产生能够规范行为体的行为，加强政策协调，促进共同利益，进一步深化各行为体之间的合作关系。国际机制的一个重要功能是汇聚各行为体在环境领域的行为预期，提供信息沟通的相关渠道，从而减少信息的不对称。这有利于塑造行为体的利益偏好，协调各行为体的政策和行为。国际机制的功能性能够进一步协调各行为体的政策，从而促进行为体之间形成特定的合作性协议，"被设计出来的合适的制度，能够帮助利己主义者即使在没有霸权国家存在的情况下也能够进行合作"。④ 国际机制还能够建立法律责任模式，提供对称性信息，促进环境领域合作。国际机制虽然不如国内法那

① 〔美〕詹姆斯·多尔蒂、小罗伯特·普法尔茨格拉夫：《争论中的国际关系理论》（第五版），阎学通、陈寒溪等译，世界知识出版社，2003，第543页。
② 〔美〕罗伯特·基欧汉：《霸权之后：世界政治经济中的合作与纷争》，苏长和等译，上海人民出版社，2006，第80页。
③ Stephen D. Krasner, "Structural Cause and Regime Consequences: Regimes As Intervening Variable", *International Organization*, Vol. 36, 1982, pp.186.
④ 〔美〕罗伯特·基欧汉：《霸权之后：世界政治经济中的合作与纷争》，第84页。

样具有效力，但是国际机制类似于"准协议"，有助于规范和组织行为体之间的关系。

从互动机理的角度分析，一方面，国际机制有助于降低各行为体之间的交易成本，增加合作机会，促进环境领域合作。首先，在国际机制的框架之下，各行为体能够就共同面临的环境问题进行多边合作，这大大降低了各行为体之间的交易成本。其次，环境合作机制的建立，使各行为体在环境领域建立了密切联系，断绝这一联系，必然会影响到环境领域的交易成本。其次，国际机制的建立，使得在环境领域合作中各行为体追加议题的成本比没有国际机制的条件更低。另一方面，环境合作有利于环境领域内国际机制的建设和发展，国际机制的功能性有利于环境合作的进一步开展和深入。环境合作机制是通过转变观念，加强国际机制在环境合作领域中功能性的发挥，实现区域内的互利合作，从而实现区域整体的环境利益。环境合作机制能够有效平衡发展与保护之间的矛盾，加强制度约束和互相监督，从而进一步促进环境领域合作。在环境领域中，各行为体面临环境破坏、利益冲突、机制建立等问题，需要协调各行为体在环境领域的相互关系，或者通过"依赖路径"促进环境合作机制的建构。在环境合作机制建设的过程当中，需要进一步完善有关机制的框架和内容，推动各行为体之间的环境合作。同时，也要激发环境合作机制的效能，发挥国际机制在环境领域的积极作用。

四 东北亚环境合作机制的现状评估

20 世纪 90 年代以来，东北亚地区环境问题越来越突出，沙尘暴、海洋污染等问题逐渐成为域内各国的一种共同威胁。东北亚环境合作机制是域内各国促进环境领域合作的重要途径之一，也是改善该区域环境状况，实现东北亚经济社会可持续发展的重要手段。这对于维护该区域稳定、巩固区域关系的意义非常重大。目前，东北亚环境合作机制主要包括以下内容：东北亚地区环境合作会议、东北亚环境合作高官会议、中日韩环境部长会议等会议机制，西北太平洋行动计划、清洁发展机制等双边和多边环境项目合作机制。以下拟从共同利益、依赖路径、机制内容和机制效能四个方面，全面评估东北亚环境合作机制现状。

1. 共同利益评估

共同利益是东北亚环境合作的重要基础，也是环境合作机制建设的基本激励因素。"国际机制的形成取决于共同的或者相互补充的利益的存在，这些利益能够被政治行为者所意识到，从而使共同的生产联合受益的行为是理性的。"① 区域环境问题具有整体特征，其环境问题的治理具有正外部性。同时，国内环境问题具有负外部性，因此，域内国家的环境合作能够对国内环境状况乃至整个区域环境状况产生积极的影响。目前，沙尘暴、酸雨、海洋污染等环境问题严重影响了东北亚各国经济和社会的可持续发展。东北亚地区的多数沙尘暴始于蒙古境内和中蒙边界一带，在向东南方向的传播过程中，严重影响了中国北部、朝鲜半岛和日本列岛等地区。② 东北亚酸雨的频发区主要是中国长江以南、日本和韩国，酸雨主要来源于上述地区化石燃料燃烧产生的二氧化硫。可见，东北亚各国在区域环境问题领域具有明显的共同利益。

东北亚各国在环境合作机制当中有着共同的经济利益。在东北亚环境合作进程当中，发展中国家可以获得大量的资金和技术，发达国家能够在环境合作中获取巨大的经济效益。截至 2009 年初，东北亚地区在 EB 成功注册了 36 个合作项目，这其中，中日 30 个、韩日 4 个、日蒙（蒙古）2 个，每年中韩蒙（蒙古）从合作项目当中分别获得 1.64 亿美元、0.15 亿美元和 336 亿美元的收益，日本则通过上述合作项目获得 1.54 亿 tCO_2e 的温室气体。③ 巨大的经济利益，无疑成为东北亚各国在环境合作过程中共同利益的主要内容。

由于东北亚各国经济社会发展水平的不均衡性，各国对环境问题的关注点有所不同。日本、韩国较好地解决了国内环境问题，更多关心的是区域环境问题；随着中国经济社会的快速发展，中国在东北亚区域环境问题领域发挥了越来越大的作用；俄罗斯、蒙古和朝鲜更多的是关注国内环境问题。东北亚各国在环境合作中的关注点和合作项目的安排顺序上存在不一致性，这严重影响了东北亚各国之间共同利益的塑造和拓展。与此同时，东北亚各国缺乏足够的政治互信，习惯于将他国的发展和强大视为是一种威胁和风险，各国在发展道路和战略模式上往往是互相猜疑，这严重阻碍了东北亚各国在环境领域共同利益的进一步拓展。

2. 依赖路径评估

路径分析是东北亚环境合作机制现状评估的重要内容，也是推进该机制

---

① 〔美〕罗伯特·基欧汉：《霸权之后：世界政治经济中的合作与纷争》，第 79 页。

② 赵光瑞：《东北亚区域环境问题的制度探源与解决对策》，《东北亚论坛》2003 年第 5 期，第 13 页。

③ 《东亚区域环境保护协作的法律分析与展望》，http：//www.bjelf.com/onews.asp? id=914.

建设的重要手段。国际环境合作背景、经济手段互动和政策立场协调是东北亚环境合作机制建设及其发展的重要路径。① 国际环境合作在促进东北亚环境合作机制建设及发展的过程中发挥了重要作用。1972 年，联合国人类环境会议在瑞典斯德哥尔摩召开，标志着国际环境法的初步形成。在此基础上，国际环境合作机制得以不断建立和发展，其惩罚性和服务型的特征能够有效约束各国行为，从而提高国家之间在环境领域的互动程度。国际环境合作机制通过海洋保护、空间环境保护等环境会议和合作项目，不仅提高了东北亚各国的环境合作意识，加强了域内各国的互动程度，还进一步推动了东北亚环境合作向着制度化的方向不断发展。经济手段互动是推进东北亚环境合作机制建设的重要内容。东北亚地区经济互动集中在中日韩三国之间，目前上述三国已经形成了初步的磋商机制，经济相互依赖程度不断增强。中日韩三国经济合作为其环境领域合作提供了坚实基础，经济合作的成功经验能够推动环境领域合作机制的建设和发展。在中日韩三国环境合作的基础之上，逐步加强与俄罗斯、蒙古和朝鲜之间的互动，有利于东北亚环境合作机制的建设和发展。与此同时，东北亚各国之间不断进行的环境政策立场协调，进一步推动了东北亚环境合作的发展，组织和协调了东北亚各国行动，为该领域机制化框架的形成奠定了重要基础。

另一方面，东北亚国家在历史、政治、安全等诸多方面存在着进一步发展的困境，这严重阻碍了东北亚国家在环境领域的合作关系。域内各国的环境外交政策深受政治军事关系、经济发展水平以及国家发展战略等诸多因素的负面影响，导致东北亚各国在环境领域合作政策的互动程度不高，严重阻碍了东北亚环境合作机制的建设和发展。在东北亚环境合作的进程中，中、日、韩三国在环境政策方面的互动较多，俄罗斯、蒙古和朝鲜的政策协调一直较少，这无疑不利于东北亚环境合作机制的整体性建构和推进。

3. 机制建设评估

目前，东北亚地区已经建立了多种区域环境合作机制模式，主要包括东北亚地区环境合作会议、东北亚环境合作高官会议、中日韩环境部长会议等会议机制以及双边和多边环境项目合作机制。东北亚地区环境合作会议是中、日、韩、俄、蒙五国在 1992 年成立的各国环境保护部门政策对话机制，

---

① 段海燕：《东北亚环境合作模式的前景分析与推进路径》，《环境保护》2009 年第 4 期，第 80 页。

主要是以高官论坛形式介绍和交流各国在过去一年环境政策的进展状况，并就有关环境保护主题进行深入研讨。1993 年，中、日、韩、俄、蒙、朝六国召开首次东北亚环境合作高官会议，并以此作为决策机构，对东北亚环境问题进行讨论和协调。东北亚环境合作高官会议是东北亚各国建立综合性区域环境保护合作机构的最初尝试，该会议主要是由各国外长及主管环境工作的部长所组成，目的是支持发展域内各国之间的正式合作。中日韩环境部长会议机制建立于 1999 年，其目标是解决区域环境问题，促进区域可持续发展。中日韩环境部长每年均会举行会议，本着务实、协商的态度，积极开展环境合作项目，进行多领域的合作与对话。清洁发展机制是《京都议定书》为《联合国气候变化框架公约》附件一缔约方规定的有法律约束力的量化温室气体减排指标，它是"一种政府主导型的、双赢的国际环境合作，是以有约束力的国际环境法规为基础并依托于国际市场机制进行的项目合作"。[①] 东北亚地区清洁发展机制在中、日、韩、蒙等国家之间取得了积极进展，成为一种行之有效的市场化运作模式。[②] 此外，东北亚环境合作机制包括西北太平洋行动计划、东亚酸沉降网络以及东北亚各国之间的双边合作机制。上述会议机制以及各种双边和多边环境项目合作机制，对于积极探索东北亚环境合作机制的建构路径、基本框架和主要内容无疑具有十分重要的现实意义。

不过，目前东北亚环境合作机制建设仍然存在较大的不足。首先，东北亚环境合作机制中的合作协定基本上是"软法"，各类合作会议多是采取对话协商方式，这导致东北亚环境合作机制的约束力相对不足，环境领域合作的实质进展一直缓慢。其次，东北亚环境合作机制缺乏有效整合，难以集中域内各国的人力、资源、知识和技术来共同应对环境危机事件。[③] 东北亚地区环境合作会议、东北亚环境合作高官会议和中日韩环境部长会议在合作形式上存在一定程度的重叠，严重影响了东北亚环境合作进程的进一步展开。第三，在东北亚环境合作机制中，中日、中韩等双边环境合作机制已经取得

---

①　佟新华：《基于清洁发展机制的东北亚环境合作》，《吉林大学社会科学学报》2009 年第 3 期，第 74～75 页。

②　赵旭梅：《中日环保合作的市场化运作模式探析》，《东北亚论坛》2007 年第 6 期，第 109 页。

③　蔺雪春：《东北亚区域环境合作机制亟待加强》，《社会观察》2007 年第 1 期，第 42～43 页。

积极成果，但东北亚地区多边性质的环境合作机制大多是一种论坛形式，尤其是东北亚地区环境合作会议和东北亚环境合作高官会议的合作形式较为松散，发挥的作用比较有限。

4. 机制效能评估

东北亚环境合作机制在东亚环境合作中取得了积极效果。1993年，东亚地区建立了"东亚酸沉降网"，该网络在国际监测合作评估东亚地区酸沉降状况，防止国际酸沉降危害等方面发挥了重要作用。在沙尘暴治理领域，2002年中、日、韩三国开始建设沙尘暴共同监测网络，实现相关数据的共享，2005年中、日、韩、蒙四国启动联合治理沙尘暴项目。清洁发展机制在东亚环境合作中的成效比较显著，其是基于市场基础的环境合作，并遵守一整套国际标准和规范。① 清洁发展机制在促进环境技术转移、推动区域环境合作、促进国际资金融资等诸多方面发挥着重要作用。东北亚环境合作机制建设，加强了东北亚国家在环境问题上的进一步理解和沟通，缓解了域内国家在环境问题上的各类矛盾，推动了东北亚环境问题的妥善解决。

东北亚环境合作机制在东北亚环境合作中发挥了重要作用，但仍具有很大的提升空间。首先，东北亚环境合作机制的整合能力、推动环境合作的能力亟待进一步加强。环境问题具有潜在性、跨界型等重要特征，东北亚环境合作机制在整合域内各国知识、技术、人力等各个方面具有很大的提升空间。以东北亚环境合作机制的整合为基础，可以推动东北亚环境合作进一步发展。其次，东北亚环境合作机制在应对突发性跨国环境事件上的能力相对较弱。在东北亚环境合作机制中，相关协定和行动计划更多是关注域内常规性质的环境问题，在处理跨国环境事件，快速动员多边力量联合行动等方面的能力亟待进一步的提升。与此同时，东北亚环境合作机制缺乏针对环境事件的联合应急政策预案，在立法、计划、应急措施等多个方面的发展不足。

东北亚地区在地理上和生态上存在密切联系。由于东北亚区域环境状况趋于恶化，建立健全的环境合作机制成为深化东北亚环境合作的内在要求。东北亚环境合作机制有助于解决东北亚地区环境问题，进一步加强环境合作的机制化建设，推动东北亚环境合作进程。总体来看，东北亚地区的合作逐

---

① 郑照宁、刘德顺：《清洁发展机制：一种新的国际合作机制》，《节能与环保》2003年第4期，第11~13页。

步增多，环境领域合作越来越活跃，多边环境合作正在不断走向务实层面。[①] 然而，东北亚环境合作机制建设尚处于起步阶段，环境合作机制仍需长期有效的建设和完善，共同利益有待持续深化，依赖路径急需进一步顺畅，机制自身面临有效整合，机制效能需要尽快提升。

五 推动东亚环境合作机制建设的思考

环境合作机制旨在通过制度安排在环境领域内实现一定程度的区域合作。"制度可以通过规制行为者的行为减少不确定性、限制信息的不对称性并形成稳定的预期，从而减少冲突，加强合作，实现共同利益。"[②] 东亚环境合作机制在推动东亚环境合作，解决东亚环境问题中发挥了重要作用。此外，东亚环境合作机制有助于加强东亚作为整体在世界环境论坛中的应有地位。东亚环境合作机制建设，应当以东亚各国在环境领域的共同利益为基础，理顺域内各国在环境合作方面的各条路径，完善东亚环境合作机制，切实发挥相关机制的效能作用。

1. 深化东亚各国环境领域的共同利益

共同利益是东亚环境合作机制建设的重要基础。首先，加强东亚各国的共有环境意识，深化共同利益。东亚地区存在着沙尘暴、海洋污染等众多区域环境问题，严重危害着域内各国经济和社会的可持续发展。为此，应当增强域内各国的环境共同体意识和责任意识。其次，密切东亚各国之间的多领域、多层次交往。受历史因素和现实因素的影响，东亚各国之间一直存在互信不足的状况。加强东亚各国在政治、经济、文化等各个领域的交流，能够增进东亚各国之间的沟通和理解，进一步深化各国之间的共同利益。第三，发挥环境合作的经济效应，深化东亚各国在环境领域的共同利益。东亚各国在环境领域的相关合作，不仅促进了东亚各国之间的经济联系和社会发展，还促进了东亚地区环境产业和环境市场的持续发展，并为逐步实现东亚地区资源与经济优势互补的区域经济一体化铺平了道路。[③] 此外，东亚区域环境

① M. Shamsul Huque, "Environmental Security in East Asia", *Journal of Strategic Studies*, Vol. 24. No. 4, 2001, pp. 203 – 234.

② 于宏源：《国际机制中的利益驱动与公共政策协调》，《复旦学报》（社会科学版）2006 年第 3 期，第 51～53 页。

③ 董立延、于洋：《东北亚区域环境合作对推动东北振兴的作用》，《社会科学战线》2009 年第 2 期，第 82 页。

合作还能够推动域内各国经济结构和增长方式的良性转变，发展生态经济，促进社会持续健康发展。

2. 理顺东亚各国环境合作的依赖路径

东亚环境合作的依赖路径建设，首先应充分利用国际环境合作的大背景。20世纪90年代以来，国际环境合作运动蓬勃发展。1992年6月，联合国环境与发展大会召开，环境合作的重要性进一步提升。国际环境合作的有利形势，无疑成为推动东亚环境合作的重要外力。东亚各国应当充分利用国际环境合作的大背景，进一步提高东亚各国的环境意识，在联合国环境与发展大会的推动之下，积极寻求合作路径，推动东亚环境合作机制的建设和发展。其次，运用经济手段，推动东亚各国在环境领域的互动。中、日、韩三国在东亚合作中发挥着重要作用，三国在经济上已经形成了紧密的相互依赖关系。"经济手段促动环境合作的制度化发展在中日韩的合作中成为可能，可以在自由贸易的基础上灵活运用经济手段互相促动环境合作的进行，实现中日韩三国的环境合作制度化"。① 并在中、日、韩三国环境政策互动的情况之下，进一步加强与俄罗斯、蒙古和朝鲜的环境政策互动，实现东北亚区域内的环境合作。第三，积极促进东亚各国的环境政策协调。"对外环境政策是国家处理和调整有关国际环境问题领域的具体原则界限，是国家推动环境外交、维护环境权益、促进环境发展事业的重要手段。"② 政策协调是环境合作机制建设的重要途径之一。东亚各国应当在环境共同利益的基础之上，充分实现域内各国外交政策的沟通与协调，从而进一步理顺东亚环境合作的依赖路径。

3. 完善东亚环境合作机制的框架和内容

东亚环境合作机制的框架和内容的完善与发展，是东亚环境合作机制建设的核心内容。首先，东亚环境合作机制应当在中日韩环境部长会议的基础之上，整合东亚环境合作会议、东北亚环境合作高官会议等区域会议机制，建构东亚环境合作机制的新框架。中日韩环境部长会议虽然起步时间较晚，但是三国在跨界污染、沙尘暴、酸雨、海洋污染等环境问题的许多方面开展了合作与对话，取得了切实效果，这成为东亚区域环境合作的重要机制和主

---

① 段海燕：《东北亚环境合作模式的前景分析与推进路径》，《环境保护》2009年第4期，第80页。

② 元东郁：《中、日、韩三国对外环境政策与东北亚环境合作》，《世界经济与政治论坛》2002年第2期，第70页。

要推动力量，东亚环境合作机制建设应当在中、日、韩三国环境合作机制的基础之上，积极整合其他环境合作会议机制，这有利于区域环境决策和环境政策的形成与发展。第二，建立常设性工作小组和临时性联合应急行动小组，进一步丰富东亚环境合作机制的框架及内容。目前，东亚环境合作机制以会议形式为主，缺乏稳定的、强有力的组织机构。常设性工作小组作为具体开展东亚环境合作的组织机构，能够为东亚环境合作机制提供机构保障。联合应急行动小组是处理跨国环境事件的重要组织，其成员应当包括东亚各国环境部门的官员代表、科技专家、环境 NGO 代表。"环境部官员可以充当资源调度人，科技专家则提供知识及技术方案，环境 NGO 代表则可以监察事件处理过程，充当公共关系发言人，凝聚社会支持。"① 相对于常设性工作小组，联合应急性工作小组应当采取更加灵活的形式，并可以随着环境问题状况变动小组成员。

应当说，国际机制与环境合作存在相互促进的关系，环境合作有利于环境领域内国际机制的建设和发展，国际机制有利于环境合作的进一步深入发展。在东亚地区，诸如沙尘暴、大气污染、海洋污染等一系列棘手的环境问题，已经严重影响到域内各国经济和社会的可持续发展。加强环境领域合作是妥善解决东亚环境问题的唯一有效途径。东亚环境合作机制是维护东亚环境合作的重要工具之一，是推动东亚环境合作发展的重要途径。东亚环境合作机制不仅是东亚环境合作的重要制度保障，也能够为域内各国在军事、安全、政治等诸多领域合作及其机制化建设提供宝贵的经验和借鉴意义。东亚环境合作机制是东亚合作的重要内容，东亚环境合作深度和广度的进一步增强，能够进一步推动东亚合作及相关机制建设，这对塑造东亚经济圈在全球经济中的应有地位和作用，无疑具有十分重要的现实意义。

六　中国的东亚环境安全战略：原则与路径

随着综合国力的不断提升，中国已经成为东亚地区举足轻重的重要国家，大多数环境问题缺少中国的有效参与是根本无法得到解决的。不过，中国作为发展中大国，目前所面临的最大问题仍然是经济发展，环境保护尤其是承担地区性环境保护责任还处于次要的位置。另外，一些发达国家以环境保护、共同治理等理由，对华设置贸易技术壁垒甚至是无端干涉中国内政等

---

① 谢晓光：《东北亚区域环境合作及前景展望》，《兰州学刊》2010 年第 4 期，第 20 页。

情况并未完全杜绝。因此，中国积极参与东亚环境安全合作需有自己的战略和原则，需要沿着自己的路径与方法稳步推进。

（一）双边与多边结合，推动地区环境合作制度化建设

东亚环境问题的多样性以及域内国家环境目标的差异性，使得今后一段时期内东亚环境合作仍将是以次区域合作和双边合作为主。[①] 以中日环境合作为例，自 1977 年日本环境代表团访华逐渐拉开中日环境合作的序幕以来，历经 30 余年的不懈努力，两国在环境领域的交流与合作取得了较为丰硕的成果。比如：建立了中日友好环境保护中心、中日环境合作综合论坛等运行良好、作用显著的双边合作机制。此外，日方对中方提供了一定程度的环境资金援助，双方并进行了一定规模的环境技术合作。可以说，中日两国在环境领域的合作已经超出互利互惠的双赢状态。作为东亚地区最有影响力的两个大国，中日两国在解决环境安全问题上的积极合作，无疑会产生良好的示范效应，从而为域内国家开展进一步的合作奠定坚实基础。不过，如前所述，环境安全属于区域公共产品，建立稳定的、具有一定约束力的维护东亚环境安全的多边制度乃是大势所趋。

当前，东亚环境安全合作具有两大特征：一是棘手问题较多，合作刻不容缓；二是利益格局错综复杂，协调行动难度很大。在这种情况之下，通过 APEC 等软性机制，不断加强环境信息的交流以及环境问题的协商，是促动东亚环境合作从非制度化走向制度化的一条正途。[②] 中、日、韩三国因综合实力和在次区域环境合作中的相对优势地位，无疑在东亚地区环境问题的解决、环境安全合作机制的建设过程中发挥着积极的领导作用。不过，由于历史问题的心结，现实利益的争夺，上述三国一直无法达成谅解、携手合作发挥主导作用的良性局面。为此，应当借助"东盟 10 + 3"机制，在制度化合作和利益相对平衡的基础之上，稳妥解决环境安全合作中的领导权难题。另外，东亚国家应当逐步建立针对具体问题领域的具有约束性和干预性的地区环境安全合作框架。以跨境环境污染问题为例，由于污染源国家的不正当环境行为而给域内其他国家造成严重损失，污染物产生国应当承担一定的经济和法律责任。因此，"建设性干预行为"非常必要。由于环境问题的解决与

---

① 郭庆、李秋霞：《东亚经济一体化中的环境合作》，《生产力研究》2006 年第 5 期，第 157 页。

② 韩彩珍：《东北亚地区合作的制度分析》，中国经济出版社，2008，第 35 页。

经济增长的直接相关性，域内国家除了严格执行自行制定的环境政策及标准之外，联合制定硬性的约束性指标也十分必要，这样才能向着达成地区性环境安全领域的共识性协议不断加快迈进。

（二）官方与民间并举，实现地区环保意识的全民普及

当前，东亚环境安全合作的症结与难点，从一个侧面印证了"观念"和"意识"的重要性。近年来，东亚环境领域热点问题频发，突发性环境灾难不时出现，这些成为该地区未来发展的重大变数与安全风险。这使得东亚国家无论是政治领导人还是普通民众，都已经深刻认识到在环保领域协调行动，增强意识的重要性。在东亚环境安全合作的进程中，民间力量所发挥的"第二轨道"作用是不容忽视的。它可以促进域内国家的相互了解和不断信任，并为各国政府的理性决策提供良好的政策依据。[①] 实现官方与民间的双轨结合及优势互补，必然会对东亚环境安全合作的有效展开，域内民众环保意识的提升等产生积极作用。

其一，采取环境与经济相挂钩的政策，鼓励东亚民间力量积极开展环境产业合作。这不仅可以培育起共同市场以及共同需求，还能够增强域内各国在环保领域的相互依存性。比如：在地区范围内，构建环境产业开发以及实用化的综合援助体系。环境产业作为资本集约型产业，在创建之初需要各国政府的有力政策扶助和资金支持，但是，环境保护技术的实用化和普及化始终无法通过各国政府的努力而完全实现。只有通过民间力量的不断促动，进一步加强环境保护技术的交流及转让，努力提高环境保护技术资源的利用率，持续提升地区性环境保护共同体意识，才能够最终达到东亚环境安全合作的根本目的。

其二，加快域内各国及地区性环境保护领域的非政府组织建设。环境安全作为非传统安全的重要部分具有一定的特殊性，这其中非政府组织往往比政府部门更易有所作为。借助全球网络力量，非政府组织能够给主权国家施加更大的压力，从而获得比以往更大的发言权和参与决策权。[②] 其实，中、日、韩三国在环境领域的非政府组织已经有了较长时间的发展并渐趋成熟。以日本为例，其环境领域的非政府组织已经遍布国内各地且数量庞大，其中

---

① 刘少华、陶俊：《后冷战时期东亚非传统安全合作探析》，《湖南大学学报》（社会科学版）2009 年第 3 期，第 131 页。

② 单晓竹：《非政府组织在环境保护中的作用》，吉林大学硕士学位论文，2008，第 31～32 页。

规模较大者的成员数量达到万人以上。可以说，环境领域的每一个非政府组织，均在不同程度上表达着社会公众迫切的环保呼声，监督着本国政府的环境政策实施、各类企业的污染行为等，并传播着环境保护知识、低碳的生活方式，以此促进地区性、全球性的环境保护活动。与此相应，地区性环境领域非政府组织的联合行动，已经在东亚地区初具规模且发展势头看好。早在1998 年，韩国就设立了"东亚森林论坛"。作为一个地区性非政府环保组织网络，其在保护东亚地区森林资源方面贡献着自己的力量。历经 10 余年的不断发展，中、日、韩三国已经建立诸如"东亚环境安全信息网络"等多个地区性环境领域非政府组织的联合体，共同推动和加强了地区环境保护方面的信息交流与协调行动。这些非政府组织作为该地区环境安全合作的中介与桥梁，有效弥补了国家合作、政府间国际组织在该领域当中的先天不足与后天缺位，已经成为东亚环境安全合作体系中不可或缺的重要部分。

东亚地缘文化环境变化

第九章

日本社会意识的危机转向与冷战后中日安全关系变迁

　　冷战结束以后尤其是从 1993 年开始，中日安全关系发生了显著变化。起初，日本新政府（第一届非自民党政府）就增加军事透明度问题向中国方面一再强施压力，中日安全领域的矛盾不断显现。之后出现的日本首相和内阁大臣参拜靖国神社、修改教科书等一系列的棘手事件，在中国国内掀起了强烈的反日游行与签名活动。中日关系陷入所谓的"政冷经热"阶段，随后蜕变到"政冷经冷"阶段。我国学者大多数认为，调控冷战后中日安全关系变迁的枢纽是"历史镜像"与"现实映像"交织形成的所谓的"安全困境"，安全问题是影响当前中日关系发展的敏感神经。换言之，"安全困境"是导致冷战后中日关系出现重大变化的根源所在。也有学者认为，日本社会的政治保守化、右倾化，从而导致其一味地采取对华强硬政策，中日关系由此日趋恶化。不过，笼统地将这一问题的症结归咎于以上方面，不仅难以认清冷战后中日安全关系的复杂变化历程，还会使一些问题更加的复杂化和微妙化。破解中日安全关系的难题，不仅需要重新认识"安全困境"概念并使之细致化，还需要从社会心理学的角度，全面透视冷战后日本国内社会的诸多变化。由于中日关系的不确定性有所增强，特别是日本国内的社会变迁导致其国民的恐惧危机意识进一步加剧，使得日本的自我中心定位意识显著加强，这为"虚幻的安全困境"提供了发挥作用的巨大空间。可持续地改善中日安全关系，就要揭开弥散在两国之间的"安全困境面纱"，其关键节点是有效弱化日本国内的恐惧危机意识，实现其政治保守化和右倾化的社会转向。

一 "安全困境"概念的再认识

对"安全困境"这一概念的理解，学术界大多数是从体系、单元、个体等层次进行研究和分析。从体系层次来探求"安全困境"这一概念的代表人物有约翰·赫兹和肯尼思·沃尔兹等人。约翰·赫兹认为，安全困境的重要根源是国际体系的"无政府状态"。肯尼思·沃尔兹指出，"在无政府状态下，一方聊以自慰的源泉是另一方的忧患之源"。① 杰克·史奈德从单元层次来理解"安全困境"这一概念，他将"安全困境"视为"国家引导型安全困境"，每个国家相信其安全需要以别国的不安全为代价。② 从个体层次来思考"安全困境"这一概念的学者依据视角的不同分为两派：一派是以赫伯特·巴特菲尔德和汉斯·摩根索的"人性论"为代表；另一派是以托马斯·谢林和罗伯特·杰维斯的"心理论"为代表。赫伯特·巴特菲尔德认为，人性之恶导致人们钩心斗角，由此国家安全越来越趋于恶化；汉斯·摩根索认为，政治根植于人性恶当中，人性驱使国家为寻求安全而不择手段，以权力斗争来实现生存意志，而权力在现实主义的视野当中主要是军事力量，这无疑会触及国家安全的最敏感神经，从而诱发安全困境。与"人性论"者比较先验的判断有所不同，"心理论"者从更加微观的互动角度来考察"安全困境"的缘起及因由。托马斯·谢林强调，互不信任和沟通失败是造成安全困境的主要原因所在，"囚徒困境"是其中的经典性解释。罗伯特·杰维斯强调，国家关系当中的"知觉"（perception）和"错误知觉"（misperception）将导致一系列的认知问题，从而影响到国家政策选择，由此可以认识到安全困境是怎样通过双方相互加强的误解而变成不可收拾的地步。③

实际上，从上述三个层次来理解"安全困境"这一概念，均存在一定程度的缺陷。首先，从体系层次而言，承认"无政府状态"是国际体系特

---

① 〔美〕肯尼思·沃尔兹：《国际政治理论》，胡少华、王红缨译，中国人民公安大学出版社，1992，第5页。

② Jack L. Snyder, "Perceptions of the Security Dilemma in 1914", in Robert Jervis、Richard Ned Lebow、Janice Gross Stein（eds.）, *Psychology and Deterrence*, Baltimore：The John Hopkins University Press，1985，p. 153.

③ 〔美〕罗伯特·杰维斯：《国际政治中的知觉与错误知觉》，秦亚青译，世界知识出版社，2003，第68页。

征，其实无法推导出安全困境。如果国际体系的"无政府状态"可以决定安全困境，又怎能有和平与战争之区分呢？不同的地区、国家之间的安全关系，为何会呈现出巨大的差异性呢？在自助的"无政府状态"当中，安全关系是否是"零和"关系呢？结构性的安全困境是否真实存在呢？这一系列的问题是体系层次的"安全困境"所无法完全解答的。其次，从单元层次而言，国家间战略的互动并非是显而易见的，所谓的"国家引导型安全困境"，不能够将国家暗箱化操作，对国家的战略选择分析必须回归到决策层面。最后，从个体层次而言，以"人性论"作为社会科学的理论逻辑起点，这本身就是值得商榷的。它忽视了人的自然性与社会性，更忽视了自然状态这一虚假的前提条件。"人性恶"塑造了国家间的角色差异，国家的互动使得现实主义的无政府逻辑演变成国家之间互存敌意、互为敌人的无政府文化，① 从而将安全困境变成了"自我实现的预言"。从人的心理角度来分析安全困境的构成，忽视了人的心理动态变化与反常行为，致使这一分析始终无法理论化。不过，"心理论"者触及了"安全困境"这一概念的实质所在，即安全困境在本质上是一种主观性的心理恐惧感。在所谓的"霍布斯恐惧"的恒定因素的诱导之下，主观的恐惧支配了客观的安全战略，"自我实现的预言"形成螺旋式的安全互动关系，由此"虚幻的安全困境"变成了现实的安全问题。

归根结底，安全困境是一种虚幻的心理阴影，在无政府状态之下，国家追求安全满足的一系列安全战略的互动，导致这种心理阴影成为现实的梦魇。安全困境总是与恐惧相伴，人的心理因素总会导致在现实与感受之间出现某种不相容状况，从而导致所谓的安全困境局面。肯尼思·博丁指出，存在两者截然不同的不相容现象：一种是真实的"不相容"现象，即两种关于未来的图像，实现一种必然导致另一种的无法实现；另一种是"虚幻"的不相容现象，即实际上是存在相容条件的，但是双方所处情景及双方具有的幻象，导致一种反向与误解动力的情景。如此，日益增强的敌意，只不过是双方互动的结果而已，并非是双方根本利益的冲突所致。② 如果说冷战结束后中日关系恶化是"安全困境"

---

① 〔美〕亚历山大·温特：《国际政治的社会理论》，秦亚青译，上海人民出版社，2000，译者前言，第 26 页。

② Kenneth Boulding, "National Images and International Systems," *Journal of Conflict Resolution* 3 (June 1959), p. 130.

使然，那也是一种"虚幻的安全困境"，即虚幻的不相容安全困境。当前，中日两国并不存在根本利益上的冲突，相反，两国在发展经济、维护地区稳定与发展、促进世界安全等多个方面，具有重大的共同利益。日本政府多次在《外交白皮书》当中强调，需要一个自由稳定的地区与世界。中国始终奉行"睦邻友好"的外交政策，并提出"和谐世界"理念。但是，这一切无法解释当前中日关系的逐渐冷淡状况，从而说明现实政策与彼此直觉之间出现了错误的符号互动。近代以来，中日两国的交恶历史酿成双方的安全敌对意识十分强烈，这种潜意识在现实危机的激化之下，将会产生极大的负面效应。中日之间存在的只是一种"虚幻的安全困境"，其实是两国处于转型时期，社会结构变迁与社会意识剧变的必然结果。"虚幻的安全困境"会在行为主体的恶性互动之下不断激化，从而影响到中日安全关系变迁。

二 日本的社会变迁与社会意识的危机转向

二战结束后，美国出于整治日本军国主义以及全球战略的现实需要，对日本提供安全保障，使日本在"吉田茂主义"的引导之下实现了贸易国的迅速崛起。期间，日本的中产阶级不断壮大和发展，20世纪70年代出现"一亿中流"的现象。这一时期，日本的社会意识主要是由和平主义、集团主义所支撑。伴随着日本经济社会的不断发展，日本国内出现一股强烈的大国情绪思潮，日本民众在政界、媒体的引导之下，不断掀起大国狂热情结。随后的"泡沫经济"覆灭给日本以沉重一击，经济的长期不景气，导致了日本的社会变迁与社会意识转向。

"泡沫经济"对日本社会的各个方面带来了冲击，首当其冲的是日本国内出现了政治反感现象。经济的长期不景气，导致日本政治的持续动荡。"五五体制"的正式终结，标志日本的政治走向存在着许多的不确定性因素，也将导致其外交政策失去延续性。面对"泡沫经济"的逐步崩溃，日本政府、企业界不断掀起一系列以西方自由市场为导向的改革运动。这些改革破坏了日本长期实行的终身雇佣制，也冲击着日本传统文化的集团归属感，个人主义在日本开始大行其道，这显示了日本传统社会的危机状况。曾经长期影响日本国民的"和魂"精神不再，与个人主义发展相伴随的是个人的孤独感持续加强。大量的人在没有希望的经济前景压力之下陷入"精神失常"状态却始终无法得到别人的有力帮助，这导致冷战后日本国内的自杀率一直居高不下。盛行的个人主义其实缺乏日本传统思想的积极指导，这使得青年一代的价值观念不断迷失，其出现意识形态色彩的"主义的彻底消失"现象。此外，日本的社会犯罪率也不断上升，特别是青少年犯罪快速增长，随之而来的是学校暴力事件与邪教活动的层出不穷。负面报道大量充斥媒体报端，日本民众看不到未来的发展希望，悲观失望就成为日本社会的一种主流心态，由此恐惧之情不断累加。

冷战结束后，日本的社会团体力量不断萎缩，人们的团体意识有所下降。大量的工会与社会团体组织解散，日本民众已经失去了能够相信的对象。在经济危机的长期强力冲击之下，日本的大多数企业开始废除传统的终身雇佣制，转而推行契约工人、派遣工人。在全球化与长期经济低迷的情况之下，日本工人面临着要么失业、要么接受不公平工资的尴尬选择。日本工会已经对工人没有吸引力，以工会为基石的左翼政党不断衰弱，从而使选票大量流向保守新党，导致其失去了对日本右翼势力的有效制衡能力。日本民众对重要公共机构的参与热情也全面下降，受此影响的是日本民众不再信任公共权威。1995 年阪神大地震发生之后，日本民众对政府的烦琐程序、低效的危机管理感到非常愤怒，同时也反思如何实现互助与自救。

社区是日本社会的重要组成单元之一，它继承了前工业社会时期的日本乡村精神，凝聚在"和魂"精神的基础之上。不过，在冷战结束后国内外动荡形势的不断影响之下，日本社区的凝聚力不断下降，社区犯罪率的不断上升，使得社区隔阂显著增加。近年来，日本的青少年犯罪率不断增加是一个棘手问题。1995 年的"地铁沙林事件"，2000 年的"劫持公共汽车事件""新宿投掷炸弹事件"的主角均是青少年。从 1995 年起，日本的凶杀破案率从 91% 急速下降到 2000 年的 68%。① 日本民众对社会治安状况恶化感到非常不满，很多受害者采取不报案的行为，警民之间、社区之间的信任度不断下降。另外，日本经济的长期萧条，导致日本人的社区意识和团体意识不断弱化。社区与团体活动量的日趋减少，使人与人之间的相互联系减少，对彼此的了解大不如从前。在一个信任感不断丧失的社区、国家，整个社会将弥漫着一种互不信任的气息，这将直接影响到一国的外交政策，导致其与别国的交往中的自我中心定位持续加强。

---

① 张广宇：《冷战后日本的新保守主义与政治右倾化》，北京大学出版社，2005，第 54 页。

二战结束后，日本越来越走向了"荷兰化"，其经济的不断发展推动了城市化与现代化，社会变迁发生的同时，其社会意识也发生了转向，这些深刻影响着日本内政外交的选择及走向。外交是内政的延续。日本国内社会意识的危机转向，导致其外交的不信任定势、自我中心、保守化因素等进一步显著增强，这造就了当前中日安全关系的诸多难题。

三 危机的社会意识与中日"虚幻的安全困境"

"虚幻的安全困境"可以通过一系列的战略螺旋互动过程而自我实现，同样会影响到国家安全关系建构。冷战结束后，日本社会出现了政治冷漠化、个人主义盛行、团体意识衰落等不良现象，这导致日本社会意识出现危机转向、恐惧感、不信任感在日本社会弥漫扩散，右倾化激进活动大量兴起。各类媒体推波助澜下，日本国内政治出现了保守化、右倾化趋势。对中日安全关系而言，日本对中国的不信任感加强并将其视为潜在的威胁，对华战略当中的"自我中心定位"趋势不断加强，从而导致日本将对中国的政策行为判断均归为潜在的敌手之列，以达到所谓的认知平衡。这种趋势在信息化、全球化、民主化的时代，影响更为深远，"虚幻的安全困境"开始发挥持续的负面作用并严重影响到中日安全关系的建构。

冷战结束后，日本遭遇政治与经济的"双重泡沫"打击，日本社会陷入"社会疲劳综合征"中而难以自拔，"缺乏安全感"的社会呼声不绝于耳。于是，日本保守势力故技重施，大肆宣扬"中国威胁论""中国报复论"。由于日本人之间存在强烈的"圈子现象"，极易受到周边事务的影响和作用。当保守的右翼极端言论成为其周边的主导声音之时，他们极易相信这种情形是极有可能的，即中国变成日本的潜在安全威胁，由此开始形成中日之间的"虚幻的安全困境"。

"虚幻的安全困境"因"不安"而启动，这种"不安"更多的是源自一种"心理错觉"。一般而言，"不安"除了真实的危险面临眼前以外，更多的是一种心理感知，是对未来的不确定感，是社会焦虑的一种简单化处理。即相信权威、相信多数，不再对事情做认真细致的考虑。也就是起初这种不确定感受，最后变成许多人成为受害者的自信者断言。海德认为，人们之间的知觉，不仅涉及知觉是一个社会刺激，还涉及因果归因，评价其目标和价值；人们是主动的、参与的，对事件进行整体性的经验提炼。① 而大多数日本人把这种归因交给了国内保守派势力，社会刺激也被保守派势力所操控。日本的保守势力以自己的视角来看待中国的政策行为，其不遗余力地将中国的各类行为纳入敌意定势当中，中国成为其心目中的"不可信任者"与"潜在的敌人"。不信任是造成"虚幻的安全困境"的主要因素之一，当前日本民间存在对中国极大的不信任，对中国的亲近感不断下降。2005 年 10 月，日本总理府的一项舆论调查显示，日本民众认为中日关系不好的占 71.2%，对中国"没有好感或不大有好感"的占 63.4%。② 如果这种不信任长期发展下去，极有可能形成"霍布斯式"的无政府文化，敌意将会主导中日两国的政策互动，"虚幻的安全困境"作用将不断加强。

日本民众的对华认知为何会发生如此大的变化呢？除了日本的民族心理文化特征、冷战后的社会意识危机转向、保守势力的摇旗呐喊之外，日本的各类媒体负有不可推卸的责任。媒体号称是"第四种权力"。日本的媒体十分发达，其报纸发行量多年来位居世界第一位，平均每个家庭拥有一份以上的报纸，足见媒体对日本民众生活的深刻影响。日本五大报纸——《读卖新闻》《朝日新闻》《每日新闻》《日本经济新闻》与《产经新闻》如同日本政府的喉舌一样，其中《产经新闻》与《读卖新闻》具有右翼化倾向。这五大媒体左右着日本的舆论导向，其在对华的负面报道上保持着高度的一致性。比如，2008 年初的"毒饺子事件"报道上，五大媒体体现了惊人的一致性，其报道中充斥着"健康被害""被害人数剧增""不透明事情""不满"等情绪化的字眼，③ 缺少对该事件的理性报道。在 2002 年的"沈阳领事馆事件"、2004 年的"亚洲杯球迷事件"、2010 年的"钓鱼岛撞船事件"中，日本媒体也是卖力地丑化中国政府。

日本政府通过记者俱乐部向广大记者提供各种信息，以此掌控舆论导向。日本各大媒体也是极力配合，小媒体的不同之音被淹没在主导媒体集中性的报道洪流当中。伴随着冷战结束后日本保守势力的急速抬头，日本政府

① 郑全全：《社会认知心理学》，浙江教育出版社，2008，第 10 页。
② 刘江永：《中国与日本：变化中的"政冷经热关系"》，人民出版社，2007，第 572～574 页。
③ 于雯婷：《从"毒饺子事件"看日本媒体的舆论导向》，《新闻记者》2008 年第 5 期，第 17 页。

对媒体的控制力度也有所加强。这造成日本媒体的监督作用有所下降。日本的主流媒体大多喜好对华负面报道，善于丑化中国形象，大肆宣扬"中国威胁论""中国报复论""中国崩溃论"。据统计，日本媒体对中国的报道主要集中在三个方面：一是受欧、美等西方国家对中国报道的相关影响，无视中国国情，以批判的态度报道人权、民主化滞后、少数民族等内政问题，宣扬中国体制落后、陈旧；二是热衷于报道与中国台湾问题相关的军事题材和内容，大肆宣传来自中国大陆的安全威胁信息；三是忽视改革开放带来的中国经济社会各方面的改善与变化，而主要报道负面问题。[①] 在全球化、信息化的新时代，日本媒体的这些报道很快被中国民众所感知，从而导致中国青少年对日本的总体印象趋于恶化，中日两国的社会认知陷入困境中。由此，中日之间"虚幻的安全困境"不断运转起来。

如前所述，冷战结束后，日本面临政治与经济的"双重泡沫崩溃"的打击，这导致日本国民的社会意识发生了危机转向，出现政治冷漠化、个人主义与集团意识弱化等不良现象。日本社会出现悲观、恐惧、危机等压抑气氛，内外的变动进一步强化了对中日关系尤其是安全关系的不确定性看法与忧虑。中国的强势崛起与日本的持续低迷形成了巨大的反差，严重的心理失衡，使日本右翼分子大肆宣扬"中国威胁论"和"中国报复论"。这些右翼势力趁机不断加强力量储备，广泛利用媒体与日本民众的跟风、依赖心理，采取一些极端行动与扩散不实言论，不断丑化中国政府及社会。受右翼力量主导的日本媒体的负面舆论导向，致使日本国民对华亲近感不断下降，不信任感持续加强。当前，中日关系发展中存在许多的悖论，但是，这不表明两国关系中存在"体系引导型安全困境"或是"国家引导型安全困境"，而是一种"虚幻的安全困境"。由于冷战结束后日本社会的总体保守化以及日本保守政府操控舆论导向，致使日本民众对华感情恶化而产生一定程度的认知偏差，致使"虚幻的安全困境"运作起来并时有发作，从而造成当前的中日安全关系难题与中日政治关系的持续冷淡。

---

① 转引自鲁义《中日关系现状与两国媒体的作用》，《日本研究》2006 年第 1 期，第 22 页。

第十章

韩国民族主义对中韩关系的
现实影响及其对策思考

近年来，中韩两国围绕渔业纠纷问题发生了多次激烈摩擦，苏岩礁问题也受到关注。尤其是 2011 年 11 月以来，韩国有关方面强力围捕"非法捕捞"的中国渔船。仅当年 11 月 16 日和 17 日两天，韩国海警就连续逮捕"非法捕捞"的中国渔船多达 26 艘，被拘留的中国渔民数目不详。对此，韩国主要媒体非但没有予以客观的报道和理性的分析，反而是肆意煽风和持续点火。它们对中国渔民予以讽刺和嘲弄的同时，还刻意炫耀韩国海警所谓的"围捕战果"，大肆炒作"韩国应当效仿日本，强硬对待中国渔民越境捕鱼"等偏激言论和强硬举措。这种持续散布错误信息的做法，非但不能够妥善解决相关问题，反而极易造成中韩两国民间的误解加深甚至是矛盾激化。这从一个侧面反映了当前韩国民族主义不断抬头之势，已经对中韩关系发展造成了负面影响和现实冲击。

民族主义在韩国作为一股势力强大的社会思潮，曾经对其经济腾飞、创造"汉江奇迹"起到了巨大的助推作用。① 不过，近年来韩国民族主义的负面影响不时凸显并时有发作，这成为影响中韩关系可持续发展的一种潜在的不稳定因素。特别是当前中韩两国在一些历史问题、海洋专属经济区划分问题、遣返"脱北者"问题上存在一定的争议。这些争议在韩国国内极易受到民族主义情绪的左右，进而造成韩国民众对中国的负面印象，引发中韩两

---

① 王俊秀：《韩国人靠什么再创"汉江奇迹"》，《中国青年报》2009 年 8 月 2 日。

国民间情感的对立，最终不利于中韩两国关系中民意基础的持续建构。对此，如果不予以足够重视和有效控制，势必对中韩战略合作伙伴关系产生极为不利的影响。

一　当前韩国民族主义的表现及特点

从学理的角度而言，"民族主义"这一概念较之于"民族"更难以界定。英国民族学家安东尼·史密斯认为："民族主义是一种意识形态运动，目的在于为一个社会群体谋取和维持自治及个性，他们中的某些成员期望民族主义能够形成一个事实上的或潜在的民族。"① 我国著名政治学家王惠岩认为："民族主义是一种观察、处理和解决民族问题的纲领与原则。它作为一种思想观点和价值取向早在资本主义产生以前就已存在。"② 徐迅认为："民族主义是对一个民族的忠诚和奉献，特别是指一种特定的民族意识，即认为自己的民族比其他民族优越，特别强调促进和提高本民族文化和本民族利益，以对抗其他民族的文化和利益。"③ 可以看出，民族主义是一个历史性的概念，它有着十分丰富的内涵。民族主义这一概念，既涵盖了意识形态层面，包含情感意识、指导纲领、理论原则等基本内容，又涵盖了社会实践层面，涉及行为方式、社会运动、政治运动等多个方面。

准确把握韩国民族主义发展，既要考虑民族主义理念的普遍性，又要考虑作为客观事实的韩国民族主义自身的特殊性。韩国民族主义的产生和发展，呈现出与其国内问题和外在问题相互关联和影响的重要特点，具有综合性。近代韩国民族主义是一种在反殖、反帝的基础之上，争取民族独立、实现国家统一的进步思潮和社会运动。除现代化的不断推动以外，当前新一波韩国民族主义的兴起，主要源自三个方面：转型与断裂社会的滋生、民主化推动之下的政治诉求，以及民众思想整合的现实需要。④

民族主义是一把"双刃剑"，它对韩国政治、经济、社会发展产生了积

① 王联：《世界民族主义论》，北京大学出版社，2002，第17页。
② 王惠岩：《政治学原理》，高等教育出版社，2006，第176~177页。
③ 徐迅：《民族主义》，中国社会科学出版社，1998，第40页。
④ 郭锐、凌胜利：《民族主义与韩国外交政策》，《世界经济与政治论坛》2010年第3期，第151页。

极和消极两个方面的作用。历史证明，民族利益和民族情感是最富感召力和鼓动力的政治旗帜之一。[①] 金大中曾经言明，韩国是用"民族主义和民主主义两个车轮推动历史前进"。[②] 在近现代维护国家的独立和主权，反抗外来的侵略和压迫，争取民族解放的斗争当中，韩国民族意识的觉醒和全民族的团结一致与共同抗争发挥了至关重要的关键作用。在当代，韩国民族主义获得了更加广阔的发展空间。从总体来看，韩国民族主义的发展主要对以下方面发挥了积极作用：一是争取国家团结、维护民族利益、调整对朝鲜关系、促进民族统一。在朝鲜半岛分裂的半个多世纪里，不仅历届韩国政府均设想统一朝鲜半岛，其制定和推行了各种统一政策，而且韩国国内的民族统一运动一直没有停歇。这种民族主义运动，将韩国国内的政治与社会、精英与民众连接起来，各阶层可以有不同的政治观点和社会改革方案，但是，他们在民族统一问题上的立场是高度一致的。二是推动和保护民族经济发展，维护和增进国家利益。战后几十年，韩国从一个贫困落后的农业国家迅速跻身到世界发达经济体的行列，这与韩国政府制定和执行正确的经济发展战略，注意保护民族工业密不可分。"身土不二"的经济民族主义政策，对拉动韩国经济发展、保护民族工业，创立闻名于世的民族企业品牌发挥了重要作用。三是强调国家认同、推崇文化保守主义，注重文化独立性，大力发展文化产业。韩国文化资源并不丰富，但是其高度重视民族文化的保护工作，通过制定法律、法规和积极发展文化产业，韩国已经成为当今世界第五大文化强国，其音像、影视、动漫、游戏、时装等文化产品席卷世界各地，尤其是亚洲国家。四是推动韩国发展自主外交、全面外交，进一步提升国际地位。对民族尊严的极大渴望和民族荣誉的不懈追求，推动韩国不断向"大国目标"迈进并实行"大国平衡外交"，以进一步提升自己的国际地位。从卢武铉政府提出"东北亚平衡手"战略，到李明博政府发展全球外交，再到现任总统朴槿惠的大国外交政策，其实都离不开韩国民族主义的影响和推动。

　　韩国的民族主义主要是源自一种对自身历史认知上的悲情主义。正是这种"悲情"极大地激发了韩民族"自强自立"的精神特质，同时也使这种精神在同质性的、单一化（monolithic culture）的文化土壤当中，繁衍了一

---

① 王惠岩：《政治学原理》，高等教育出版社，2006，第 169 页。
② 〔韩〕金大中：《建设和平与民主——金大中哲学与对话集》，冯世则等译，世界知识出版社，1991，第 2 页。

种"自大排外"的民族心理。过于情绪化的民族性格，使得韩国的民族主义极易受到突发性事件的影响和左右，从而诱发种种过激行为并走向极端的情况。归结起来，当前韩国民族主义的消极表现主要有三大特点。

一是民族历史的悲情性。在历史上，朝鲜半岛国家一直以"小国"自居并奉行"事大主义"，① 其向中国朝贡称臣，在中华朝贡体系之内实现了国家的政权稳定与持续发展。19 世纪末 20 世纪初，伴随着中华朝贡体系的逐步解体，朝鲜半岛遭受到日本的殖民主义侵略，蒙受了长达半个世纪之久的殖民统治。二战结束后，在美、苏冷战格局的大背景之下，朝鲜半岛爆发了惨烈的内战，由此导致朝鲜半岛国家的长期分裂和激烈对峙。基于这样的历史遭遇，韩国人大多认为韩民族长期受到大国的不公平待遇，韩民族的历史是一部充满"悲情"的历史。韩国利用历史悲情主义进行国民教育，灌输国民对本民族历史的认知，进而塑造民族心理，培育内在的民族精神，达到以集体文化和共有精神来抵抗外在力量，为本民族成员提供安全感和保护的目的。对韩国人而言，民族和国家是其存在和发展的根本依托，本民族的文化价值系统是韩国国民对生活意义的全部理解所在。在教育灌输之下形成的集体认同（collective identity）与自我认知（self knowledge）不断地循环往复下去，人们不仅会拘泥于对历史问题的片面的、选择性地记忆而不能够全面地正视过去，还会对自身的不幸历史和现在的尴尬身份过于敏感和纠结。这些使其不能反观自身和观察他者，成为诱发和激化韩国社会的诸多问题的症结所在。② 韩国人的"历史悲情性"容易导致两大严重后果：其一，韩国对大国有着一种天然的不信任感，其认为历史上大国欺压了他们，现在依然是居心叵测和不怀好意。这种情绪在韩国社会普遍存在。金大中就指出，韩国的文化力量根源于朝鲜人民的"恨"，"朝鲜人两千多年来一直没有放弃自己的文化特征，他们内心里绝不向邪恶势力屈服，最重要的是他们不放弃希望。对根本无法抗拒的命运，他们暂时退让，但是他们始终抱有希望并等待着……他们忍受着巨大困难，千方百计坚持下去。这就是'恨'的本质"。③ 特别是近代

---

① "事大主义"特指 1392 ~ 1895 年期间，朝鲜王朝对中国明朝和清朝的称臣纳贡、积极效仿的政策。

② 李扬帆：《韩国对中韩历史的选择性叙述与中韩关系》，《国际政治研究》2009 年第 1 期，第 46 页。

③ 〔韩〕金大中：《建设和平与民主——金大中哲学与对话集》，第 43 ~ 45 页。

以来朝鲜半岛从中国的"藩属国"沦为日本的殖民地，二战结束后因大国势力插手，致使朝鲜半岛分裂至今。惨痛的历史遭遇，进一步加深韩国人内心深处的"恨"意识。这种"恨"意识，加剧了他们对大国干涉的反抗心理和不信任感。20世纪下半叶以来，韩国国民运动的三大主题——反美、反日、争取民主当中，其中的两项与反抗大国不无关联。其二，韩国人在历史问题与领土问题上异常的脆弱和敏感，容易受到"外部环境"的刺激。韩国的历史教科书当中言明，"韩国自建国以来一直被外族人侵犯将近有一千次"，可见，其"受害意识"与"危机意识"十分的强烈。[①] 但是，这种历史观的畸形塑造及发展，将会导致发生篡改历史、扭曲历史等行为。

二是民族心理的自大性。民族主义塑造的民族形象和民族精神，在通常情况下均会诉诸文化传统、价值观念和精神信仰，大力弘扬本民族的优越、尊严和进步，同时强调伟大的民族历史使命。韩民族在近代以来反抗外来侵略，追求民族解放和国家独立的斗争当中，形成了比较强烈的"自强自立"的民族精神。大韩民国成立以后，这种精神得到进一步的延续和发扬，其历届总统均十分强调"自强自立"的民族性格。比如：朴正熙总统提出"富国强兵"，金泳三总统提出"开辟我们自立与自主的命运"，金大中总统倡导"去创造我们民族主导历史的光辉明天"等等。众所周知，韩国是单一民族国家，如果这种民族自强的精神在同质性的社会文化土壤里得不到合理的"引导"，并受到政治鼓动和情绪化的影响与左右，很容易滋生自大和排外的民族心理。韩国政府在教育和引导方面过分注重和强调本民族的自我主体意识，没有警惕自大心理的发展和膨胀，甚至存在以歪曲历史来培养民族自豪感的现象，反而进一步强化了韩国家至上、韩民族自大的不健康心理。一些韩国学者为让朝鲜半岛文明摆脱中华文明的影响，宣称中国古代神话源自韩国。韩国部分民众认为是朝鲜民族最先发明了汉字，后来朝鲜人移居中原地区把汉字带到中国，由此形成了现在的汉文化。[②] 韩国民族主义所带来的权力和利益分配更有利于精英阶层，其知识分子和权力精英更热衷于推动本国的民族主义潮流，致力于引导民族意识形态和价值取向，从而操纵民族主义政治，获取更多的政治、经济和社会资源。比如：韩国政府大力推行民族工业保护

① 詹小洪、朴光海、王晓玲：《中韩民众，彼此厌烦了吗？》，《世界知识》2009年第4期，第24~25页。

② 崔道伟：《透视韩国"去汉化"现象》，《辽宁行政学院学报》2010年第9期，第138页。

政策，利用"身土不二"的传统观念，大力推销本国产品，宣扬本国产品的优越性，甚至把正常消费和"是否爱国"联系起来，致使韩国经济民族主义长期盛行，不少韩国国民强烈抵制进口产品。

三是民族性格的情绪性。韩国人的性格被形象地称之为"铝锅性格"，意为"小火一烧就迅速热起来，火一关马上就冷下去"。[1] 在韩国，一般人缺乏辩证思维的习惯，性格比较急躁，缺乏一种踏实稳重、谦虚忍让的品格，甚至很多人把发泄情绪视为一种美德，并因此而自豪。韩国人喜欢唱歌、跳舞、喝酒，这无一例外是宣泄情绪的重要方式。韩国人常常在醉酒之后发生口角甚至是争执，其原因往往是称呼时忘记使用敬语这样的小事情。一旦酒醒之后，马上会忘掉不愉快的事情，一切如常。甚至在韩国政界，受过良好教育的国会议员也是如此，比如：有关韩国国会议员大打出手的新闻报道，就时常出现在媒体报端。这种民族性格的情绪性，使韩国人在遭受挫折和失败之时，容易激发起一系列的极端性行为。这就是韩民族独特的"恨"意识，即梦想无法实现的悲壮之情，在理想追求和现实结果相矛盾之时，爆发出来的激愤、刚烈、宁折不弯的民族性格。在现实当中，这种激烈的民族性格与民族主义情绪极易纠结起来，而与民族主义情绪相伴随的是民族成员潜意识中无条件地为"民族"信仰奉献一切，这种无条件的"奉献"容易演化为各种偏激行为。因为在以"民族"为中心的宗教性信仰当中，"民族"是"上帝"的同义语，其起源不可质询，对"民族"的献身和无条件的奉献是人生意义的全部所在。[2] 韩国人在历史问题、领土问题上一旦受到"外界"的刺激，其过激行为就表现得非常直接和明显，诸如断指、自焚这样的事件屡有发生。韩国人有追求"世界大国"地位的强烈愿望，但是特殊的地缘政治环境使其始终壮志难舒，这种反差使其民族情绪一直处在不稳定的状态。

二 当前韩国民族主义对中韩关系的影响

当前，韩国民族主义具有进一步泛化和扩大的趋势，这对中韩关系的持续健康发展显然是一大隐患。建交以来，中韩关系发展十分迅速，其在政治、经济、文化等各个领域均取得令人瞩目的成绩，堪为当今世界国家关系发展的成功典范。继1998年中韩两国宣布建立"面向21世纪的中韩合作伙伴关系"以

---

[1] 詹德斌：《韩国人自称"铝锅"性格》，《国际先驱导报》2008年6月23日。

[2] 徐迅：《民族主义》，第57页。

后，2003 年两国宣布建立"中韩全面合作伙伴关系"，到 2008 年双方宣布建立
"中韩战略合作伙伴关系"。韩国总统李明博表示，韩中关系在短短 20 年里取得
前所未有的发展，特别是 2008 年建立战略合作伙伴关系以来，两国各领域交流
与合作实现了新的飞跃。[①] 可见，中韩关系拥有巨大的发展潜力。但是，近年来
受到韩国民族主义的负面影响，中韩两国在历史学术问题、海洋划界问题、渔
业捕捞问题、"上汽—双龙事件"等一系列的问题上发生矛盾甚至激烈摩擦。从
总体来看，韩国民族主义对中韩关系的负面影响主要体现在三个方面。

1. 政治上近而不亲

如前所述，韩国人特有的历史悲情主义，使得韩国对大国有着一种天然
的不信任感，无论是韩国政坛上的保守势力还是进步力量，均表现出不同的
排他倾向，尤其是他们对中国的感情显得十分的微妙和复杂。在历史上，中
国长期是朝鲜半岛国家的宗主国，二战结束后，中韩两国长期敌视。伴随着
韩国经济社会的腾飞，韩民族长期压抑的情绪得到一定程度的释放，他们自
认为韩国终于超越了中国。但是，近年来中国的经济社会发展势头迅猛，不
仅经济总量上远远超越韩国，而且韩国经济越来越依赖中国，具体参见
图 10-1。据统计，2011 年韩国出口贸易总值为 5552 亿美元，其中对华出
口就达到 1344 亿美元。[②] 在科技竞争力方面，韩国与美国、日本、欧盟等
国家依然存在明显的差距，而且越来越受到中国、印度、巴西等后发国家的
巨大挑战。历史的阴影和现实的压力，极大地刺激了韩国社会敏感的悲情主
义情绪，使得一些韩国人对中韩之间的正常交往做出了极度扭曲的解读。比
如，2008 年北京奥运会圣火在韩国传递以后，围绕着在传递过程当中出现
的种种摩擦，韩国社会曾经爆发反华排外主义情绪。[③]

韩国民众的感性情绪反映在政治领域，就是中韩关系"近而不亲"。从
整体来看，中韩政治关系发展比较顺利，两国政治高层交往密切，仅 2010
年两国就先后进行了多达 13 次领导人峰会和 15 次外长会议。[④] 尽管中韩两

---

① Lee Seung – ah, "Korea and China, A Look Back at 20 Years of Friendship", http：//www. korea. net/
NewsFocus/Policies/view？articleId =102129，Aug 31，2012.

② the Export – Import Bank of Korea, "Annual report", http：//www. koreaexim. go. kr/en/exim/
investor/report. jsp.

③ 李忠辉：《当代韩国民族主义对立二元结构释析》，《人民论坛》2011 年第 26 期，第 73 页。

④ Ministry of Foreign Affairs and Trade, "2009 – 2011 Major Diplomatic Achievements：Alliance and
Partnership – Development of Strategic Cooperative Partnership with China", http：//www. mofat. go. kr/
ENG/ministry/achievements/alliance/index. jsp？menu = m_ 50_ 50&tabmenu = t_ 5.

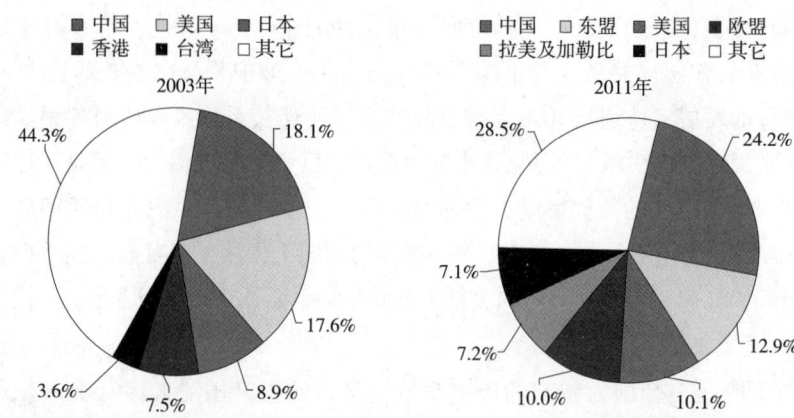

图 10 - 1　2003 和 2011 年中国等国家（地区）在韩国出口贸易中的比重

资料来源：the Export - Import Bank of Korea，"Annual Report 2003" and "Annual Report 2011"，http：//www. koreaexim. go. kr/en/exim/investor/report. jsp。

国政府间关系已经发展到相当的高度和水平，但是，受到韩国民族主义的不时冲击和影响，中韩两国民众之间缺乏应有的好感度和足够的亲切感。值得注意的是，在这种社会情绪的映射之下，韩国外交成为感性与理性的混合体。虽然中韩关系是总体上向前迈进的，但是，当韩国外交的感性成分增多时，两国关系就会出现复杂的问题。另外，韩国没有以"伙伴"应有的态度来对待中韩伙伴关系，中韩关系的牢固性、稳定性和持续性有待进一步的加强与深化。在这种情况之下，如果中韩关系只是单纯的政治力的提升而没有实质性的信任感，那么，两国关系将很难有本质上的、战略性的进一步提升。

2. 贸易保护主义抬头

韩国人的爱国主义思想十分强烈，尤其是强调对本土的热爱，以吃本国的粮食、蔬菜、水果等食品为荣为傲。当前，韩国经济面临"赶不上日本，又被中国追赶"的尴尬境地，其形成了独特的"夹心三明治"的失落心理。"身土不二"的传统在失落心理的刺激之下，韩国人的排外心理会被激发出来，从而产生经济民族主义也就不足为奇。将贸易行为与爱国主义结合起来，可以在社会内部建构起强大的隐性贸易壁垒，从而阻止国外商品进入本国市场。韩国社会对中国产品始终抱有低端产品的刻板印象，即使是中国的高端产品也难以在韩国市场卖出高端价位。韩国的市民社会和社会团体比较发达，外国商品进入韩国市场首先要通过这一关口，否则，他们会通过持续不断的大规模示威等活动把事情搞得一团糟，让不少拟进入韩国市场的外国商家望而却步。①

　　韩国在中韩 FTA 谈判上，也在一定程度上反映了韩国民族主义的深刻影响。韩国的农民和渔民对中韩 FTA 谈判一直持有反对意见，他们担心廉价的中国农产品和水产品最终会冲垮韩国的农业和渔业。诸如三星、LG 等大公司，它们既担心中国的家电产品进入韩国市场大量抢占市场份额，又担心中韩 FTA 谈判久拖不决，中国自身产品实现升级之后，将会进一步挤掉它们在中国的市场份额。这种"利益均沾"的思想，使得韩国政府一直优柔寡断，迟迟难以做出最后的决断。而"上汽—双龙事件"更是韩国极端民族主义对中韩经贸关系造成的一个巨大阴影。韩国双龙汽车工会采用极端手段对抗中国公司的正常收购行为，导致上海汽车集团损失超过 60 亿元人民币，这在中韩经贸界造成了极为恶劣的影响。中国企业界甚至以此为戒，发出减少中韩经贸往来的强烈呼声。此外，韩国双龙汽车工会一度围堵中国驻韩国大使馆，煽动反华、排华情绪，这对中韩政治关系产生了极为负面的影响。韩国的民族主义甚至延伸到中朝经济合作领域。近年来，中朝之间密切的经济合作关系引起韩国主流舆论的纠结和忧虑，他们担心朝鲜会对中国形成强烈的经济依赖性，进而成为其政治上的软肋。由此，他们担心中国可能会阻止朝鲜半岛统一，最严重的是中国可能利用经济手段完全控制朝鲜。

　　3. 民间友好度有所下降

　　相比于政治关系的不断提升，近年来中韩两国民间友好度有逆向运行的趋势，文化领域的一系列问题越来越成为影响中韩关系健康稳定发展的重要因素。韩国借助强烈的文化民族主义，试图摆脱过去深受中国文化影响的情况，不断提升和彰显本民族文化的独立性和优越性。中韩在文化领域的分歧，进一步刺激了两国民众对立情绪的高涨。2005 年，韩国 MBC 电视台与中国东方卫视共同进行一项调查显示，中国民众对韩国人的友好度高达79.0%。但是，随后几年受到韩国民族主义的冲击和影响，韩国在对待中国文化及东亚传统文化资源问题上是动作频繁，② 这招致中国民众的极大反感。据 2007 年《国际先驱导报》（中国）进行的一次"网民邻国印象"的调查显示，受访的中国网民中竟有 40.1% 称最不喜欢的国家是韩国，高居

---

① 董向荣、李永春、王晓玲：《韩国专家看中国——以中韩关系为中心》，第 58 页。
② 这些主要涉及江陵端午节申报世界遗产问题、四大发明起源问题、韩医针灸穴位国际标准问题等。

榜首。韩国的民族主义情绪在历史领域同样快速滋生，在诸如韩民族起源、高句丽历史问题、长白山（韩国称白头山）等问题上，一些韩国民间分子不时做出偏激举动。2007年1月，在中国长春举行的第六届亚洲冬季运动会上，5名韩国滑冰运动员在颁奖台上公然打出"白头山（即长白山）是我们的领土"的挑衅性标语，造成了极为恶劣的影响。2008年，这种情况没有得到好转，由于汶川大地震后部分韩国网民的恶意言论，以及韩国SBS电视台偷拍并泄露北京奥运会开幕式彩排等一系列事件，致使中国民众的厌韩情绪在北京奥运会期间进一步的高涨。2010年的一份韩国民意调查结果显示，仅有6.4%的韩国受访者对中国抱有"亲近感"，而71.6%的韩国人对美国更有亲近感。[①] 最近的民意调查报告则显示，在韩国人最不喜欢的国家当中，中国仅次于日本居第二位。

对近年来中韩两国民间友好度有所下降的情况，应当从两个方面来看待。一方面，中韩两国民众缺乏充分的沟通和足够的了解。中韩毕竟"四十余载，不相往来"，尽管两国官方关系发展十分迅速，但是，民间的交流和体认是一个长期化的过程，在度过暂时的蜜月期之后，出现某种波动和降温是一种正常现象。另一方面，要注意到导致这一下降趋势的重要原因是韩国民族主义的影响和冲击，它的自大性和情绪性"人为"地影响了中韩两国民众的友好度。一部分韩国民众否定、"剽窃"中国文化，极度贬低中国产品并进行情绪性的宣泄，这非常容易遭到中国民众的反感和还击。如果不能够妥善处理上述问题，难免会陷入恶性循环的境地。社情民意是国家决策的重要基础，民间友好度的下降、不信任感的增强，将会削弱国家政策制定和执行的社会基础，进而成为全面推进中韩战略合作伙伴关系的重要障碍。

三　应对韩国民族主义影响的对策建议

在国与国的交往当中，民族主义是相对的和互为影响的。在世界经济危机的影响之下，韩国经济受到不小的冲击，民族主义在这种情况下容易被激发和蔓延。如今，在中国国内也存在一定的民族主义倾向。中韩两国民间所表露的情绪性的民族主义倾向，很容易因为一些争议事件和问题而爆发对立状况，从而影响两国外交关系，损害两国核心利益。为了改变这种情绪性的

---

① 《韩媒：韩国人对美国亲近感超中国10倍》，http：//www.kryj.wh.sdu.edu.cn/fenxi/shijiandianping/2010－08－12/3290.html。

民族主义倾向，应当进一步加强相互交流，加深相互了解，促进相互包容，不断减少彼此之间的隔阂和反感。在消除国内民族主义不利影响的同时，从中韩关系的大局出发，着眼于全面推进中韩战略合作伙伴关系，本着有理、有利、有节的方针，以自信的态度，采取积极的措施，从基本原则——制度框架——人员交往三个层面稳步推进，尽可能地规避和减少韩国民族主义对中韩关系造成的负面影响和现实冲击。

1. 坚持"学术与政治分开，现实与历史分开"的原则，尽量避免刺激韩国的历史悲情主义

2007 年 4 月 5 日，温家宝总理在北京中南海紫光阁接受韩国联合通信社、《朝鲜日报》《东亚日报》、韩国广播公司等 19 家韩国媒体驻京记者的联合采访，他在谈及高句丽历史问题时表示，"对于民族、疆域变迁史的研究，应该本着学术与政治分开，现实与历史分开的原则，正确对待，妥善处理"。① 这是中国政府在处理中韩历史问题、东亚文化资源问题的一个指导性原则。中韩两国应当组织专家学者，就有关问题进行共同研究，以求同存异的态度对待有争议的历史问题。需要指出的是，认识韩国民族主义时，不能够混淆官方态度和民间话语。比如：韩国媒体在民族主义情绪影响下，时常炒作的所谓"间岛问题""长白山（韩国称白头山）问题"，多是一些非政府层面的民间人士、国会议员在鼓噪，韩国政府并未公开表态支持这种行为或是对所谓的领土问题持有异议。

中韩两国悠久的交往历史是双方友好关系的一笔宝贵财产，要积极支持两国学术机构不断开展历史文化领域的交流，进一步加强相互理解和尊重。同时，努力防止历史问题现实化、学术问题政治化，以免成为激发民族主义的诱因。另外，充分尊重韩国独立主权国家的地位，以平等国家的理念处理中韩关系，防止将韩国推向大中华"朝贡体系"的历史阴影，刺激其历史悲情主义。防止韩国由于历史阴影，对中国的复兴和崛起产生担忧心理和抗拒行为。

2. 发展中韩关系，应当进一步加强规范化和制度化建设

进一步加强中韩两国媒体报道和民间团体的规范化建设是当务之急。媒体报道具有引导大众的巨大效用，对民族主义的塑造有着巨大的影响力和作

---

① 《温家宝：中韩无领土争端 历史研究要讲两分原则》，http://www.china.com.cn/news/txt/2007-04/06/content_8075791.htm。

用力。由于部分文化学术问题政治化，加之文化交流缺乏足够的相互理解，中韩两国媒体在民族主义情绪的鼓噪之下进行不当宣传，这极易对中韩关系造成严重的负面影响。中韩两国应当对主流媒体的报道活动进一步的规范化，不断增强媒体报道的信服力和权威性。在敏感问题上，应当杜绝虚假报道，避免片面的具有煽动性的报道，选题要慎重、语言要平和、基调要准确。通过中韩两国媒体的正确宣传，不断增进两国民众的文化认同感、亲近感，消除民众误解，加强社会融合。

另外，加强中韩两国民间团体的规范化管理。应当取缔从事非法活动的民间团体，① 限制具有极端民族主义倾向的民间团体活动，使民间团体充分发挥促进中韩友好的作用，而不是成为破坏中韩关系的帮凶。另外，中韩之间应当建立突发性事件应急处理机制，以防止突发性事件失控。2008 年 11 月 24 日，中韩正式开通两国之间的军事热线，以防范海上突发性危机，这对处理中韩民间突发性事件是一个重要启示。中韩两国应当构建一个沟通及时、反应灵敏、协调有序、运转高效的应急管理机制，最终形成政府主导、媒体配合、有关机构共同参与的应急性事务处理程序。当遇到类似长春亚冬会的突发性事件时，中韩两国能够迅速沟通、有效处理，将类似事件的负面影响减小或是降到最低程度。

3. 处理中韩双边争端时，应当树立和引入法制化思维

依法治国是我国一项重要的治国方针，处理国际事务同样要有法制化思维。即做到有理有据，以制度规范行为、以法律明晰责任，从而减少民族主义情绪的作用空间。中韩两国均是独立的国际政治行为主体，两国之间的大量事务涉及国际法问题。以国际法为基本准绳处理两国争端，无疑更加的冷静和客观，也能够有效地避免煽动民族主义情绪。譬如：2007 年的"长春亚冬会事件"，中国奥委会与亚洲奥林匹克理事会一起向韩国代表团提出严正警告，表示如果再发生类似事件，将取消相关人员的参赛资格。在经济方面，中国应当严格依法规范韩国企业界的经营情况，在出现贸易争端之时，严格按照 WTO 规则和中韩之间签署的有关贸易协定来处理。在其他方面也是同样如此。

以法制化思维处理外交事务，将会使外交手段更有尺度和力度。除国际

① 近年来，韩国一些在华民间团体以宗教和慈善活动为掩护，专门从事收容散居在中国东北各地的朝鲜非法越境者，伺机组织他们前往韩国等国家。

法以外，国内立法也是一种外交手段，要充分利用国内资源不断服务国际事务。针对韩国民族主义大肆渲染的"韩国家利益至上"的口号，应当避免中国核心利益受损。通过国内立法，有理、有节地保护民族产业，这符合中国加入 WTO 时的发展中国家身份。国家战略内实而外强，内政对外交不仅要"保护"还要"支撑"。2009 年 4 月 10 日，中国国土资源部发出公告，决定对钨矿、锑矿和稀土矿实行开采总量控制管理。在此基础之上，我们应当超越行政指令，制定相应的环境保护法案，限制稀有资源的无序出口。此外，中国庞大的国内市场是一种稀缺性资源，调整相应的技术检验法案，就能够灵活掌握市场准入条件。以资源、市场为战略支撑，将进一步增强中国外交的运作力度，在处理中韩争端时也能够处于更加有利的地位。

4. 继续扩大中韩之间人员交流，不断改进和创新交流方式

人是情绪的载体也是沟通的主体，人与人之间的互信是国家互信的重要基石。中韩之间人员交流有助于加深彼此之间的了解，避免相互之间的隔阂与误解，进而降低极端民族主义滋生和蔓延的概率。建交以来，中韩两国在人文社会领域的交流日趋活跃，交流范围不断扩大，交流成果丰硕喜人。目前，中韩双方已经建立 130 多对友好省市关系，每周有超过 850 个航班往返两国各地；每年中韩之间人员往来从建交之初的几万人次增加到 2011 年的 650 多万人次；双方互为重要旅游目的地国和最大留学生来源国，孔子学院在韩国已经开设 17 家；韩国的文化产品一直热销中国各地，在韩国学习中文的人数不断增加，"汉风"与"韩流"交相辉映。这些有助于进一步加深中韩两国人民之间的相互了解，从而为不断巩固两国友好关系奠定重要的民间基础。不过，近年来频繁的人员交流并没有效遏止韩国民族主义的不良影响。因此，应当对中韩之间人员交流方式做出进一步的优化和创新，以期待更好的交流效果。

目前，中韩两国互派留学生的门槛偏低，素质参差不齐，交流效果难免大打折扣。此外，交流多重于形式而轻于内容，一些学校收了学费之后就疏于管理，包括学习上不严格要求、生活上不注重沟通。中韩两国教育部门应当更加严格地筛选留学生，要求有关院校进一步加强管理。除了更加规范化的教育以外，应当采取多种方式，加深相互沟通和彼此了解。比如：把留学生安排在普通市民家中居住，从而让留学生更加深入地了解对方国家的社会生活。与此同时，要求韩国方面合理地管理和培养中国赴韩国留学生。中韩之间人员交流还存在交流面比较窄的问题。除留学生之外，就是专家学者的

学术会议和娱乐明星的商业演出等活动，而中韩两国普通民众的相互了解不够广泛和深入。因此，要进一步优化中韩之间人员交流的性质，突出两国民间交流的公共性，从而使更多的民众对对方国家形成理性的和深入的认识。

5. 合理疏导民众情绪，防止民间情绪的对立及对抗

中韩两国政府需要同时扮演好"教育家"的角色，在两国人民的固有认识与应有认识之间发挥沟通桥梁的积极作用。中韩文化交流得益于各种有利因素，并已经取得丰硕成果。通过中韩关系的规范化建设与人员交流的合理推动，中韩两国政府需要进一步合理引导民众情绪，使中国民众在了解韩国历史和民族文化心理的基础之上，能够更加深入地了解韩国民族主义的根源与诱因，从而理性控制自己的情绪。即使韩国国内一部分人进行歪曲历史和"造史"运动，推出所谓的"研究成果"和作品，中国媒体及公众也应当理性地保持一定的容忍态度。这些观点并不代表韩国政府或大多数韩国人的意见，而且，韩国言论出版比较自由甚至可以公开批评总统，因此对个别人士的言论可以忽略。伴随着中国和平发展战略的不断推进，中国的世界大国地位将会进一步得到巩固和提升。与之相应，我国国民应当具备一种大国国民的风范。一方面，基于悠久的文化传统，我国国民应当具备一种成熟而厚重的民族心理；另一方面，基于新兴的 21 世纪大国，我国国民应当拥有一种现代国家的公民精神。当前，我国仍有部分国民以一种历史和文化的优越感来看待韩国国民，这是不应该有的。我国政府应当积极引导本国国民以主权观和平等观来看待韩国及其国民，以一种自信的、包容的国家精神来对待韩国及其国民，而这本身就是对公民精神和国家精神的一种塑造与创建。

目前，中韩关系走到一个关键的历史时期，既存在重大的历史机遇，也面临着一些严峻挑战。近年来，中韩关系的健康持续发展，给两国及两国人民带来了实实在在的利益和福祉。但是，韩国民族主义的不断凸显和发作，给中韩两国在政治、经济、文化、社会等领域的交往带来了不容忽视的负面影响。努力减少韩国民族主义对中韩关系的负面影响及现实冲击，不仅有助于全面推进中韩战略合作伙伴关系，在根本上也符合中韩两国的核心利益。鉴于民族历史的悲情性、民族心理的自大性、民族性格的情绪性，这些深深影响着当代韩国经济社会的发展，因此，必须正确认识和理性处理韩国民族主义对中韩关系的现实影响问题。这需要中韩两国着眼于大局，不断加强两国各领域、各层次的沟通和交往。通过应有的努力，增进彼此之间的了解与互信，从而有效弱化韩国民族主义对中韩关系的消极影响。中韩两国应当充

分利用地缘毗邻优势、经济互补优势和传统文化相近优势，不断加强经济交往与人文交流，努力积淀和培育两国民众的友好感情，规避和减少韩国国内反华、排华情绪的出现和发作。正如时任总理温家宝所言，中韩两国加强交流、深化合作是大势所趋、民心所向。① 努力消除民族主义对中韩关系的负面影响，实现中韩关系的健康稳定发展，这是一项长期而复杂的系统性工程，需要做出精心的设计、付出巨大的努力，才能够最终取得预期的战略效果。

---

① 《中韩领导人互致贺电 热烈庆祝两国建交二十周年》，http：//china. cnr. cn/news/201208/t20120825_ 510676933. shtml。

第十一章

民族主义与地区合作：深化
中日韩合作关系的路径

地区合作除了经济利益的刺激之外，还离不开地区认同的促成和推动。应当说，地区认同程度是制约地区合作的一个关键性因素。近年来，东亚地区合作发展势头迅猛，但是这种良好的势头并未使地区性得到持续有效的提升，进而制约了该地区合作的进一步深化与拓展。这其中，民族主义的负面影响和作用不容忽视。民族主义作为影响地区认同的重要因素之一，通过其对民间情感的渲染、社会氛围的营造、意识形态的塑造以及外交机制的介入，对东亚地区合作产生了深远作用，也对进一步深化中日韩合作关系产生了重要影响。

一 地区合作中的民族主义

基于经济利益的推动，只能够实现地区合作的物质性成长。而基于地区认同的合作，则可以实现地区合作的社会性成长。[①] 可以说，这二者的协调发展，不断推动地区合作的开展，进而实现"地区性"的提升，使地区合作不断跃升到新的更高的层次。

1. 地区认同、地区性与地区合作

所谓的地区认同，作为"集体认同的一种，是若干地理上接近并相互

---

① 在此，"物质性成长"与"社会性成长"主要受大国成长理论的启示。参见潘忠岐《国际责任与大国战略》，上海人民出版社，2008，第11页。

依存的国家在观念上与本地区其他国家的认同以及将自身视为地区整体一部分的意识"。① "集体认同，往往指行为体与体系政治文化的认同和将一般化的他者作为对自身理解的一部分的认同"，② 进而实现"群我"与"他者"的边界意识。如此，地区认同便有一种内在的凝聚性和外在的指向性。"地区认同是衡量地区主义水平的重要尺度，地区各国在经济、政治、文化等各个领域的紧密交往和积极的政策协调加速了国家间的融合，塑造了国家对地区的认同和地区整体感。"③ 地区认同的形成，存在利益导向与观念导向两种途径。

"地区性是指地区化程度的高低"，④ 它是指"地区"在多大程度上成为一个"地区"。这一概念既有范围上的广度，又有合作上的强度。赫特与桑德鲍姆将"地区性"具体划分为地区空间、地区复合体、地区社会、地区共同体与地区国家五个方面。⑤ 伴随着"地区性"的不断发展，地区认同的程度及要求也越来越高。

地区合作是建构"地区性"的重要途径之一，通过地区合作的不断互动，地区认同将可能得到有效提升，进而推动"地区性"的阶段性发展。地区认同直接影响着地区内国家的身份定位、利益诉求、思维导向，进而影响到主权国家的地区合作态度与政策选择。地区认同制约着地区合作的制度构建和互信建设，其对地区合作有着深远影响。

2. 民族主义与地区认同、地区性

民族主义是一个充满争议性的概念，即使是埃内斯特·格尔纳广受认可的关于"民族主义"的定义，也未能够规避争议者之音。他将"民族主义"界定为"一种关于政治合法性的理论，要求民族的疆界不得跨越政治的疆界"。⑥ 安东尼·斯密斯认为，学术界对民族主义的理解主要有四种范式：现代主义、永存主义、原生主义、族群—象征主义。⑦ 民族主义包含了民族

---

① 刘兴华：《地区认同与东亚地区主义》，《现代国际关系》2004 年第 5 期，第 18 页。

② Alexander Wendt, *Social Theory of International Politics*, New York：Cambridge University Press, c1999, p. 337.

③ 刘兴华：《地区认同与东亚地区主义》，《现代国际关系》2004 年第 5 期，第 18 页。

④ 庞中英：《地区化、地区性与地区合作》，《世界经济与政治》2003 年第 11 期，第 9 页。

⑤ Bjorn Hettne and Fredrik Soderbaum, "Theorising the Rise of Regionness," in Shaun Breslin at al, eds., *New Regionalism in the Global Political Economy*, Warwick Studies in Globalisation, Routledge, 2002, p. 38.

⑥ Ernest Gellner, *Nations and Nationalism*, Routledge, London and New York, 1998, Perferce, p. 6.

⑦ 〔英〕安东尼·史密斯：《民族主义：理论、意识形态、历史》，叶江译，上海人民出版社，2006，第 46 ~ 59 页。

情感、民族心理、民族意识形态等多个层次，并表现为政治、经济、文化等不同形式的民族主义。它通过情感整合、思维构建、意识形态引导，塑造了民族认同，并促成民族国家的边界意识。

民族主义会影响到地区认同与"地区性"。不同形式的民族主义以及民族主义发展的不同阶段，将会产生不同的民族认同。民族认同对地区情感的依恋、地区身份的认可、地区价值的保有等，深刻影响着地区认同构建。在以民族国家为主体的地区合作当中，"地区性"的发展对地区认同要求也越来越高。民族主义作为民族国家的核心认同，已发展成为制约地区认同的一个关键性因素，也会影响到构建"地区性"。"民族主义的感知和价值由封闭走向开放、由偏激走向温和"，① 民族主义的身份认同从狭隘的民族自我认同转向多元包容性认同，民族主义价值与目标的实现方式由单边、强制性走向多边、合作性，实现一种所谓的"后民族主义"。这将有力地推动地区认同的形成与发展。与此同时，地区认同与市场经济一起推动着地区合作的蓬勃开展，"地区性"将会实现阶段性的发展甚至是飞跃。

3. 民族主义对地区合作的影响

地区合作作为国际合作的一种重要类型，其合作意愿同样受到利益分配、合作期望、合作风险等诸多因素的影响。而民族主义通过对"因素"的认知，将会引导民族国家做出决策选择，以决定合作与否以及参与合作的范围和力度。新现实主义与新自由主义关于国际合作的争议，可以归结为"无政府状态的性质与后果、相对收益与绝对收益、国家的优先目标、意图与能力、体制与制度五个方面"，② 这同样适用于地区合作。民族主义深刻影响着国家的合作认知，伴随着现代化的推进与民主化的发展，民族主义将有更多机会上升到国家政策层面，因而其对地区合作的影响也更加的显著。民族主义的发展态势深刻影响着地区互信关系，进而影响到国家的合作意愿。在制度供给不足或制度乏力的情况之下，互信是最值得信赖的合作制度之一。民族主义的发展态势，还影响着国家对合作利益分配的认知。在短期利益与长远利益之间的选择，将左右地区合作的可持续性。此

---

① 翟金秀、郇庆治：《当代西欧民族政治：后民族主义视角》，《中共天津市委党校学报》2008 年第 4 期，第 77 页。

② 〔美〕大卫·A. 鲍德温：《新现实主义和新自由主义》，肖欢容译，浙江人民出版社，2001，第 4~8 页。

外，民族主义通过对地区认同的边界意识，影响和制约着民族国家的身份定位。在潜移默化中，民族主义对民族思维的构建、民族心理的塑造，将会深刻影响决策者的思维方式和心理活动，进而间接影响决策过程与决策目标。

就目前地区合作的实践情况来看，民族主义与地区合作之间形成了一种互动关系。由民族主义走向后民族主义，欧洲一体化得到了前所未有的大发展。而在东亚地区，民族主义的强势，严重影响到地区互信与地区合作，这导致该地区的"地区性"迟迟没有得到有效提升。固然，这其中有安全担忧的影响作用，但是民族主义的影响力不可低估。由自我狭隘的种族民族主义、文化民族主义，向开放包容的政治民族主义或公民民族主义发展，地区合作将会实现可持续发展。

二　民族主义对当前中日韩合作的影响

冷战结束后，世界范围内掀起新一波的民族主义浪潮。在东亚地区，民族主义也十分显眼，成为影响地区关系发展的重要变量之一。当前，中日韩民族主义存在内容复杂、形式多样、官民并存等突出特点，对国家之间的交往与合作产生了深刻影响。在历史问题、领土争端、贸易纠纷、突发性事件上，均能够看到民族主义兴风作浪的影子。中日韩民族主义出现了精英引导、民间跟进的情况，长此以往将不利于中日韩三国政治互信、民间友好、经济共赢、文化和谐与地区发展。

1. 中日韩民族主义的现状

中日韩民族主义是转型时期的必然产物，国际体系、地区体系、国内社会等多重转型，成为冷战结束后东亚地区新一波民族主义不断兴起的重要原因之一。国际体系转型改变了东亚地区的对立态势，意识形态的影响力急剧下降，中日韩均出现不同程度的价值信仰真空化的趋势，尤其以政治意识形态的空洞化最为明显。受国际体系转型的深刻影响，东亚地缘格局随之转型，中日韩三国面临的情况出现不同程度的变化。与此同时，中日韩三国由于经济发展形势及社会结构转型，均产生了某种程度的"危机意识"。这种"危机意识"常常是主导民族主义兴衰的关键因素所在。这三股力量，共同促成了冷战结束后东亚地区新一波民族主义的不断兴起。

目前，中国的民族主义由于国家化、现代化、世界化而具有多重属性。

其一，中国的民族主义更多的是复兴型民族主义。"强烈渴望富国强兵，关注主权、领土完整与对民族尊严的强调，而且还特别关注道德秩序与传统价值"。[①] 其二，"1990 年以来中国的民族主义是典型的'应激型'民族主义"，[②] 立足于经济迅速发展并谋求国际地位的提升，西方对中国的误解常常成为中国民族主义高涨的重要原因。其三，中国的新民族主义是一种以国家主义、反西方化和以中国传统为中心的国家型民族主义，[③] 但是这常常被外界误认为是受政府操纵，混淆大众与政府，不利于中国对外关系的持续开展。

日本的民族主义呈现保守主义色彩与政治意图十分明显的态势。日本新一波民族主义深受 20 世纪 80 年代"政治大国化"狂热情绪及经济虚弱的挫败感的影响。和平主义的回落，为日本新一波民族主义提供了发作空间。价值信仰的动荡，使得右倾力量乘虚渗入日本新一波民族主义浪潮当中。当前日本的民族主义主要有两大特点：一是意图明显的政治民族主义，即追求国家正常化与国际地位特别是政治地位的提升，寻求国防自主与军事强国地位。二是盛行文明优越论。鼓吹日本民族优越，倡导效忠天皇，运用日本的神话传说，意图再次确立日本的国内道德秩序与民族优越感，从而导致自我封闭与排外意识的强化。

韩国是典型的文化民族主义，其情绪表达比较激烈，影响广泛而深远。由于国家统一的巨大压力与安全危机感，韩国单一性民族主义的偏激与狭隘显露无遗。同质性的文化，使其盛行一种狭隘的文明优越论，缺乏宽容精神。其一，韩国的民族主义存在大而不细、虚而不实的突出特点。朝鲜半岛的分裂，进一步刺激了朝韩双方的民族主义呈现激烈竞争的态势。韩国意图通过不断提升国家地位来增强民族自豪感，其提出"世界中的韩国""东北亚平衡手""主导亚洲"等一系列的政治口号。其二，纠结过去，夸大自我。韩国的许多影视作品不断美化和夸大自我，寄托片面的历史荣光，给现实制造了巨大的困境。

2. 中日韩民族主义对地区认同、地区性的影响

中日韩民族主义显著地受经济快速发展所带来的国际形象提升的预期

① 沈惠平：《海外学者论当代中国民族主义》，《贵州民族研究》2007 年第 4 期，第 15 页。

② 陈学明：《当代中国民族主义与青年政治化》，《理论与改革》2005 年第 6 期，第 11 页。

③ Maria Hsia Chang, *Return of the dragon*；*China's wounded nationalism*，Boulder, Colo：Westview Press, 2001. 持此种看法的，还有郑永年、赵穗生等学者。

与挫败的失落感左右。具体而言，中日韩民族主义更多地出现在经济与文化领域，政治领域民族主义的潜能往往被各种突发性事件所唤起。民族主义并未上升到中日韩三国意识形态层面，更多的是一种情感或是情绪的表达。这往往以"社会运动"的表现最为强烈，并出现以互联网为传播载体的新趋势。

当前，中日韩民族主义还处在不断建构当中，这期间也建构了民族国家的地区认同。"通过民族共同体的构建寻求家庭和个人意志及情趣的社会与文化联合"，① 民族认同逐渐建立起边界意识。确立"自我"与"他者"的关系，民族认同将会引导民族国家处理对外关系。中日韩的民族认同在内外危机中被不断地激化与强化，历史问题是影响中日韩三国看待彼此身份的重要因素之一，也成为左右地区认同的一个关键因素。利益导向推动中日韩三国经贸关系不断发展，观念导向却掣肘中日韩三国合作制度化的进一步发展。中日韩民族主义因缺乏合理的疏导机制，将对彼此关系造成重大伤害，从而有引发不信任螺旋上升的可能性。互信的匮乏，严重制约了中日韩地区认同的良性发展，进而阻碍"地区性"的有效提升。

3. 中日韩民族主义对地区合作的影响

基于国际体系转型、地区体系转型、社会转型、争端复杂、交往趋频等多方面原因，在未来一段时间，中日韩民族主义仍将产生负面效应。在短时期内，地区互信关系难以完全形成，地区认同效力不强，地区合作将会深受影响。历史问题深刻影响着中日两国民间感情，近年来中日之间由"政冷经热"转变为"政经双冷"，很大原因是中日民族主义的对抗性导致两国合作的民间基础一再松动。中韩关系也深受民族主义的影响和冲击。为了摆脱历史上受中国的影响，韩国不断提升文化独立性，彰显文化优越性，"汉字申遗""端午祭申遗"等突发性事件一经媒体的广泛渲染，随即严重恶化了中韩两国的民间情感。日本是唯一对朝鲜半岛有过长达 36 年殖民历史的国家，在日韩关系当中，韩国有着强烈的"恨"意识。加之岛屿争端等现实问题的作用，日韩之间的合作关系难以持续稳定的发展。民族主义不利于双边合作的展开和持续，也弱化了地区合作的内在动力。中日韩是该地区合作的主导性力量，没有中日韩民族主义的开放包容、互让互谅，东亚地区合作

---

① 〔英〕安东尼·史密斯：《民族主义：理论、意识形态、历史》，第 27 页。

将会步履维艰,东亚共同体建设前景堪忧。

三 对中日韩合作影响的建议

不断削弱并最终妥善化解民主主义的各种消极影响,将其负面性和危害性始终限制在可控制、可治理的范围之内,需要中日韩三国进一步开启合作思路、不断创新合作思维、努力夯实合作基础、全力推进合作进程。只有各方合力而为、多措并举齐下,才能够实现增信释疑、理解包容、多元共存的最终目标。这不仅是中日韩三国共同利益之所在,也是促进东亚地区持久和平与共同繁荣的根本要求。

第一,加强民间交往管理,塑造文明亲和形象,合理规划旅游路线,避免涉入敏感地带。商贸、旅游是中日韩三国民间交往的重要方式,对彼此的民间认知、情感构建等方面影响巨大,必须予以规范,规避恶意、粗野等不良行为的发生。民族主义往往被历史记忆所唤醒,对中日韩之间的跨境旅游应当尽量回避敏感景区景点,塑造有利于地区合作深入发展的地区认同。这要求我们对当前中日韩的诸多纷争有所把握,特别是对历史问题应当着重标记。要合理规划旅游路线,谨防历史问题恶化现实情感;要寻求一种继往开来的历史教育,树立友善携手、共赴未来的地区认同意识。

第二,拓展青少年交往,培育友善后代,加深文化交流,扩展教育系统互访。青年政治社会化的重要一环是民族主义的吸收。① 如何建立一种开放、包容、宽广的民族主义,这是未来影响中日韩合作关系的重要因素之一。进一步扩大青少年交往,这是摆脱狭隘民族主义的重要途径之一。通过开展多层次、多领域、多样式的活动,为青少年交往创造良好的交流平台。促进青少年相互了解,超越狭隘认知,培养包容心态,促进互谅互让,推动妥善和解。大力开展中日韩之间社会人文交流活动,增进彼此之间的了解,特别是促进民间对彼此文化、思潮的认知,为中日韩三国全面合作营造良好氛围。教育是影响民族主义的重要因素,加大教育系统特别是高校的教师、学生之间的交流访问,也是增信释疑的一条重要渠道。

---

① 陈学明:《当代中国民族主义与青年政治化》,《理论与改革》2005 年第 6 期,第 11 页。

第三，协商历史教育，共建和谐东亚。历史认识问题是横亘在中日韩关系发展中的重要问题。由于彼此之间在文化视角、价值取向、目标导向上的诸多差异，使得中日韩三国纠结于过去，历史纷争常常阻碍现时合作，也容易激起彼此之间的民族情绪。"对历史的选择性叙述直接影响了国民对自身历史的反思与对世界的看法"，[①] 进而引发历史认知分歧。因此，中日韩三国有必要共同协商历史教育，对历史认识问题以相互理解和体谅的心态达成求同存异，倡导一种"和而不同"的理性历史观。对无关现时的历史问题，应当圈定关注范围，防止燃起民族情绪，将历史问题演变成现实问题。加强中日韩三国学术界就历史问题的学术交流，构建探讨历史问题的社会良性机制，走一条"先民间，后官方"的合作道路。以地区和谐覆盖各国狭隘的民族主义，建构地区认同，引导中日韩民族主义走向和谐发展道路。

第四，规范媒体报道，增强危机管理能力，强化影视管理，规避外界误解。必须规范对突发性事件的报道，引导各类媒体客观公正的价值取向，谨防网络民族主义的泛滥。继续推动和加强中日韩三国大众媒体的相互交流，推进三国媒体就历史问题、突发性事件报道的经验交流，增进媒体之间的了解与信任，强化媒体的社会责任共识，增强媒体在突发性事件报道时的公信力。媒体作为主要的信息来源，其引导大众立场和态度取向，对塑造整个国家的民族主义影响巨大。它们在突发性事件当中的关注焦点、语言风格、主旨基调等必须慎重有度。影视节目的摄制与播放，应当考虑到对本国及周边国家民族情绪的影响作用。中日韩三国影视界在涉及争端问题时，应当加强沟通、合理编剧，避免掀起狂热的民族主义情绪。推动中日韩三国影视界合作拍摄一系列的宣扬彼此之间友好的影视剧并共同播放，以促进三国民间的友好交往非常必要。

第五，淡化民族主义字眼，弱化其工具作用，推动中日韩三国领导人互访，转移社会公众的关注焦点。民族主义因其模糊性，往往被各种力量以不同的名义加以利用。通过诉求现实政策，民族主义释放了巨大的能量。当前，中日韩民族主义更多是一种表面化、情绪躁动型的表达，容易被各种势力所利用。为此，要弱化民族主义本身的工具价值，加强制度化

---

① 李扬帆：《韩国对中韩历史的选择性叙述与中韩关系》，《国际政治研究》2009 年第 1 期，第 45 页。

建设，积极引导民族主义走向温和、理性的道路。中日韩三国民族主义互动的一个重要原因是负面事件充斥各类媒体当中，社会焦点更多地关注负面影响。长此以往，中日韩三国民族主义很难构建一种宽容、和解、和谐的心态。推动中日韩三国领导人互访甚至是多次举行领导人峰会，将是超越目前环环相扣、螺旋恶化的民族主义困境的重要途径之一。以长远利益为导向，从战略高度出发，以政治勇气为破冰、融冰、暖春之利器，让中日韩三国领导人的互访成为媒体重点关注的内容，进而培育民间感情，遏制民族主义情绪的滋长。

第六，明晰贸易责任，加快经贸发展。在经济全球化时代，"经济民族主义成为国际经济当中的一股重要影响力量"。[①] 由于经济民族主义将视野聚焦于民族国家在世界经济体系当中的"相对收益"而不是全球性或地区性的"绝对收益"层面上，使其更多地关注于民族国家在全球政治经济体系中的实际地位及影响力，特别是由民族经济竞争力所决定的本民族的可持续发展趋势，而不是全球性或地区性的共存共荣和共同发展。因此，以反对外国并购为主要特征的经济保护主义不断凝量聚力并不时发作，成为经济全球化和区域一体化发展中的一股逆流。中日韩三国快速发展的贸易关系以及不完善的贸易制度往往成为贸易纠纷的源头所在，进而可能引爆民族主义的过激情绪。为此，应当逐步完善中日韩三国之间的贸易制度与法规建设，以制度规范行为、以法规明晰责任，进一步减少贸易纠纷当中的情绪作用空间。不断促进相关制度法规的内化，推动中日韩三国资源优化与贸易发展，从源头上控制民族主义，杜绝发生诸如中韩"双龙汽车事件"等类似事端。

民族主义与地区合作、地区认同及"地区性"均有一定的关联性，民族主义的发展阶段与表现形式对三者有着深刻影响。地区合作的不断发展，可以推动地区认同的形成与发展，同时促进了"地区性"的提升。东亚地区合作乃至东亚共同体建设，必须考虑到民族主义的深刻影响和作用。作为一个"社会意义"的共同体，东亚共同体不能够仅仅依靠市场经济推动实现"物质性成长"，还需要思想观念的整合来促进东亚共同体的"社会性成长"。民族主义作为影响社会思想观念的重要因素之一，在中日韩合作以及

① Eric Helleiner and Andreas Pickel, eds., *Economic Nationalism in a Globalizing World*, Ithaca, N. Y.: Cornell University Press, 2005, p. 2.

东亚地区合作当中十分关键和重要。"强国家，弱社会"的东亚国家现实，要求中日韩三国必须重视民族主义问题，努力规范和引导民族主义，从而消除民族主义对东亚地区合作的巨大的负面效应，促进地区认同的整合与"地区性"的持续发展。

第十二章

中国和平崛起与国家软实力建设：战略评估及建议

改革开放以来，中国的综合国力尤其是硬实力实现快速增长，而软实力发展相对滞后，这成为制约中国和平崛起的一大瓶颈。伴随着国际社会相互依赖程度的持续提高，国家诉诸硬实力的代价越来越昂贵。军事打击、经济制裁等硬措施的功效开始下降，而文化、制度、传媒等因素的作用力逐渐凸显，软实力已经成为综合国力的核心要件之一。它不仅可以有效弥补一国在硬实力上的不足，更是打破"大国崛起困境"的新途径。

20世纪90年代初，美国学者约瑟夫·奈在《世界权力的变革》和《软权力》等论文当中，首先提出软实力（soft power）这一概念。软实力是相对于硬实力而言，其被称之为"实力的第二张面孔"，[①] 它是"一个国家造就一种情势，使其他国家效仿其发展倾向并界定利益的能力。这种实力往往来自于文化和意识形态的吸引力以及国际机制的创建力与规范力"。[②] 软实力反映了国际政治的新现实，其地位和作用越来越重要。软实力是中国和平崛起的必要条件和实现途径之一，强大的软实力可以保证中国崛起的和平性质，进而实现和平崛起的战略目的。同化力、规范力、影响力是软实力的三大构成要件。目前，中国软实力在同化力方面发展不足，规范力方面比较乏

---

① Peter Bachrach, Morton S. Barat, "Two Faces of Power," *The American Political Science Review*, Vol. 56, No. 4（Dec., 1962）, p. 947.

② Joseph S. Nye, Jr. "Soft Power", *Foreign Policy*, No. 80, Autumn, 1990, p. 153.

力，影响力方面作用有限，这成为制约中国硬实力及综合国力进一步发展的瓶颈所在。以同化力为基础，规范力和影响力并举，强调多路径、多角度地推进中国软实力建设，重点从文化、发展模式、国际制度、外交能力、国家形象、国际传媒等方面建设和提升中国软实力，有助于实现中国和平崛起和持续发展。

一　中国和平崛起与国家软实力建设的内在联系

和平崛起是一国充分利用世界和平的国际背景，发展壮大本国，同时以本国的强盛来维护世界及地区和平。和平崛起的国家不需要通过挑战现存的国际秩序，更不需要采用争霸和损害别国利益的方式来实现国家目标。和平崛起的意义在于克服崛起国与霸权国之间的内生矛盾，避免发生战争，使霸权国可以接受另一大国的崛起。[①] 和平崛起不仅保证了国际社会的稳定，同时也要求崛起的国家承担更多的国际责任。

中国的和平崛起，意味着中国以和平的方式成为在国际社会当中具有影响力的世界大国。中国的和平崛起需要具备四个要素，即综合国力的提升、国家形象的改善、国家身份的认同和国际地位的提高。改革开放以来，中国的经济、科技、军事实力等不断提升，这为中国崛起奠定了坚实的物质基础，而文化、国际制度、国际传媒等软实力仍然相对薄弱。软实力的发展滞后，不仅严重制约着综合国力的进一步提升，同时也限制着中国崛起的方式。中国的和平崛起需要在国际舞台上树立本国的威望和威信，塑造良好的国家形象，从而谋求或是扩大中国在地区及全球的影响力与作用力。中国应当以更加积极的姿态参与各种国际组织，完善和创设各类国际机制，致力于成为"负责任"大国，在国际社会当中寻求身份认同，继续提升国际地位。中国和平崛起的四要素和软实力的内涵是密切相关的。软实力主要是通过吸引、规范、认同对他国的政治行为产生正面影响，能够以一种"合作型"实力的方式来促进中国和平崛起进程。

综合国力的动态方程包括硬实力、软实力和两者之间的协同力。[②] 硬实力在综合国力当中发挥着基础性的作用，是国力对抗的基本保障和最后防线。伴随着国际社会相互依赖性的日益加强，软实力的作用越来越重要，这

---

① 阎学通：《对"和平崛起"的理解》，《教学与研究》2004 年第 4 期，第 5～6 页。
② 黄硕风：《综合国力论》，中国社会科学出版社，1992，第 165 页。

使得"软性的同化实力与硬性的指挥实力同样重要"。① 由此，诸如文化、国际制度、传媒等软实力要素被赋予了新的战略意义，成为实现国家战略目标的重要途径之一。软实力是一种"非对抗性"的实力，它是通过吸引他国，塑造其偏好，获得其他国家的认同，从而实现本国的对外政策。中国的和平崛起需要硬实力和软实力的共同建设与推进，两者均不能够偏废。

软实力不仅可以有效提升综合国力，同时可以弥补硬实力的不足和缺欠。软实力可以为硬实力提供合法性的解释，赢得国际社会的支持和谅解。国家可以通过软实力造就一种环境氛围，使其他国家能够以效仿该国的方式考虑自己的发展路径，确定自己的政策目标。"一些国家如加拿大、荷兰以及斯堪的纳维亚国家，它们的政治影响远远大于它们的军事和经济实力，原因在于它们把经济援助、参与维和等深入人心的行动，贯穿于它们的国家利益之中。"② 这些国家可以塑造领导能力、文化的吸引力等弥补其硬实力的不足和缺失。伴随着信息革命的不断推进和深化，软实力的核心要素——信息、知识等，推动着硬实力的进一步发展，发达国家在经济全球化和新军事变革当中受益颇多。软实力是中国和平崛起的重要因素。软实力同硬实力以及两者之间的良性互动，是提升中国综合国力、实现中国和平崛起的必要条件。

1500 年以来，世界九大强国无一例外地通过硬实力打破国际格局，实现国家强势崛起。而中国崛起的国际环境不同于传统大国崛起所面临的环境，这意味着中国需要开辟一条新的途径，尤其是最终打破"大国崛起困境"。应当说，中国和平崛起是对大国传统崛起方式的一种超越和创新。中国不是通过军事扩张、掠夺资源、发动战争的方式，而主要是发展内需、改革创新，积极参与国际社会的合作与竞争，以此实现国家崛起的战略目标。中国和平崛起的方式与软实力的内涵相契合，大力发展软实力就成为中国打破"大国崛起困境"的新途径。这不仅保证了中国崛起的过程是和平的，也能够保证中国真正实现和平崛起的战略预期。软实力不仅可以同硬实力相互作用，提升中国的综合国力，同时，软实力有助于推行"睦邻友好"外交政策和消除"中国威胁论"的负面影响，为中国和平崛起铺平道路。伴

---

① Joseph S. Nye, Jr. "The Information Revolution and American Soft Power", *Asia Pacific Review*, Vol. 9, No. 1, spring 2002, p. 69.

② 〔美〕约瑟夫·奈：《美国霸权的困惑：为什么美国不能独断专行》，郑志国等译，世界知识出版社，2002，第 11 页。

随着软实力在中国和平崛起当中的作用越来越重要，全面评估中国软实力现状，对可持续推进中国软实力建设意义尤其重大。

二　中国软实力现状的战略评估

国际政治性质的变化，使得"实力正在变得更少转化性、更少强制性、更趋于无形化"，[1] 无形的实力在国际关系中发挥的作用更加重要。软实力思想为分析国家实力提出一个新的视角。同化力、规范力、影响力构成软实力的核心要素，三者成为评估中国软实力现状的具体路径。"同化力"是一国所具有的被他国效仿和追随的魅力，"能够让对方愿意认可、接受并效仿，甚至成为自己价值和文化的一部分"，[2] 并转化成为他国的行为方式或行为准则。"规范力"是确立一种使他国能够体现本国意愿的导向能力。如果一国能够建立与国际社会相一致的国际准则，那么，其他国家必然在设计者的框架之下实现自己的国家利益，这限制了其他国家的行为能力，而设计者实现其国家利益更加容易。[3] "影响力"是一国在国际社会中受到他国认同而享有的力量，它是由于本身的优势或者通过各种途径所产生的巨大的积极效应。软实力是中国和平崛起的必要力量，中国软实力的发展状况应当引起我们的高度重视。

1. 同化力

同化力是与中国的现实国情和外交实践结合得最为紧密的一种软实力。同化力主要来源于文化和发展模式两个方面。中国是一个有着深厚文化底蕴的国家，古代以儒家文明为核心的文化先进性，形成其对周边地区的巨大的同化力。中国传统文化所追求的"和而不同"精神，以其造诣极深的多元文化价值，为周边地区所广泛认同。中国以先进的文化优势为基础，通过积极的国际交往，将其文化远播海外地区，创造了辉煌的文化时代，也建构了以文化为底蕴的东亚地区朝贡体系。[4] 这一体系的核心是，中国的富强与文化繁荣对周边民族和国家有着巨大的同化力。

---

[1] Joseph S. Nye, Jr. "The Changing Nature of World Power", *Political Science Quarterly*, Vol. 105, No. 2, 1990, p. 179.

[2] 陈玉刚：《试论全球化背景下中国软实力的构建》，《国际观察》2007年第2期，第36~42页。

[3] 苏长和：《中国的软权力：以国际制度与中国的关系为例》，《国际观察》2007年第3期，第30页。

[4] 简军波：《中华朝贡体系：观念结构与功能》，《国际政治研究》2009年第1期，第132页。

19世纪中叶以来，西方列强的坚船利炮，使一些仁人志士开始对中国传统文化进行深刻反思。面对西方物质文明的优越性，"中国在文化上不乏盲目模仿，甚至不顾一切拥抱外来文明，而自我否定向来是我们的一个传统"。① 改革开放以来，中国经济社会保持高速发展，在经济上的巨大成功，使中国的文化和思想更富吸引力，再次为世界所关注。中国的发展模式带来巨大经济效益的同时，也彰显了中国文化的独特魅力。目前，中国政府更加重视高等教育，不断加强文化交流，大力弘扬传统文化，这为增强中国软实力当中的同化力奠定了坚实基础。伴随着中国传统文化资源不断得到发掘，优秀文化精粹不断发扬光大，中华民族核心价值观的精神动力更加的强劲。与此同时，中国文化与世界文化的交流途径和方式越来越多，世界各国开始更加深刻地了解和认识中国。

不过，中国在同化力方面也存在一些问题，面临现实的严峻挑战。首先，中国文化历史悠久，但是其在引领世界文化潮流、影响人类思想变革、促进社会制度创新等多个方面略显薄弱；其次，中国的价值观念、思想文化中有一些与经济全球化不相适应的地方，这使中国缺乏足够的文化支撑力；第三，目前中国文化体制以政府投入为主，没有形成广泛吸引社会资金的机制，从而制约着中国文化产业的进一步发展；第四，中国的发展模式处在探索当中，存在环境污染严重、发展不平衡、创新力不足等一系列的棘手问题，这导致中国软实力的同化力不足。

2. 规范力

规范力是国家通过国际制度的领导权和国际问题的议程设置，对其他国家行为进行规范的能力。规范力的核心是，让其他国家自觉、自愿地接受另一国所倡导的制度安排和议程设置。中国在规范力建设方面是一个跟进者和后来者。19世纪中叶以来，中国在西方列强"炮舰外交"的强势之下，被迫卷入西方主导的国际制度，在国际制度、外交机制的建设和参与方面，始终处于消极、被动的状态。改革开放以来，"中国逐渐改变了对现存国际制度的看法，真正意识到外部环境和自身发展的重要联系"。② 中国先后加入世界知识产权组织条约、国际农业开发基金、亚洲开发银行等国际组织和条约。20世纪90年代以来，中国在国际组织当中的作用和影响更加的巨大，

---

① 门洪华：《中国软实力评估报告》（下），《国际观察》2007年第3期，第37~41页。

② 陈正良：《中国"软实力"发展战略研究》，人民出版社，2008，第11页。

对国际制度的完善、创设和国际事务的议程设置更加的活跃和灵活。2001年上海合作组织成立，2003年朝核问题六方会谈机制建立，这些标志着中国在规范力建设方面取得了重要进展。

目前，中国形成了一套较为成熟的外交理念，即坚持以国家利益为核心，高举和平、发展、合作的旗帜，采取独立自主的和平外交政策和睦邻友好的周边政策，积极推动建立公正、合理的国际新秩序。据统计，中国参与全球性政府间国际组织的比率达到61.19%，列所有参与国的第27位；参与全球性非政府间国际组织的比率达到58.14%，列所有参与国的第31位。[①] 中国在国际组织、国际制度、议程设置等多个方面均取得重大突破，已经熟悉国际制度规则，并积极参与国际论坛，发挥多边外交作用。值得注意的是，中国在其中的主动性、建设性和创造性不断增强。不过，中国在规范力建设方面仍然存在一些不足。中国面临着如何让不断上升的国际影响力和国际地位更加的现实，如何在国际体系当中明确自己的身份和地位等棘手难题。[②] 另外，中国在参与国际组织的数量上远远落后于美国、英国等西方发达国家。在众多的国际制度当中，中国均不是首创者，其在议程设置能力、利用国际规则的技巧等多个方面亟待继续提高。在国际组织、国际制度、外交能力等多个方面所发挥作用的不足，致使中国软实力的作用乏力。

3. 影响力

影响力是综合国力的外在表现之一，是国家传统、国家状况、文化传承在当代世界特性化脉动的映像化张力，是对其他国家行为产生的一种作用力。影响力主要来源于国家形象、国际传媒、信息能力三个方面。中国的影响力大致经历一个U形曲线的历程。19世纪初叶以前，中国一直是世界上的繁荣和文明地区，为西方国家所敬仰。鸦片战争之后，"东亚病夫"一度成为中国的代名词，中国的影响力一落千丈。新中国的成立是中国的影响力恢复和提升的一个重要转折点，尤其是抗美援朝战争为中国的国际地位奠定了重要基础。进入21世纪，中国提出"和谐世界"的外交理念，这一理念不仅有着牢固的历史基础，也占据了国际社会的道德高地。[③] 中国将古代儒

---

① 王玲：《世界各国参与国际组织的比较研究》，《世界经济与政治》2006年第11期，第47～49页。

② 杨洁勉：《改革开放30年的中国外交和理论创新》，《国际问题研究》2008年第9期，第6～11页。

③ 龚铁鹰：《软权力的系统分析》，天津人民出版社，2008，第193页。

家文化的"和"上升到战略高度，表明中国在今后的发展道路上将坚定不移地走一条和平发展的道路。中国不仅在道德高地上塑造自己的国家形象，也不断发挥着"负责任"大国的作用。近年来，中国向多个国家和地区援助项目和减免对华债务。在 2009 年之前，中国为非洲国家培养了 1.5 万名专业人才，向 4000 名非洲留学生提供奖学金，并对非洲国家的医疗保健和农业提供无私帮助。

与此同时，中国加大了对国家形象、国际传媒等方面的建设力度，不断扩大中国在国际社会的影响力。不过，中国的影响力建设面临一些挑战。首先，中国国家形象的负面化。中国国家形象在西方舆论中的负面化比较严重，一些西方国家在涉藏问题、涉疆问题、涉台问题、人权问题上大做文章。同时，"中国威胁论""中国崩溃论"等言论，严重制约着中国国家影响力的进一步发挥。其次，中国国际传媒实力较弱，这成为限制中国国家影响力的一大瓶颈所在。西方媒体在信息发布量、覆盖率、传媒技术等多个方面均强于中国，这影响了中国国家形象的塑造和确立。虽然中国对许多国家提供了大量的援助、积极参加维和活动，履行"负责任"大国义务，但是这些活动被有效地转化为影响力的十分有限，即没有真正做到将认同力转化为影响力。

可以发现，改革开放以来，中国软实力有了很大的发展和提升，这有助于实现中国和平崛起。同时，中国软实力在同化力方面发展不足，规范力方面比较乏力，影响力方面作用有限。软实力已经成为制约硬实力以及综合国力进一步发展，影响中国和平崛起的一大瓶颈因素。

三　中国软实力建设的对策建议

中国的和平崛起，既是军事、经济、科技等硬实力的不断提升，更是软实力不断成长和积累的过程，软实力是中国最终实现和平崛起的重要指标。改革开放以来是发展中国软实力的重要历史机遇期，"中国软实力得到全面而迅速的提升，实现从被动到主动、从无意识到有意识的积极发展"。[①] 同时，中国软实力发展面对着诸多的问题和挑战，有着很大的提升空间。如何深化软实力资源，发挥软实力效用，促进和实现中国和平崛起，这成为中国决策者着重思考的重大课题。

----

① 门洪华：《中国软实力评估报告》（下），《国际观察》2007 年第 3 期，第 37～41 页。

软实力是中国树立良好国家形象、融入国际体系、实现和平崛起的关键所在。中国要对软实力的发展和建设进行战略性思考和设计。[①] 只有依靠同化力、规范力、影响力之间的相互联系和共同作用，才能够使中国的软实力建设达到预想的战略效果。为此，应当以同化力为基础，规范力和影响力并举，强调多路径、多角度地推进中国软实力建设，重点从文化、发展模式、国际制度、外交能力、国家形象、国际传媒等多个方面，建设和提升中国软实力。

第一，发挥同化力的基础性作用，重点从文化、发展模式两个方面，不断扩大同化力的维度。文化和发展模式的吸引力并不会形成软实力，它们只是软实力的前提条件而已，即通过吸引力来塑造其他国家的行为方式，由此达到同化力。从文化方面而言，中国文化正积极应对回归传统和现代化之间的巨大张力。对中国软实力的讨论，实质上可以转化为如何实现中国传统文化现代化的问题。[②] 一方面，不遗余力地弘扬中国传统文化并使其现代化，努力打造中国文化品牌，让其真正成为中国软实力发展的不竭动力；另一方面，通过在海外建立孔子学院、中国文化中心，积极开展对外文化交流活动，推动中国图书出口、向海外派遣青年志愿者等途径，加大中国文化的宣传力度，扩大中国文化的辐射范围。同时，大力发展文化产业，加强文化设施建设，不断完善文化体制。从发展模式方面而言，应当深入总结中国的发展模式，有效解决中国的环境污染、发展不平衡、三农问题等方面的阻碍，不断发展创新、优化完善中国的发展模式，使世界认识到中国发展模式的巨大优越性，为其所吸引，从而改变各自的国家行为方式，真正达到软实力的同化影响。

第二，加强规范力建设，从国际制度、外交政策两个方面，积极塑造中国软实力。首先，通过正确的外交战略和自信的心态，不断强化中国在世界事务中的作用和地位。中国必须摆脱思想束缚，以战略眼光制定外交政策，积极参与国际事务和全球治理，积极发挥规范作用。其次，推动公共外交建设，追求外交效能的最大化，建构具有中国特色的公共外交机制。通过公共外交，营造理解、善意和趋同的互信机制。[③] 再次，参与、融入现行国际机

---

① 房桦：《十年来中国软实力发展研究综述》，《现代国际关系》2009 年第 1 期，第 56～60 页。

② 门洪华：《中国软实力评估报告（下）》，《国际观察》2007 年第 3 期，第 37～41 页。

③ 唐小松：《中国公共外交的发展及其体系构建》，《现代国际关系》2006 年第 2 期，第 8～11 页。

制，并对其加以修正和完善；扩大国际组织的参与量，创设新的国际组织。最后，依托中国与周边国家日益紧密的联系，加强观念创新和制度建设能力，建设各种地区性国际制度，切实解决中国规范力乏力的问题。

第三，运用现代信息技术建设国际传媒，塑造积极的国家形象，扩大影响力的辐射范围和深度。国家形象是国际社会对一国综合国力的整体性评价。国家形象以国家实力为基础，同时依赖国际社会对国家的分析和评论。国际社会对同一事实可能会形成不同的评述，国际传媒对国家形象的意义不容忽视。"塑造和平发展时期的中国大国形象，已经成为软实力建设的紧迫课题。"① 首先，加快构建和谐社会步伐，确保国内政治稳定、经济发达、文化繁荣，为国家形象塑造强有力的内核。其次，强化和平发展的大国外交形象，积极参与国际事务，履行国际职责，做一个"负责任"的大国。最后，充分利用现代信息技术，扩大对外宣传效用。强有力的国际传媒，能够塑造积极的国家形象，能够有更多的机会传递自己的信息，影响其他国家的思维和行为倾向。应当发挥国际传媒的正效用，让世界真正了解和认识中国，进一步塑造中国积极的国家形象，不断扩大中国的实际影响力。

软实力是综合国力的重要组成部分，是提升综合国力的重要因素之一，也是衡量中国和平崛起的重要指标。在经济全球化时代，中国的和平发展更加需要软实力，也是中国最终打破"大国崛起困境"的新途径。只有发展好、建设好软实力，才能够使中国的和平发展保有长久不竭的动力。当务之急是从实际情况出发，利用好各种现有条件，充分发掘潜在资源。中国的软实力建设应当具有开放性，保持特色性的同时，充分汲取世界各国经验，不断地为实现中国和平崛起而服务。

---

① 郭树勇：《新国际主义与中国软实力外交》，《国际观察》2007 年第 2 期，第 6 ~ 8 页。

东亚地缘热点问题变化

第十三章

海洋秩序与海权博弈：
从日本的视角看海洋权益争端

　　众所周知，日本是一个典型的"海洋国家"，因而领海及领海之外的海洋资源一直以来被其视为是维护和扩展国家权益的核心组成部分之一，即属于日本的核心利益范畴。"由海向陆""由海制陆"也是身为海洋国家的日本的一项基本国策。由此，立足海洋、夺取海权、控制海洋，就成为日本对外战略及东亚区域政策构想中的"恒久"的主旨内容之一，更是其实现"政治大国"夙愿的基本条件及有力保障。冷战结束后，东亚地区海洋权益争端不时发作，并与一些固有性的地区矛盾相结合，与其争端态势越来越激烈并时有激化，从而成为影响地缘格局塑造和地区和平稳定的一大核心要素及重点、难点。其实，这与日本进一步树立和强化以"海权博弈"的理念及视角，制定和调整其东亚区域政策不无关系。日本与周边国家普遍存在复杂的海洋权益争端问题，这其中既有地缘政治和国家能力等物质力量因素的结构性牵引力的作用影响，也是东亚国家对海洋权益的认知逐步深化等社会意识因素的时代性变迁的推动使然。① 应对当前日本越来越"右翼化""对冲化""功利化"的东亚区域政策，应当更好地、有效地利用地缘结构和国际环境所预留的博弈空间，突破"冷战思维"式的"海权博弈"观念，以

---

　　① 建构主义作为当代西方国际关系理论的一支重要流派，它认为国际关系是由物质力量结构和社会意识结构相互扰动及共同作用的必然结果。所谓的社会意识结构，是指作为国际行为主体行为的主要依据和基本准则的信仰、规范、观念、认知等诸因素，这些内容一并构成最终确认国家利益、驱动国家行为的决定性因素。

创造性的方式妥善解决海权争端问题及地区性安全困境。

一 日本的海权观及其嬗变：地缘格局与国际环境的合力作用

作为民族国家及其国民参与海洋活动的重要思想基础和意识来源，"海权观"一般是指民族国家发展"海权"所必须和必要的精神因素，其涵盖了海洋国土观、海洋国防观、海洋权益观等主要方面。长期以来，人们一直习惯性地认为国家安全亦即国土安全，其主要是指"陆地安全"，而海洋不过是作为保持和抗衡大陆不受侵扰与侵犯的自然地理屏障而已，没有深刻意识到海洋对维护、促进和扩展国家利益，尤其是核心利益的重要意义及现实价值。

自19世纪中叶以来，伴随着国家权益、国土安全、经济贸易等关涉民族国家生存和发展的关键性因素与海洋的联系性越来越紧密，海洋、海权等问题逐渐成为当时社会各界的研究对象。其中，两度出任美国海军学院院长的马汉将军提出的"海权"（sea power）理论，是最为知名和影响深远的。他强调指出，民族国家竭力控制海洋尤其是具有特殊战略意义的海峡、航道等是大国崛起的必经之路，"制海权"是关涉民族国家兴衰存亡的决定性因素。这一观点全面颠覆和革新了人们的习惯性思维，促使人们开始从国家战略甚是全球战略的高度来认识海洋和审视海洋问题，这成为直接促成包括日本在内的一些国家海军力量迅速崛起的重要诱因之一。

日本的地理位置比较特殊，它作为一个地域狭小、缺少战略纵深的岛国，其内陆的任何地方相距海岸均不超过70海里。国土防御缺少战略纵深的现实窘况，意味着日本极易遭受攻击，尤其是来自于海洋方向的攻击。因此，尽可能地扩大所谓的"军事防御范围"，建立列岛之外的带状军事基地就成为日本的一大夙愿。为此，明治维新以来的日本一直致力打造一支规模庞大、战力强悍的海军联合舰队，不惜拼尽国力与西方列强争夺具有重要战略意义和地缘价值的海峡、航道及海军基地，竭力夺取所谓的"制海权"。从明治维新开始直到太平洋战争结束，沉迷于"制海权"而难以自拔的日本，其先后策动和挑起包括侵朝战争、甲午战争、日俄战争、侵华战争和太平洋战争在内的一系列的战事，其妄图控制太平洋、称霸亚太乃至世界的野心昭然若揭。由此，日本成为一个时期以来亚洲乃至世界战争的重要策源地之一。可以看出，这一时期的日本过于突出和强调"海权"的军事价值与军事性质。①

伴随着科学技术的迅猛发展和不断进步，人类社会对海洋重要性的认知越来越全面和深入。海洋所富集的各种自然资源，对世界各国尤其是资源匮乏型国家而言，无疑具有极为特殊的战略意义和重要价值。因此，伴随着世界各国大力开发海洋资源的进程不断推进和深入，进一步催热有关国家激烈争夺海洋权益的一波波高潮。海洋问题逐渐成为二战结束后民族国家之间新的纠结点和角逐点，而这一问题在环西太平洋政治地震带则显得更加的微妙和敏感。

1945 年 9 月，美国总统杜鲁门发表《大陆架公告》，其中提出"处于公海下但毗连美国海岸的大陆架的底土和海床的自然资源属于美国，受美国的管辖和控制"。② 这一观点和主张引起世界各国的不同凡响，也被认为是"国际社会对海洋实行第三次分割的开始"。③ 1958 年 2 月，联合国在瑞士日内瓦举行第一次联合国海洋法会议。1960 年 3 月，联合国在瑞士日内瓦二次召开海洋法会议。这两次会议均致力于推动和制定有关海洋资源开发与权益划分的国际规则。虽然达成多项重要共识并且形成一些公约和协议，但是，由于与会国家的分歧过大，始终难以取得实质性的进展。1973 年 12 月，联合国在美国纽约召开第三次海洋法会议，167 个国家和地区的代表历经 9 年，共计 11 期，多达 16 次会议的漫长谈判历程，与会代表在 1982 年 12 月最终达成一致并签署了《联合国海洋法公约》。1994 年 11 月，联合国 60 个成员国的批准书或加入书交存超过 1 年之后，宣告《联合国海洋法公约》正式生效。该公约对领海、国际航行的海峡、专属经济区、大陆架、内陆国家出入海洋的权利和过境自由、群岛国和岛屿制度、国际海底问题、海洋环境保护等诸多方面，均做出了明确和细致的规定。根据公约的规定，一国最外端的一个岛屿与另一个岛礁之间的连线即基线，向外延伸 12 海里是一国神圣不可侵犯的领海，向外延伸 24 海里是毗连区，向外延伸 200 海里是专属经济区，向外延伸最远 350 海里则是大陆架。沿海国对大陆架范围以内的海洋具有管辖权和资源开发权。④

---

① 〔日〕国分良成：『日本の外交：対外政策地域編』，岩波書店，2013，第 112～115 页。
② 王翰灵：《国际海洋法发展的趋向》，《中国社会科学院院报》2006 年 6 月 18 日。
③ 谭天：《〈联合国海洋法公约〉诞生后的海洋权益纷争》，《国防知识报》2005 年 9 月 26 日。
④ 联合国第三次海洋法会议：《联合国海洋法公约》，海洋出版社，1992，第 101～103 页。

伴随着《联合国海洋法公约》的正式签署以及全球海洋形势的不断发展和变化，世界各国对"海权"的认知和理解，也开始由单纯意义上军事价值的传统海权观，逐渐转换为以海洋资源、海洋战略和海洋能力为核心的现代海洋观。所谓的现代海洋观，是指民族国家通过海军力量和海洋战略等相对动态性的因素，不断整合基础性的海权资源等相对静态性的因素，从而实现控制海洋、利用海洋和由海向陆的战略目标，不断促进国家的发展和繁荣，并最终形成在海洋当中现实的、随时可用的强制能力。①

为了有效"保护"《联合国海洋法公约》生效之后有所扩展的海洋权益范围，日本政府适时提出了新的海权战略，即致力于控制海洋、利用海洋和"由海制陆"，其海洋扩张意识不断膨胀并更趋"外向化""右翼化"。所谓的控制海洋，亦即一般意义上的"制海权"，主要是指日本夺取和保持制海权的能力，这也是海权的基本目标和主要功能所在。所谓的利用海洋，是指在获得制海权的基础之上，不断通过海洋资源汲取国家财富。所谓的由海制陆，主要是实现和达成对东亚濒海地区（边缘地带）的有效规制。进一步而言，日本就是要全力控制西太平洋 1000 海里的所谓的"海洋生命线"，利用海洋资源不断促进国家的发展和繁荣，并实现成为"政治大国"的夙愿，同时实现对周边战略对手尤其是对中国的有效震慑。这其中，以各种借口和手段占领有争议岛屿，从而获取它们所拥有的海洋区域，就成为近年来日本的重要海洋扩张策略之一。此外，日本政府公然将一些存在主权争议和地理位置重要而敏感的岛屿称为是"对扩大与苏联、朝鲜、韩国、南千岛群岛中国等邻国海洋经济区的边界线起到重要作用"② 的关键所在。假如达不到对这些岛屿的主权要求，日本的海洋经济区就只能被限定在 4 个主岛海岸 200 海里的海域之内，因而其只能够成为"二流国家"。当前，日本的这种立足"海权博弈"理念并带有明显而深刻的"冷战思维"印记的政策指向，既有历史惯性因素的影响作用，又有地缘格局及美国因素的不断推动，从而使日本对东亚区域的政策构想越来越偏离"正常化""和平化"的正确轨道，而越来越表现出"右翼化""对冲化""功利化"的极为令人担心的

---

① 刘新华、秦仪：《现代海权与国家海洋战略》，《社会科学》2004 年第 3 期，第 73~79 页。
② 《中国钓鱼岛主权与战略价值》，http://mil. eastday. com/eastday/mil/node62186/node62671/node62673/node77324/userobject1ai1522131. html。

不端倾向。

二　日本与周边国家海洋岛屿争端的现状及特点

目前，日本与三个主要邻国——俄罗斯、韩国和中国之间均存在比较严重的岛屿争议和海洋权益争端，即所谓的"三岛困局"。虽然这些争议和争端均属于历史遗留问题，但是在冷战结束以后不时成为扰动日本与相关国家关系乃至东亚地区局势的一大诱因。从地理位置来看，争端中的南千岛群岛、独岛（竹岛）、钓鱼岛，恰好分布在日本列岛的北部、中部和南部三个战略方向，从而形成一种"环绕"态势。

1. 南千岛群岛之争与日本的望岛兴叹

所谓的南千岛群岛，是齿舞岛、色丹岛、国后岛和择捉岛的总称。二战结束后，作为进攻和惩治日本军国主义的一种战略性补偿，南千岛群岛被并入苏联版图。1955 年 6 月，苏日之间的相关谈判在英国伦敦举行。日方代表松本俊一就南千岛群岛问题对苏联方面提出了强烈要求，主要包括苏联归还南萨哈林岛和千岛群岛等七项主张。尽管这一提议得到美国政府的大力支持，但是，此时苏联方面早已经完成对南千岛群岛的"事实占领"。加之冷战对抗的步步升级和《美日安保条约》的签署，日本已经成为美国在东亚地区与苏联相对抗的坚定盟友和战略前沿地带，因此其索要南千岛群岛的希望十分渺茫。1985 年 3 月，戈尔巴乔夫上台以后，在"新思维"方针的具体指导之下，提出通过政治谈判方式来解决南千岛群岛问题，并有分阶段交还南千岛群岛的具体考虑。①

苏联解体以后，俄罗斯的综合国力和国势一度严重下降，在经济方面对日本有所欲求，一时之间南千岛群岛的情势似乎"明朗"起来，日本对收回南千岛群岛也是跃跃欲试。2001 年 3 月，时任日本首相森喜朗曾经向俄罗斯总统普京提议，分两阶段索回南千岛群岛，即先期交还齿舞岛和色丹岛，对此普京总统表示认可。但是，这一提议一经公布之后，立即在日本国内招致一片的批评和质疑。许多日本民众担心，"分两步走"的设想和方案看似是切实可行，但可能最后只是"日本得到这两个最小的岛"。② 因此，

---

① 张克俊：《戈尔巴乔夫曾想重金卖四岛》，《党建文汇》2011 年第 4 期，第 39 页。
② 董青岭：《浅议日本政府的"北方领土"外交》，《俄罗斯研究》2005 年第 1 期，第56～60 页。

大多数的日本民众坚持"整体性"的一揽子解决方案。由此,日俄南千岛群岛之争再度陷入停滞和困境中。

在随后出台的对俄外交的新方针中,时任日本首相小泉纯一郎一改以往的"不偏重北方领土问题而全面发展两国关系"的传统做法,[①]重新确定对俄谈判的基本立场——将南千岛群岛问题作为谈判重点。同时,他指出"期望借助两国首脑外交,一并确认南千岛群岛的归属,从而缔结《日俄和平条约》"。[②]新方针除了强调日俄两国首脑外交的必要性和重要性以及日本要从"正面",不回避地就南千岛群岛问题与俄方展开外交交涉外,还决定将 1993 年 10 月 11 日俄共同签署的《东京宣言》作为相关交涉的"基本文件"。在这一文件中,日俄双方就解决南千岛群岛问题之后早日缔结"和平条约"等事宜达成了重要共识。另外,新方针明确否定了以往一直抱有的"先归还两岛"的阶段性解决方案的传统思维,重申必须"一揽子"和"整体性"地解决南千岛群岛归属问题。

尽管俄罗斯对南千岛群岛的态度一度有所松动,但是其摇摆不定的做法,表明当时俄方完全交还南千岛群岛目前并不可能。南千岛群岛的地缘价值极为重要,俄罗斯对此非常重视且经营有时,在美国强势重返亚太地区、美日军事同盟更趋一体化和东亚冷战格局尚未完全消逝的大背景下,归还南千岛群岛意味着俄罗斯将会自动放弃自由出入太平洋的权利。这对大国雄心犹存、已然强势复兴的俄罗斯来说,无疑是一场巨大的灾难。有日本学者指出,虽然普京在第二个总统任期的首次公开演说中,第一次把日本与美国、中国、印度等国家并称为俄罗斯外交的重要伙伴,但是这绝不意味着日本在俄罗斯外交政策上的排位靠前了,俄罗斯对与日本缔结"和平条约"的热情其实不是很高。俄罗斯以"摇摆政策"面对日本的"领土外交"并且屡屡得手,期间不时采取看似激化矛盾和加剧事态的诸如总统登岛巡视、战略轰炸机巡航争议岛屿等强硬举动,意味着日本在南千岛群岛问题上依然是无可奈何,只能是望岛兴叹。

2. 独岛(竹岛)之争与日本的"难有作为"

所谓的独岛(竹岛),是指由东、西两个主岛及其附属的 36 个岩岛、暗礁所组成的小群岛。独岛(竹岛)周边海域的矿产和渔业资源十分丰

---

① 辛雯:《日本提出对俄新方针 小泉想要南千岛群岛》,《中国国防报》2004 年 7 月 24 日。

② 《政府寻求解决南千岛群岛的新方针》,〔日〕《朝日新闻》2004 年 7 月 18 日。

富，加之其正好处在朝鲜海峡北端中点的战略节点上，因此极具地缘价值和战略意义。在历史上，独岛（竹岛）曾经是朝鲜王朝的管辖之地，但是受到"海禁政策"和"空岛政策"的冲击与影响，[①]岛上居民一度被强制迁走。此后，日本人则经常造访这些岛礁。19世纪末，韩、日两国开始关注独岛（竹岛）主权问题，但是，因日本取得日俄战争胜利后迅速吞并了整个朝鲜半岛，独岛（竹岛）随即被划入日本版图。二战结束后，独岛（竹岛）被划归驻韩美军管辖。1952年1月，韩国总统李承晚宣称对包括独岛（竹岛）在内的周围岛屿和海域行使国家主权，此举立即激起不满的日本人频繁登上此岛。此时，因朝鲜战争而焦头烂额、无暇顾及的韩国政府虽然是无能为力，但是陆续有韩国人搬到独岛（竹岛）上定居长住，甚至有的韩国人把户籍正式迁移至此而成为独岛（竹岛）的正式居民。

目前，独岛（竹岛）完全被韩国方面所实际控制。由于韩、日两国同为美国在东北亚地区的亲密盟友，因此两国之间的岛争无须考虑美国等"第三方因素"的影响，这有别于日俄南千岛群岛之争和中日钓鱼岛之争。韩国方面则凭借着实际控制之势和事实占领之利，除了不断宣称对独岛（竹岛）的主权拥有之外，还一步紧一步地以具体的行动不断加大对日方的压力攻势。从连续公开发行独岛邮票，将迄今韩国海军最大吨位也是唯一的两栖攻击舰命名为"独岛号"，并由李明博总统亲自登岛巡视。由于日本对朝鲜半岛的殖民统治历史，使其不敢过多地刺激韩国民众的敏感情绪。除了反复重申主权并表示强烈抗议之外，日本始终难有任何的实质性作为。

3. 钓鱼岛之争与日本的"大有可为"

从地理位置来看，钓鱼岛及其附属岛屿位于东海大陆架的东端，是附属于中国台湾的大陆性岛屿；东北距离台湾岛约120海里，西、东分别距离中国大陆和日本冲绳各约200海里。它是由钓鱼岛、黄尾屿、赤尾屿、南小岛、北小岛等若干小岛组成的小群岛。由于钓鱼岛上没有淡水，所以岛上一直无人定居。根据相关文献的记载，至迟自明朝初年以来，钓鱼岛等岛屿就

①　朝鲜王朝（1393~1897年）长期以来奉行"海禁政策"和"空岛政策"。所谓的"海禁政策"，实际上是一种"锁国"措施，即禁止国民远赴外海；所谓的"空岛政策"，本意是通过"空置岛屿"的做法，从而使盗贼丧失藏身之所和栖息之地。

已经归属中国版图。1894 年，日本策划和发动甲午战争，清政府战败之后被迫签订《马关条约》，就此把"台湾及所有附属岛屿和澎湖列岛割让日本"。1896 年 4 月 1 日，日本天皇发布"第十三号敕令"，将钓鱼岛等岛屿划归为冲绳县八重山郡管辖。1900 年，日本将袭用数百年之久的钓鱼岛等岛屿改称为"尖阁列岛"。

二战结束后，日本政府只把台湾和澎湖列岛归还给中国政府，但是以钓鱼岛等岛屿已经划归给冲绳县管辖为借口，将上述岛屿交由驻日美军管辖。1951 年 9 月，美日等国签订《旧金山和约》，将西南诸岛置于美托管之下，但未包含钓鱼岛。之后，美国政府擅自扩大托管范围，将钓鱼岛划入其中。1958 年 9 月 4 日，中国政府发表关于领海的声明中宣布，日本归还所窃取的中国领土的规定，"适用于中华人民共和国一切领土，包括台湾及其周围岛屿"。[①]

1968 年，经勘察发现东海大陆架及钓鱼岛周围海底蕴藏着十分丰富的石油资源。1970 年 7 月，一艘琉球海岸巡防船开抵钓鱼岛等岛屿，其在岛上设立了表明属于冲绳县的相关标记，并无理驱逐前往捕鱼的中国渔民，非法摧毁岛上原有的表明这些岛屿属于中国的标记。1971 年 6 月，美日两国达成归还冲绳的相关协议。在该协议中，美国无视中国主权并援引《旧金山和约》，把钓鱼岛等岛屿一并划为对日本的所谓"归还区域"。对此，中国外交部一再发表声明并严正指出：钓鱼岛等岛屿是台湾的附属岛屿，它们和台湾一样，自古以来就是中国领土不可分割的一部分。

1972 年 9 月，中日两国在恢复邦交正常化的谈判中，中国本着从世代友好的大局出发，提出对钓鱼岛等岛屿"搁置争议"，留待日后条件成熟之时再作最终解决。1992 年 2 月，中国人大常委会通过的《中华人民共和国领海及毗连区法》当中，明确注明钓鱼岛等岛屿属于中国领土。海峡两岸对钓鱼岛主权归属问题亦早有共识。1978 年，台湾国民党"外交部"曾经发表声明说，"中华民国拥有钓鱼岛列屿主权，不容置疑"。而按照国际公认的"大陆架公约"当中"同在一个大陆架上之岛屿归该国所有"的基本准则，钓鱼岛等岛屿及其周围海域无疑应当归中国主权属有。

---

① 《中华人民共和国政府关于领海的声明（1958 年 9 月 4 日）》，http：//www.gov.cn/test/2006 - 02/28/content_ 213287. htm。

在日本与周边国家的领土争端当中，中日钓鱼岛之争最为特殊和微妙。中日双方在尽可能地争取最大权益的同时，还要极为小心谨慎地关注两国之间长期和平发展的广泛利益关系。伴随着《美日安保条约》的逐年深化和更加明显的涉华针对性，如果中国在钓鱼岛争端上长时间地采取过于强硬的姿态，只会更加强化这一体系针对中国的高压态势，这是中国不愿意看到的结果。因此，日本惯于使用"两手"措施：一方面，借助所谓的民间手段，不断强化在钓鱼岛等岛屿的现实存在；另一方面，日本通过海岸自卫队等官方行动，限制中国人登岛宣示主权。目前，中国民间的"保钓"呼声很高，中国政府也一再地重申主权并对日本的行为表示强烈抗议，派遣公务船巡视相关岛屿及海域。但是从总体来看，这些行动并不是为了解决问题的决绝措施，而是对日方表明态度和施加压力的一种反制举措，相关行动仍会比较谨慎，这符合中国的核心利益。

在钓鱼岛问题上，日本方面采取了所谓的"时效取得"（positive prescription）的策略。[1] 在国际法上，所谓的"时效取得"不过是取得领土时可能出现的一种方式而已，迄今未被大多数的国际法学者所认可和接受，在现实当中也缺少国际判例支持。何况，"时效取得"本身的前提之一是"连续地、不受干扰地"行使国家权力。日本的这一企图只能是徒劳的。从历史依据和国际法的角度来看，钓鱼岛等岛屿的主权属于中国是不言自明的。日本染指钓鱼岛等岛屿，其实是明治政府对外扩张政策的延伸而已，这是以战争为背景的蓄谋之举。日本应当放弃一贯坚持的"日中之间不存在领土问题"的政策立场，与中国运用相关国际法原则，并通过谈判方式最终妥善解决这一问题。

三 东亚地区海洋权益争端困境的形成及对策建议

冷战结束后，日本政治"右倾化"逐渐明显并不时发作。在日本看来，它与周边国家普遍存在的岛屿争端问题，其实不只是停留在与这些国家相对立的简单层面上，而是更趋向综合性和全面化，正在发展成为其在东亚地区的国家主权、国家安全、经济发展、地区主导权等错综复杂的实力之争。这使得日本与周边国家的岛屿争端愈加显得微妙复杂和

---

[1] 〔日〕井上寿一：『日本外交の再構築』，岩波書店，2013，第 255～257 页。

棘手紧迫。此前，长期以来声援日本收回南千岛群岛的中、韩两国，也逐渐失去对日本的同情心；而同样的被侵略的历史和现实感受，则使中、韩两国至少在民众心理上渐行渐近。根据 1946 年 1 月 29 日联合国最高司令官总司令部发表的《有关从政治和行政上分离日本若干周边区域的决定书》（SCAPIN）当中可以看出，不仅独岛（竹岛），即便是南千岛群岛也被排除在日本领土之外。① 这些显然是日本方面最不愿意看到的。错综复杂的国际关系和交错互动的岛屿争端态势，决定了在日本与中、韩、俄的岛屿争端当中，任何一边的进展或是解决方案，均会"自动"地成为其他争端的直接参考。这种高度的互动性，形成了国际关系中所谓的"困境"（dilemma）。

事实上，作为二战结束之后"领土转移"的必然产物，日本与中、韩、俄三国的岛屿争端中，均可以或明或暗地觅寻到美国的踪影。美国认为，苏联占领南千岛群岛是"非法的"，积极支持日本的索要行动；独岛（竹岛）在二战之前曾经一度划归给日本的岛根县管辖，但是，美国将之与郁陵岛占领以后交给驻韩美军管理，韩国则据此认为这是美国将之划归给韩国政府；钓鱼岛由美国方面转交给日本政府，其不过是在与中国实现关系缓和之时，通过把日本"拉了进来"而达成牵涉和制衡中国的战略目的而已。这是在日本与周边国家的岛屿争端中，美国最能够直接产生也最愿意不时施加影响的问题。在钓鱼岛等岛屿是否属于《美日安保条约》对应范围的问题上，克林顿政府一度立场暧昧，布什政府则立场明确。美国副国务卿阿米蒂奇在 2004 年 2 月访问日本时曾经明确表示，"施政权所涉及的范围都适用于安保条约"，② 表明了钓鱼岛适用于《美日安保条约》的态度。日本外务省发言人也表示，一旦中日两国有主权之争的钓鱼岛受到攻击，美国将会根据《美日安保条约》采取"防卫行动"。因为在该条约中美国承诺对日本予以保护，这当中包括"保护尖阁群岛"（钓鱼岛）。在美国看来，如果不表明对日本的支持态度，日本将会丧失对美日军事同盟体系的足够信任。这一看法延续至

① 《解密档案：韩日独岛百年之争愈演愈烈》，http：//news. 163. com/05/0315/13/1ET0T2KU
0001121S. html。
② 《中国海洋权益与海洋战略》，http：//www. zhgpl. com/crn – webapp/mag/docDetail. jsp?
coluid = 0&docid = 101816170&page = 1。

今，也被奥巴马政府所认同和接受。①

由于国际体系是一个无政府的自助体系，缺乏一个超越各主权国家之上的最高权威，国家之间互信不足是一种自然现象。而民族国家在寻求国家利益时，往往遵循"理性自私"（自我利益的最大化）的原则行事，结果往往会在解决有争议问题时陷入困境。而在集体认同的情境之下，利他主义则会更多地决定国家利益的特征和内容，而"自利"只是国家利益在集体认同缺位情境之下的一种"表象"而已。社会互动的不断增长和相互依存的持续发展，将使集体认同和集体利益的产生成为一种可能并随之增大。不同国家行为体之间经过多层互动，可以达成共同拥有的包括国际法、国际机制、国际惯例和国际共识等在内的国际规范、国际制度与国际规则。国家利益并非一成不变的，因为国家利益是由国际行为主体的身份建构的。民族国家在与其他国际行为主体的互动中锤炼和塑造新的身份认知，从而形成国家之间新的认同，由此，对国家利益的认知也会随之发生改变。也就是说，国家利益是通过与国际社会形成的相互作用而建构起来的。②

一个国家可以选择自己的敌人，却不能够选择自己的邻居。对日本而言，明智之选是尽量规避狭隘的双边角度与零和游戏的机械思维和冷战意识，通过切实的对话与合作，寻求共同的行为准则。从根本上而言，任何对抗的发生和扩大，均会对包括中日双方在内的相关各国造成严重的冲击和损害，这在客观上预留了政治解决岛屿争端的巨大空间。问题的关键是，如何有效利用这一博弈空间，以创造性的方式来消解对抗，最终解决岛屿争端以及地区性安全困境等一系列的棘手问题。在历史上，德国和法国为了争夺阿尔萨斯和洛林，在200多年间先后经历无数次的战争。而主张"欧洲煤钢联营"的"舒曼计划"，不仅结束了德、法世代敌对的状况，还最终开启西欧联合与一体化的进程。这一堪称创造性解决领土争端的典范，其特点是建立超政府的管理机构，以搁置主权争议。日本与周边国家之间普遍存在的岛屿争端，或许可以仿效这一案例予以缓解甚至是最终解决。如果日本继续坚持"冷战思维"式的"海权博弈"理念，进一步在"右翼化""对冲化"、

① 〔日〕猪口孝、〔美〕G. ジョン アイケンベリー、〔日〕佐藤洋一郎：『日米安全保障同盟』、原書房、2013、第79～81页。
② 孙溆源：《集体认同与国际政治：一种文化视角》，《现代国际关系》2003年第1期，第38～41页。

"功利化"的框架当中圈定政策选项，采取偏激行动，并以此为基准来调整、制定和实施其对东亚区域的相关政策，不仅无益于自身核心利益的维护和扩展，使东亚地区海洋权益争端更趋激烈和复杂，还会使该地区局势走向更加的微妙和不确定，无益于东亚地区的持久和平与繁荣。

第十四章

韩日独岛（竹岛）争端与
美日韩三角关系调整

冷战结束后，世界各国掀起了一波加倍重视海洋权益问题的新浪潮。受此影响，近年来韩日两国围绕独岛（竹岛）主权之争呈现出愈演愈烈的态势，双方一度宣称将采取决绝手段，甚至是不惜危及两国关系发展。2012年8月10日，韩国总统李明博突然登上独岛（竹岛）宣示拥有其主权，他也成为登上独岛（竹岛）的首位国家元首。一石激起千层浪，韩日关系急转直下。同年10月23日，韩国国会国防委员会的15名议员以"国政监察"的名义登上独岛（竹岛），从而遭到日本方面的强烈抗议。① 数月之后，韩国总统李明博在会见包括日本共同社在内的6家国外主要媒体时，依然态度十分强硬地表示："（登岛）为视察韩国领土的一环，韩国民众认为理所当然。"② 他同时敦促日本树立正确的历史观，进行诚挚的反省。在日本看来，日韩两国是"地理距离相近但双边关系疏远"。③ 韩日两国围绕独岛（竹岛）主权之争的步步升级，恰逢美国启动"亚太再平衡"战略，开始着手对美、日、韩战略三角关系进行新的结构性调整的微妙时期。这进一步增强了东亚地区局势走向的不确定性，势必会影响到已经在新的地缘格局下的东

---

① 『韓国議員団が竹島上陸　国政監査、日本は抗議』，http://www.47news.jp/CN/201210/CN2012102301002052.html。

② 『李大統領、竹島上陸は「当然」慰安婦問題で「反省を」』，http://www.47news.jp/CN/201212/CN2012120201001122.html。

③ 〔日〕下條正男：『竹島は日韓どちらのものか』、文藝春秋出版社、2004、第151页。

亚地区局势的总体走向和长远发展。

一 韩日独岛（竹岛）争端的地缘政治学分析

从地缘政治学的角度来审视，韩日两国围绕独岛（竹岛）主权的争端，可以从自然地理、经济地理和政治地理三个方面进行分析。

1. 自然地理

1849年，法国捕鲸船"利扬库尔"号在日本海中部海域进行海洋勘察活动时发现了一个岛礁，船员们将之命名为"利扬库尔岩"（Liancourt Islands）。在权威的英国《泰晤士地图集》中，仍然延续了对这一岛礁的法语称谓。而"利扬库尔岩"在韩国被称之为"独岛"（Dokdo 或 Tokdo），日本将之称为"竹岛"（Take - shima）。实际上，独岛（竹岛）是一个地处于日本海中部海域的小规模的火山岛群，具体的自然地理位置是在北纬37度14分18秒，东经131度52分22秒。独岛（竹岛）主要由东、西两个主岛以及36块岩礁所组成，总面积约为0.18平方千米。在东、西两个主岛之间有一条宽度约为150米、长度约为330米的水道相间隔。在位于东岛东南部的地方，还设有导航灯塔等多处海洋水产设施。东岛海拔约为98.6米、周长约为2.8千米，其主轴线为东北走向，长度约为450米，岛体倾斜度约为60度。西岛海拔约为168.5米、周长约为2.6千米，整体上呈现为圆锥状，南北长约450米、东西长约300米，四周均是峭壁悬崖，一般的船只很难停泊。[①] 从相对距离上来看，独岛（竹岛）距离韩国的郁陵岛更近一些，仅有49海里，而距离日本最近的隐岐诸岛约有86海里。

2. 政治地理

按照韩国方面的史料记载，早在公元6世纪新罗王朝统治时期，就对独岛（竹岛）已经有所记载。当时，该岛属于新罗属国于山国管辖。在朝鲜王朝成宗时期（公元1471~1481年），独岛（竹岛）一度被称之为"于山岛"，归郁陵岛群管辖。17世纪初叶，日本渔民大谷甚吉在海上捕捞作业时，由于遭遇到了风暴而被迫漂泊到一个无人岛——郁陵岛。1616年，大谷与同乡村川从当时的江户幕府那里获得了航渡被称之为"松岛"（即郁陵岛）的权利。1692年，村川的后人在郁陵岛周边海域捕捞作业时，与朝鲜

---

① 〔韩〕金学俊：『独島研究：韓日間論争の分析を通じた韓国領有権の再確認』、論創社、2012、第33~37页。

渔民相遇并遭到了驱逐，由此引发韩日两国对该岛归属权的外交纠纷。不过，按照同一时期日本《隐州视厅合记》（公元 1667 年）的记载，独岛（竹岛）确为韩国一方的领土。在 1896 年日本外务省编撰的《朝鲜国交始末内深书》中，也十分明确地标明了独岛（竹岛）是韩国一方的领土。1900 年，朝鲜末代国君高宗颁布第 41 号法令，宣布郁陵岛等诸岛归江原道三陟县管辖。当时的独岛（竹岛）一度被称之为"石岛"，后又改称为"独岛"。日俄战争以后，沙俄势力被迫完全退出了朝鲜半岛，而日本进一步加快了对朝鲜半岛国家的侵略步伐。1905 年 1 月 28 日，日本内阁会议正式决定将过去的"松岛"改称为"竹岛"，在行政上隶属于岛根县，并在次年 4 月通报了朝鲜方面，以此对外确定了竹岛（独岛）是日本一方的领土。

二战结束以后，根据联合国最高司令官总司令部所发布的《有关从政治和行政上分离日本若干周边区域的决定书》（SCAPIN 第 677 号）的相关规定，独岛（竹岛）被正式移交给了驻韩美军管辖。大韩民国成立以后，独岛（竹岛）被自动地归属于韩国政府管辖。对此，日本政府提出了强烈抗议。1953 年 5 月，日本趁朝鲜战争之际派兵占领了独岛（竹岛），并在岛上设立了领土标志碑。1953 年 7 月 12 日，韩国义勇守备队开赴独岛（竹岛），驱逐了日本军人。由此，独岛（竹岛）完全被控制在韩国手中。此后，日本每年都会向韩国政府递交正式的外交抗议书，要求韩国方面承认独岛（竹岛）是日本的固有领土并立即撤出该岛。日本还多次建议将该岛争议提交到海牙国际法庭予以裁决。不过，韩国方面认为"独岛问题已不是外交纠纷问题，而是主权问题"，[①] 以"主权问题不容谈判"为由断然拒绝。

3. 经济地理

虽然独岛（竹岛）是弹丸之地，但是其地处于寒流与暖流的交汇之地，周边海域是丰富的渔场，海底还蕴藏着丰富的矿产和油气资源。按照韩国方面的勘探显示，在东海郁陵盆地大面积海域发现了数十个地点，其中储藏着相当于 6 亿吨液化天然气（LNG）的可燃冰（Natural Gas Hydrate）。如果以 2004 年韩国 LNG 的进口量约 2000 万吨来计算，其储藏量足够韩国使用 30 年之久。韩国天然气公社表示，如果以东海海域发现

---

① 《韩国和日本之间的独岛（竹岛）争端》，http：//news. xinhuanet. com/ziliao/2005 - 04/06/ content_ 2793036. htm。

天然气水合物的地点（北纬 37 度，东经 132 度）作中心点来推断，独岛（竹岛）西南海域也可能埋藏着大量的天然气水合物，经济价值总量高达150 万亿韩元。① 独岛（竹岛）西南海域的相当一部分与日本方面所主张的"日本海域（包括独岛）"相重叠，致使韩日独岛（竹岛）主权之争更加的微妙和复杂。

二 韩日独岛（竹岛）争端升级的主要原因

近年来，韩日两国围绕独岛（竹岛）主权争端的步步升级是多方面原因造成的，归结起来主要有三个方面：

1. 韩日两国民族主义情绪的尖锐对立

冷战结束后，日本社会受到了右翼政治势力的深刻影响，民族主义势力强势抬头并不时发作。受此影响，日本首相及政界要人屡屡参拜靖国神社，其意图是想继续掩盖、歪曲甚至是美化侵略历史，从而在国际社会上造成了恶劣的影响。在历史上，韩国一度沦为日本的殖民地，饱受日本侵略者的掠夺之苦。由此一来，在韩日关系发展过程中，一旦触及历史问题或是主权问题，都会极大地激发起韩国社会的民族主义情绪，而且在短时间内难以平复和消解。在韩国人的眼中，独岛（竹岛）被视为是韩民族饱受日本侵略、奴役之苦的最初牺牲地，② 因此是其战后获得民族独立的最好象征。有韩国人甚至认为，独岛（竹岛）的胜利是韩民族彻底摆脱了日本殖民的影响，是他们百年来的第一次胜利。可见，独岛（竹岛）背后深刻体现着韩国人光复国土、一雪民族之耻的强烈的民族情感。

2005 年 3 月，日本岛根县议会通过了将每年 2 月 22 日确定为"竹岛（独岛）日"的相关法案，以"纪念"日本在 1905 年曾经对独岛（竹岛）进行的军事控制，③ 同时声称日本拥有对独岛（竹岛）的全部主权，强烈呼吁日本国民更加关注独岛（竹岛）问题。随即，这一举动遭到韩国政府的强烈抗议以及韩国民众的激烈反应。韩国外交通商部官员表示：不能坐视日本肆意侵犯韩国领土的举动，"维护独岛（竹岛）主权远比韩日关系更加重

---

① 《独岛海域埋藏着大量"天然气水合物"》，http：//chn.chosun.com/site/data/html_dir/2005/03/17/20050317000024.html。

② 〔韩〕金学俊：『独島/竹島：韓国の論理』，論創社，2004，第 11 頁。

③ 『韓国政府、日本に抗議 「竹島の日」条例廃棄要求』，http：//www.47news.jp/CN/200503/CN2005031601004496.html。

要"。① 在首尔，数十名韩国民众冲击了日本驻韩国大使馆，同时焚烧了日本国旗、首相画像等，以示强烈的愤慨。2005 年 9 月，韩国庆尚北道议会通过了将每年 10 月份确定为"独岛（竹岛）月"的相关法案，② 旨在反制日本岛根县议会的相关举动。

2006 年 3 月，日本文部科学省做出决定，要求在 2007 年开始使用的高中历史、公民和地理科目的教科书中，必须明确记述独岛（竹岛）是日本的领土。③ 对此，韩国外交通商部发表声明指出，日本政府宣称对曾经强占的独岛（竹岛）拥有主权的举动同参拜靖国神社等一样，再次表明日本政府一直在掩盖、歪曲和美化侵略历史的事实。韩国政府对日本政府是否希望发展韩日睦邻友好关系，实现东北亚地区的和平与繁荣深表忧虑。针对日本方面的"不当和无法容忍的主张"，韩国政府强调将"从保卫领土的角度出发，在独岛（竹岛）问题上采取坚决态度"。④ 时任韩国总统卢武铉宣称，"韩国将动员全部国家力量，应对日本在独岛（竹岛）以及历史问题上的挑衅"。⑤

2006 年 8 月 7 日，日本《读卖新闻》所进行的一次舆论调查显示，约 51% 的日本人认为韩国不可信任，认为日韩关系不友好的人数较之 2005 年增加了约 24 个百分点，达到 59%。在韩国，认为韩日关系不友好的人数更多，高达 87%；而认为日本不可信任的韩国人约占 89%，还有约 55% 的韩国人认为日本是当今东亚地区最大的安全隐患。可见，韩日两国国民均认为，独岛（竹岛）主权之争以及参拜靖国神社问题、慰安妇问题等是影响韩日关系发展的最主要症结所在。在韩国，反对日本首相参拜靖国神社的人数约占 85.8%。原日本国际交流基金会理事长、原日本驻韩国大使小仓和夫认为，韩国对日本的不信任感是根深蒂固的。而《韩国日报》分析认为，近六成的日本人将独岛（竹岛）主权争端作为日韩之间最为重要的双边问题，这表明"韩日之间的国民感情并没有发生任何变化，只要有一点火种，

---

① 刘莉：《维护独岛主权远比韩日关系更重要》，《东方早报》2005 年 2 月 24 日。
② 『「独島の月」条例を制定 韓国・慶尚北道議会』，http：//www.47news.jp/CN/200506/CN2005060901002184.html。
③ 『竹島、尖閣 26 カ所に意見 文科省の高校教科書検定』，http：//www.47news.jp/CN/200603/CN2006032901002522.html。
④ 《日教科书审定要求明示独岛为日领土 韩外相抗议》，http：//news.xinhuanet.com/world/2006－03/30/content_ 4364444.htm。
⑤ 田辉：《韩国借独岛推出对日"总方针"》，《新闻晨报》2006 年 4 月 25 日。

就又能让两国的（对立）情绪死灰复燃"。①

2. 韩日两国海洋权益纷争越来越激烈

韩日均是依海而生、濒海而居，自然资源十分匮乏的国家，海洋权益问题被两国一致认定为是关乎国家兴衰存亡的重大战略问题，不容许丝毫的退让和妥协。这使得独岛（竹岛）主权之争的辐射面急剧的扩大。独岛（竹岛）问题背后所隐含的韩日海洋权益之争主要有两个方面：

一是争夺海洋资源。如前所述，独岛（竹岛）周边海域的自然资源十分丰富，除渔业资源以外，矿产资源、油气资源等也比较丰富。早在 1985年，日本就对其境内的天然气水合物进行了测量统计，确认这种也被称之为"可燃冰"的新型清洁能源在东海部分地区储藏巨大。近年来，日本政府一直在不断加快对天然气水合物的开发和使用进程。韩国在 2000～2004 年对东海海域进行了大范围的基础性海洋探测活动，结果发现该海域储藏有丰富的油气资源。随后，韩国产业资源部投入数千亿韩元，不断推进海洋资源的开发利用及商业生产。② 韩国政府还宣布，在未来数年之内投入数百亿韩元，以便更好地开发独岛（竹岛）周边海域的自然资源。2006 年以来，韩国海洋水产部陆续启动针对独岛（竹岛）周边海域海洋资源的调查工作，从 2008 年开始勘探独岛（竹岛）周边海域的油气及矿产资源并取得了积极成果。③ 这意味着韩国将对独岛（竹岛）及其周边海域进行更加有效的管理和更加商业化的开发利用。

二是争夺海洋专属经济区。1994 年 11 月，《联合国海洋法公约》正式生效，由此世界各国纷纷调整自己对海洋权益的主张及要求。根据《联合国海洋法公约》的相关规定，除 12 海里的领海权以外，沿海国家的海域面积还可以从领海基线算起并向外延伸 200 海里，即该国的海洋专属经济区，也称之为"排他性经济水域"。作为一个与领海相接壤又在领海之外的特殊区域，海洋专属经济区既非"领海"也非"公海"，它拥有属于自己的独立的、特定的国际法地位。在海洋专属经济区范围之内，沿海国家除了享有勘探、开发、养护和管理海床上覆水域、海床及其底土的自然资源（包括生

① 张莉霞、华亭：《日韩媒体联合民调显示两国关系恶化》，《环球时报》2006 年 8 月 8 日。

② 《独岛海域埋藏着大量"天然气水合物"》，http://chn.chosun.com/site/data/html_dir/2005/03/17/20050317000024.html。

③ 《韩国宣布将开发独岛及周边地区自然资源》，http://news.xinhuanet.com/newscenter/2006－05/04/content_4509664.htm。

物或非生物资源），以及从事经济性开发和勘探活动（如利用海水、海流和风力生产等）的主权权利之外，还对该区域内的人工构造物、海洋科学研究、海洋环境保护等享有管辖权。在 1996 年，日韩两国先后宣布 200 海里海洋专属经济区。不过，作为近邻的韩日两国所相距的海域不到 400 海里，因此两国在海洋专属经济区划界问题上一直存在着激烈的争议。由于独岛（竹岛）地处韩、日两国之间，其主权的最终归属将会直接决定日本海西南部海域韩日两国海洋专属经济区的界线。如果独岛（竹岛）最终归属于日本，日本就可以将其作为主权基点，在独岛（竹岛）和韩国拥有主权的郁陵岛之间划分海洋专属经济区界线；反之，韩国就可以把这条界线外移到独岛（竹岛）和日本拥有主权的隐岐诸岛之间。独岛（竹岛）的地理面积虽然是不值一提，但是其关系到数百海里海洋经济专属区划界的大问题。

3. 独岛（竹岛）问题的巨大联动效应

从 1996 年开始，韩日两国先后举行了数次专属经济区（EEZ）划界谈判，不但没有达成任何协议，反而进一步扩大了问题的分歧点和争议点。2006 年 6 月，在东京举行的韩日第五次专属经济区划界谈判中，韩国方面强硬地提出把朝鲜半岛东部海域专属经济区韩方基线由郁陵岛修改为独岛（竹岛）。① 而日本方面则坚持以郁陵岛和独岛（竹岛）海域的中间线来划界。日本方面宣称，如果韩国将独岛（竹岛）作为韩日专属经济区的韩方基线，日本将把东海的鸟岛作为日韩专属经济区的日方基线。这意味着日方的专属经济区范围将会扩展到朝鲜半岛南部海域。如此一来，韩日之间涉及海洋权益方面的几乎所有协议，均面临着需要重新考虑的问题，进而引发两国关于其他权益的更多争执，由此可能导致两国关系发展到全面恶化的危险境地。

东亚国家普遍存在着海洋权益争端问题，除了韩日两国围绕独岛（竹岛）主权争端问题以外，中日两国存在钓鱼岛问题和东海大陆架问题，俄日两国存在"南千岛群岛"问题、中韩两国存在黄海及东海大陆架问题。这种十分复杂的局面，决定了上述有争议问题的任何进展或是解决方案，都极有可能自动地成为其他争端的重要参考甚至是直接依据。因此，韩日两国

---

① 此前，韩国为了避免不必要地争议，一度把独岛（竹岛）认定为是"岩礁"。根据《联合国海洋法公约》，岩礁不能作为划分专属经济区的基点。不过，日本一直坚持把独岛（竹岛）认定是专属经济区划界的重要基点。如果按照韩国方面的提议，在郁陵岛与隐岐诸岛之间进行划界，那么独岛（竹岛）自然属于韩国。

对独岛（竹岛）争端的解决方案，不可能是孤立和单一化的，必将不可避免地与它们中国、俄罗斯的海洋权益争端形成一种内在的相关性，从而成为涉及东亚地区海洋秩序构建的重大战略问题。由于独岛（竹岛）问题具有的复杂的关联性和互动性，其在东亚地区形成了一种"多米诺骨牌效应"。

三　美日韩战略三角关系的结构性调整及走向

如前所述，韩日两国围绕独岛（竹岛）主权之争的矛盾步步升级之时，恰逢美、日、韩战略三角关系进行新的结构性调整的关键时期。冷战结束后，美国一直未曾间断对亚太战略的调整步伐。"9·11"事件以后，时任美国总统布什更加明确和坚定了以亚太地区作为未来全球地缘战略支轴的新的战略构想，并开始着手调整、理顺和再造美、日、韩战略三角关系的新框架与新功能。2012年6月3日，美国国防部部长帕内塔在第十一届"亚洲安全峰会"上，提出美国的"亚太再平衡战略"。由此，日本的地缘战略地位越来越凸显出来，而韩国在美国所主导的亚太同盟体系当中有"被边缘化"的政治风险。

冷战结束以来，韩国屡有突破韩美军事同盟框架的惊人举动，这在金大中总统和卢武铉总统的主政时期更加的频繁和明显。因为韩国的自主地位的不断上升，美国希望有效牵制韩国离心倾向的一项重要的战略举措，是一方面在朝鲜半岛大造紧张气氛，以巨大的生存压力逼迫朝鲜就范，从而吸引韩国的注意力，牵制它的离心举动。另一方面，美国极力打造以美日军事同盟为基轴的新的亚太同盟体系。韩国在美、日、韩三边战略框架当中的角色和地位有所"边缘化"。众所周知，美韩关系一向是从属于美韩军事同盟框架，在军事上"美主韩从"的不对等情况也如实地反映在政治层面。伴随着韩国经济社会的迅速腾飞、政治民主程度的不断提高，其民族主义势力明显抬头，并不时地迸发出"反美主义"的新浪潮。近年来，韩国要求修正美韩军事同盟框架的不对等性，改变"美主韩随"外交局面的呼声不断高涨。比如在1994年，韩国曾经成功地收回和平时期军事指挥权，这被视为其自主外交的一次重大胜利。从韩国方面来看，国家自主地位的逐步恢复和不断提升是一件顺理成章的事情，但是越来越突破美国对美韩军事同盟框架和限定，这引起美国方面的极大不满和恼火。

2005年9月，韩国政府曾经向美国方面提出收回战时作战指挥权的要求。所谓的"战时作战指挥权"，是指在朝鲜半岛发生战事、三级防御准备开始之时，对军队发布作战命令及决定军事指挥策略的权力。目前，韩国是世界上由外国军队（美军）控制本国军队作战指挥权的唯一的国家。在卢武铉总统主政时期，韩国认为时机已经基本成熟，曾经和美国方面提出希望在2012年4月最终收回作战指挥权。毕竟，目前的韩国军队已经是今非昔比，其军事装备和作战系统早已实现现代化，基本上可以独立地遂行各种作战任务。加之近年来朝鲜半岛局势一直处于飘忽不定、令人忧虑的紧张状态，美韩之间在对待朝鲜问题上不断，如果继续将美韩两国军队牢牢地捆绑在一起，一旦美军在战略上出现了严重的错判或是由于美国的一意孤行而造成朝鲜的铤而走险，那么都会将韩国拖入全面战争的危险境地。因此，韩国军队必须拥有独立下达作战任务的决心和能力，以迅速应对朝鲜半岛局势的各种突变。此外，一旦韩国最终收回作战指挥权，其国家决策和军事行动将不再受制于美韩联合司令部。无疑，这有助于韩国开展更加积极和灵活的"对北外交"工作。这些对消除朝鲜半岛的持续紧张态势，最终建立南北安全互信关系，全面、持续地推进朝鲜半岛南北关系发展是比较有利的。

在战略上，美国方面积极地采取迂回战略，一反常态地同意把驻韩美军基地总部从龙山迁移到平泽，以及最终解散美韩联合司令部的提议，表明美国基本上答应了韩国方面的所有要求。美国还主动提出在2009年就把战时作战指挥权最终完全地归还给韩国。在美国看来，作战指挥权迟早要归还给韩国，与其继续花费大量的人力、物力和精力去维系一个行将就寝的协议，不如索性将巨大的安全压力和沉重的防务成本转嫁给韩国一方。这样能减少韩国民众的大量指责，有效弱化韩国社会的"反美主义"势头。

2006年10月20日，美韩两国达成初步协议，双方决定在30个月的时间里逐渐完成作战指挥权的移交工作。另外，美韩双方发表了"十四点联合声明"。在该声明当中，美韩双方决定分成两个主要阶段，以2009年10月15日和2012年3月15日为节点，逐步完成作战指挥权的移交工作。值得注意的是，在该联合声明中，首次写入"延伸威慑"（extended deterrence）这一概念，从而使美国的"核保护伞"能够在极端时期继续发挥决定性的安全保障作用。① 另外，美国一再重申，会根据《美韩共同防御条约》的基本精神和各项要点，继续参与韩国的各种安保防务活动，致力

---

① "延伸威慑"这一概念最初适用于北约国家，是指为了有效地遏制敌对国家对盟国的武力攻击，美国不仅可以使用战术核武器，还可以动用战略核武器。

于不断增强韩国的国防自卫能力，"尽到保卫韩国的盟友义务"。

虽然当时的卢武铉政府极力收回作战指挥权的做法，赢得一部分韩国民众及军方人士的大力支持，但是也遭到一部分军方人士的强烈反对和一部分韩国民众的极度担忧。他们对韩国从美军手中加快收回作战指挥权的举动提出了强烈的质疑，认为这将会严重破坏到已有的美韩军事同盟框架。以韩国现有的自主国防能力，还不能够完全有效地填补美军就此留下的国家安全漏洞，还不足以单独承担和实现保卫国家安全的战略目标。此外，韩国可能因此进一步失去在美国的新亚太战略构想中的应有角色与地位。针对韩国"咄咄逼人"的自主性举动，美国开始着手对美韩军事同盟的框架结构及功能定位进行新的调整。在美国的新亚太战略构想中，韩国的地缘价值相较于日本呈现出"被边缘化"的新趋向，这无疑不利于韩国在东北亚及亚太地区的战略布局。

李明博总统主政以后，鉴于朝核问题迟迟难以得到妥善解决，朝鲜半岛南北关系持续吃紧的现实情况，加之"天安舰事件""延坪岛事件"等突发性事件的一再发生，一直笃信"亲美"立场的李明博政府与美国奥巴马政府最终商定，将美国归还作战指挥权的时间由 2012 年 4 月 17 日推迟到 2015 年 12 月 1 日。与此同时，李明博政府宣布，韩国最终加入由美国所主导的战区导弹防御系统（TMD）。这些举动赢得美国方面的欢迎，也使得一度"被边缘化"的韩国重新在美国的新亚太战略布局中获得了一定的地位。在朝鲜半岛及亚太地区的几乎所有的重大战略问题上，李明博政府都坚定地奉行"随美政策"，在重新赢得美国方面信任的同时，也在逐步蚕食美日基轴战略。这样，在韩日矛盾有所凸显之时，至少美国可以保持一种"中立化"的立场和态度。

日本对美国的地缘战略价值主要集中在安保领域。冷战结束后，美国进一步加紧了在关键性的地缘战略要地建立前沿基地网络的步伐，逐渐编织起一张庞大的从本土辐射到全球热点地区的战略基地网络。在亚太地区，美国所编织的安保网络呈现出"三线"配置的总体布局：第一线主要是由驻韩美军基地构成，第二线主要是由驻日美军基地构成，第三线则是由美国在关岛、夏威夷等地方的军事基地所构成。在这其中，驻韩美军基地曾经被寄予厚望，其一度被视为是美国在东北亚乃至亚太地区前沿部署力量的指挥中枢和保障中心，也是美国在亚太地区"三线"式安保配置体系中的最前沿部分。不过，由于韩国在金大中总统和卢武铉总统的主政时期更加偏重于

"国家自主性"的政策举动，迫使美国不得不重新在亚太地区前沿部署网络。这使得日本的地缘战略重要性急剧地攀升，美国新的亚太战略构想逐渐被明确并强化为以美日军事同盟为基轴。这将不可避免地带来东亚地区格局的一系列复杂、微妙的变化。

美国学者布热津斯基在《大棋局》一书中，研判了复杂的东亚地区格局变动以及美、日、韩战略三角关系的互动可能。他认为，韩国是远东地区的"地缘政治支轴国家"，① 美韩关系的密切互动具有重要的、战略性的地缘政治联动效应，其"使美国可以不在日本本土过多驻军而保护日本，从而使日本不会成为一个独立和重要的军事大国"。② 布氏指出，"韩国地位的任何重大变化——不管起因是统一，还是转而落入扩大中的中国势力范围，或两者兼而有之——都必然极大地改变美国在远东的作用，并因此也改变日本的作用"。因此，"控制这块空间越来越有价值"。③

在布热津斯基的战略视野中，日本堪称当今世界的一个主要大国。作为世界上最主要的经济实体之一，日本无疑具有发挥一流的政治影响力和作用力的巨大潜能。不过，目前的日本尚无意于使用这些战略资源，也不想成为东亚地区的主导国家，而是更愿意在美国的保护之下"尾随行事"。亦如英国在欧洲一样，日本对参与亚洲事务没有浓厚兴趣，更何况至今仍有不少的亚洲国家对日本试图谋求"政治大国"地位深表忧虑。布氏认为，日本在政治上的"自我约束"姿态，给美国在远东地区继续发挥主要的"安全阀"作用提供了有利条件。同时，布氏设想了未来日本国家战略的可能走向，并指出了若干的成立条件。他明确指出，虽然日本不属于"地缘战略棋手"国家，但是它具备在短时间内迅速成长为该种类型国家的巨大潜能，尤其是在美国或中国突然改变现有政策的情况之下，日本的这种战略潜能更易于被激发出来。这要求美国必须特别精心地呵护美日军事同盟关系。目前，美国还不需要对日本的外交政策进行某种限制，但是应当巧妙地鼓励和积极的促

① 布热津斯基认为，地缘政治支轴国家的重要性不在于它们的能力与动机，而在于它们身处于敏感的地理位置及其潜在的脆弱状态对地缘战略棋手国家所造成的重要影响。它们可以在决定或是阻止某个重要的地缘战略棋手国家时发挥特殊的作用，甚至成为一个重要国家或地区的防卫屏障。冷战结束后，美国全球战略的一个重要组成部分就是认明地缘政治支轴国家并为它们提供某种保护。参见〔美〕兹比格纽·布热津斯基《大棋局：美国的首要地位及其地缘战略》，中国国际问题研究所译，上海人民出版社，1998，第二章。
② 〔美〕兹比格纽·布热津斯基：《大棋局：美国的首要地位及其地缘战略》，第二章。
③ 〔美〕兹比格纽·布热津斯基：《大棋局：美国的首要地位及其地缘战略》，第二章。

动日本自觉地实施"自我约束"政策。美日军事同盟关系的任何重大转向或是严重削弱，都将直接影响到美国在该地区的核心利益。[①]

布氏的观点看似比较矛盾，其实这正是他的高明之处。在地缘身份上，韩国相比于日本更加重要，其属于"地缘政治支轴国家"，这可以提升韩国的地缘战略地位并对日本形成一种"身份压力"；在地缘效用上，日本相比于韩国更加重要，美日基轴战略就是最好的体现。这样，既可以在战略上进一步地束缚日本，也能够让韩国时时感受到"被边缘化"的政治风险。以紧密的双边军事同盟关系为核心，构建起看似有些松散的东亚地区同盟体系，而非是"北约式"的集体安全体系，其实更有利于美国的东亚战略与全球战略的展开及实施。美国以核心利益为区分，在地缘身份和地缘效用上区别对待韩国和日本，可以最大程度地离间韩、日两国，使他们的国家战略必须牢牢地以美国为首要方向。而韩日两国谋取"国家自主性"的政策诉求在相互间的"争宠"与"内耗"的过程中被极大地弱化了。20世纪90年代初期和末期相继掀起的日、韩两国的"国家自主风潮"先后偃旗息鼓，并被更加紧密化的、一体化的美日军事同盟、美韩军事同盟所取代，这是这一战略设计取得成功的重要体现。

近年来，美国政府以日本为基轴的地区政策，显然极大地膨胀了日本试图重返世界军政大国行列的迫切心态。而韩国从一味地强调"国家自主性"到重新回归到"尾随"美国政策的举动，反倒进一步助长了日本的政治野心。在美国看来，韩国的"自主"举动有时更像是一种"示威性"活动，这无异于是自动和自愿地放弃了与美国共同主导东亚地区事务的绝好机会。其实，包括布热津斯基、基辛格等在内的诸多美国知名人士最不愿意看到的结果是，日本在美、日、韩战略三角关系的结构性裂变中得以异军突起，这等于美国在地缘战略上不得不完全依赖并最终受制于日本，这与美国一贯的强权做派是截然相反的。尽管中美两国地缘战略的调整和改变，可以部分地提升日本的政治参与程度，从而在一定程度上改变日本的政治姿态、地区角色和国际地位。但是，韩国在军事同盟结构上对美、日、韩战略三角关系的某种修正，可能在根本上完了改变东亚地区力量的整体布局。韩国和日本是美国在东亚乃至整个亚太地区最为紧密的军事同盟伙伴，它们堪称美国亚太战略构想的两大支柱。韩国一味地推动提高"国家自主性"的举动，不

① 〔美〕兹比格纽·布热津斯基：《大棋局：美国的首要地位及其地缘战略》，第二章。

得不让美国在亚太战略上更多地借重和依靠日本，这势必会消释日本"自我约束"的常态心理，从而最终突破美国的地缘战略框架，引发难以预料的东亚地区格局变动。韩日两国围绕独岛（竹岛）主权的激烈争执以及深受诸多历史问题困扰的现实窘境，无疑会进一步加剧两国在战略上的互相牵制态势，从而使美国能够以积极的"分化"手段和善意的"中立"姿态最终实现美、日、韩战略三角关系的结构性调整。这其中一个根本性的立足点和着力点是未来美国仍将不受制于任何力量。而东亚地区局势日趋复杂、微妙的变动态势，也使美国不可能单方面地采取任何行动。继续依靠紧密的双边军事同盟关系，以此有效控制和统合看似松散的东亚地区同盟体系，这对美国进一步维系霸权地位和强权态势无疑是最为有利的。

第十五章

南海博弈的地缘政治考量与
中国的应对举措

近些年来，南海局势波云诡谲，颇为微妙复杂，加之美国、日本等局外地缘力量一反常态地高调"宣示"和异乎寻常地积极"介入"，致使有关各方的新旧矛盾不断激化，争端态势时有升级，从而使该地区处在一种"高烧"态势且一时之间难以完全消退。众所周知，南沙争端由来已久，其实并不是一个新问题。此次该问题再次长时间发作，主要是源于南海海域的石油和天然气资源储量巨大、矿产资源品种繁多且蕴藏量较大、诸如可燃冰（Natural Gas Hydrate）等新能源的储量惊人且质量很高，加之该海域及空域的交通网路十分繁忙，因为其属于地缘政治、地缘经济、地缘安全的战略交叉地区。南海作为当今世界同时存在岛礁、海域、大陆架主权等多边交叉争议的唯一海域，其关涉到南海周边的中国大陆、中国台湾、越南、菲律宾、马来西亚、印度尼西亚、文莱6国7方的国家权益。因此，南海被称为"世界上纠葛最复杂，涉及国家最多的海域"，[①] 其是目前世界上争议面积最大的海域。为妥善解决南海问题，多年来有关各方经过不懈努力，已经形成多项重要共识并相继签署一系列的协议。此番南海问题的持续发作和高位震荡，从多个侧面反映了这一问题的极端复杂性和高度国际化，尤其是一度被忽略的"局外因素"和"域外势力"的不断介入，应当引起我国政府的足够充分重视。

---

① 《南海，世界最复杂的海》，http://www.huanqiu.com/zhuanti/mil/nhzk/2011 – 11 – 13。

一　当前南海地缘博弈的三大突出特点

从地缘政治的视角来审视近一个时期以来南海局势的演变历程及发展趋向，有关各方围绕南海主权的复合博弈，主要呈现出三大突出特点。

其一，越菲主攻，抗争加大。在南海海域当中，南沙群岛是分布最为广泛、岛礁数量最多、地理位置最南的群岛，大多数并不适宜人类居住，其被瓜分和侵占也最为严重。截至目前，越南与菲律宾两国分别侵占了 29 个和 8 个岛礁，马来西亚侵占了 5 个，中国实际上领有的岛礁仅有 8 个（其中太平岛由中国台湾驻军）。① 此次南海争端的不断激化和持续升级，与越南、菲律宾两国的过激言论和一再偏执举动不无关系。2011 年 6 月 13 日，越南总理阮晋勇态度十分强硬地声称，"要以全党、全军、全民之力保卫东海（即中国南海）"；② 而越南前国家主席黎德英宣称，"捍卫主权是第一位的，而保持与他国的友谊则排在第二位"。③ 2014 年 2 月 3 日，越南海军更是将中国军舰在南沙群岛染青沙洲（越南称东景宏岛）海面投放的浮标拖走。而菲律宾方面则罕见地派遣海军旗舰"拉贾·胡马邦"号护卫舰前往南海海域巡航。一方面，菲律宾国防部发言人表示，此次部署军舰是"例行性任务安排"，与中国海事巡逻艇即将通过该海域的通告无关；另一方面，菲律宾政府强硬声称，商讨共同开发南海的条件和时机尚不成熟，希望将南海问题提交国际法庭仲裁。另外，越南和菲律宾进一步加大了对先进军事装备的更新与采购力度。比如：首艘俄制"基洛"级常规动力潜艇已经在 2014 年初正式编入越南海军舰队，这是越南首次拥有此类先进军事装备，其一次采购数量高达 6 艘之多；而菲律宾与韩国近期达成购买 12 架 FA - 50 战斗机的协议，这将成为目前菲律宾列装的最先进的战斗机。越南和菲律宾积极充当不断激化南海纠纷的主攻者角色，是因为两国是当前南海争端中最大的利益既得者，也是侵占中国南海岛礁数量最多的国家。越南与菲律宾的所谓"主权"诉求十分过分和毫无道理，它们的种种举动与偏执行为还处处显露心虚和理亏之处。

---

① 《中国在南沙尚无油井　越南侵占 29 个岛礁》，http：//www. zhgpl. com/doc/1009/7/6/3/100976304. html? coluid = 7&kindid = 0&docid = 100976304&mdate = 0522110827。

② 《南海周边军演频繁　参演各国都有小算盘》，http：//www. chinanews. com/gj/2011/07 - 01/3149601. shtml。

③ 郭芳：《越南元老称捍卫南海主权第一与邻国友谊第二》，《环球时报》2011 年 6 月 16 日。

其二，煽动民情，误解加深。自 2011 年 6 月 9 日中国渔船在南沙群岛海域遭到越南武装舰船的非法驱赶，从而引爆此次南海问题以来，越南与菲律宾国内接连发生反华抗议活动，一些示威者甚至喊出"打倒中国"之类的极端偏激口号。[1] 加之越南前国家主席黎德英等前政要的大肆鼓噪和推波助澜，尤其是抛出"主权第一、友谊第二"等偏执言论，进一步推高民间对抗局势，致使南海事态趋于严重和深化。2014 年 2 月 17 日，越南国内一些反华分子再掀"反华"浪潮，举行集会以纪念"中越战争 35 周年"并宣称"人民永远不会忘记"。[2] 在南海争端不断升温和持续趋紧之际，这种明显针对和公然指责中国政府的连续性的、公开化的民间抗议举动非常的罕见和少有，不仅波及面甚广、影响深远，也十分的危险和棘手。这显然是得到越南与菲律宾两国官方部门的某种默许和鼓动。这种"默契"出于褊狭的民族主义与国内政治目的的短时需要，妄图通过炮制"反华"言论和煽动"反华"情绪，进一步转移国内矛盾并为非法侵占南海岛礁营造所谓的"社会基础"。这不仅使彼此之间的民间误解进一步的累积增多和不断加深，还将树立一种对抗性的思维习惯，并不断强化敌意性的认同逻辑，从而使通过加强沟通和寻求对话解决南海问题的渠道变得更加窄小、途径更加的曲折难行。

其三，美日鼓噪，矛盾加剧。美国、日本等"局外力量"的不时鼓噪和不断搅局，无疑是助长此次越南、菲律宾等国家嚣张气焰的重要幕后推手。此番南海争端不断升级的每一个节点、高烧不退的每一份热源，均能觅寻到美、日等国家的鼓动踪影。[3] 美、日两国官方部门或是高调表态和许诺支持，或是两国军方展开协防部署和联合军演。美、日两国的煽风点火和搭台唱戏，致使当事各方的矛盾更趋白热化，进一步恶化了本已十分复杂的南海局势。己所不欲，勿施于人。美国和日本等"域外因素"的"唯恐南海不乱"的做法，最后只能是搬起石头，砸自己的脚。毕竟，不断激化固有矛盾和持续升级争议的做法，最终只会进

① 甄翔：《越南 10 周爆发 9 次反华游行高呼"打倒中国侵略者"口号》，《环球时报》2011 年 8 月 8 日。
② 胡锦洋、王晓雄：《越南纪念中越战争爆发反华示威出现反示威者》，http://world.people.com.cn/BIG5/n/2014/0217/c157278-24378923.html。
③ 胡浩、葛岳静、胡志丁：《南海问题的大周边地缘环境》，《世界地理研究》2012 年第 3 期，第 39~40 页。

一步加大擦枪走火的可能性，让该地区局势始终处在一种"高烧"态势，更会让美国、日本等局外国家引火上身，反倒损害自己的国家利益和国际形象。局势动荡、争端升级的南海地区，其实对包括美国、日本在内相关各国的核心利益均是一种现实性威胁和潜在性风险，从而为各国所不乐见。平抑事态的最佳方式，无疑是当事方之间的直接沟通和真诚对话，而不是被他国怂恿之后的"冲动而为"。美国和日本等局外国家应当深刻地认识到，任何激化南海局势的图谋和做法，不仅会导致该地区局势的严重动荡，最终还会伤及自身的核心利益。

二　南海争端升级与美日两国的战略图谋

美、日等"域外力量"之所以在此次南海争端当中异乎寻常地充当幕后推手、积极介入干涉，其背后有着美、日两国深刻的地缘战略动机。

其一，高调表态出自"冷战思维"。2010 年 7 月 23 日，在越南河内举行的第 17 届东盟地区论坛系列外长会议上，时任美国国务卿希拉里一反常态地声称南海争端的解决关乎"美国的国家利益"，[①] 其公然表达了美国政府对南海问题的极大关注与浓厚兴趣。翌日，时任日本外相冈田克也在与越南副总理兼外交部部长范家谦举行会谈时明确表示，"日本对南海问题不能毫不关心"。[②] 数日之后，冈田外相再次表示，南海争端应当在有美国、日本等国家参与的"国际框架"之下进行讨论。2010 年 9 月 24 日，美国总统奥巴马在纽约举行的第二次美国—东盟峰会上与东盟各国领导人会谈后发表了联合声明，呼吁以和平方式妥善解决南海主权争议，同时强调南海航行自由权十分重要，并再次承诺将进一步深化美国和东盟关系，美国将在亚洲事务中扮演更加积极和重要的角色。2010 年 10 月 11 日，时任美国国防部部长盖茨访问越南时声称，亚洲各国应当通过多边渠道来解决领土争端问题，同时承诺美国将会切实地保护东南亚国家安全。上述言论一出，瞬间激起千层浪。美国反常式地高调表态，日本一如既往地积极附和，美日两国相互配合，使得南海局势骤然紧张起来。众所周知，美国和日本均不是南海主权争议的当事国，他们一反常态地高调介入南海争端并逐步导引该地区局势不断升级，其根源始自于"冷战思维"。竭力遏制亚太地区新兴大国崛起，以便

---

① 李金明：《南海问题：美国从中立到高调介入》，《世界知识》2010 年第 24 期，第 36 页。
② 谭利娅：《日本外相：日本对南海问题不能毫不关心》，《环球时报》2010 年 7 月 25 日。

有效地防止美国霸权衰落，继续维持并巩固"美国治下的和平"，这是冷战结束后美国历届政府的一贯战略诉求和基本政策底线。近些年来，日本政府始终高度警惕中国的快速发展，其不断强化并持续扩大美日军事同盟的战略动机之一就是遏制中国崛起，防止地区主导权落入中国手中。安倍晋三再次出任首相之后，借助南海问题极力拉拢东盟国家，联合制衡中国的战略意图更加明显，他多次鼓吹"在南海问题上，东盟方面继续保持一体性应对比什么都重要"。① 与此同时，日本将以 ODA 方式，向菲律宾出口多达 10 艘巡逻船，总额为 180 亿日元。于是，"冷战思维"根深蒂固的美日两国，继续偏执于大造事端、激化矛盾、臆测威胁、塑造敌人的一贯的战略思路，不遗余力和自欺欺人地防止所谓的"权力优势替代"（power overtaking）局面。这印证了托富勒的名言："眼睛能目睹一切，唯独看不见自己。"其实，美日两国着实应当反省自己所偏执的"冷战思维"。

其二，积极介入缘于"重心转移"。随着 2010 年美国高调宣布"重返亚洲"，2011 年也被誉为美国重返亚洲之后重点经营的一年，即着力落实"重心东移"战略的关键之年，而重返东南亚地区无疑是其中的重中之重。2011 年 6 月 4 日，时任美国国防部部长盖茨在第十届亚洲安全会议的演讲中，公布了美国的亚太安全战略，声称重返南海是美国"重心东移"战略的重要部分之一，美国对亚太地区军事存在的关注和重视是全方位的。2012 年 6 月 3 日，时任美国国防部部长帕内塔在第十一届亚洲安全会议上抛出"亚太再平衡战略"，指出 2020 年以前美国将会把 60% 的军舰部署在太平洋地区。从官方表述到方针纲领，从政策举措到实际行动，美国的"重心东移"战略越来越成熟，部署不断升级且更有针对性，即带有明显地针对中国的战略企图。而借力于该地区的固有矛盾——南海问题，充分发挥这一地区热点的"波及效应"，则是美国最终实现和完成这一战略转移的关键因素之一。② 冷战结束以后，随着世界格局发生重大变化以及日本综合国力的继续增强，争取成为"正常国家"并步入政治军事大国行列被明确为日本的一项基本国策。而中国的迅速崛起，给日本方面带来了前所未有的巨大压力和严峻挑战。于是，出于制衡中国强势崛起，扰乱中国和平发展步伐的战略

---

① 张建墅：《安倍政权执意在中国南海继续扮演"搅刺者"》，《中国青年报》2013 年 10 月 12 日。
② 『美国战略重心转移取得进展　中国渐入四面楚歌境地』，〔日〕《选择》2012 年第 7 期。

目的，日本开始有计划地插手南海地区事务，其不断强化在该地区的政治介入态势和实际影响力。早在 1995 年美济礁事件发生之际，日本政治高层就屡屡表达对南沙群岛的"关切"之意。1995 年 8 月 1 日，时任日本外相河野洋平在文莱斯里巴加湾召开的第二届东盟地区论坛系列外长会议上提出，南海问题应当在"东盟地区论坛"框架内予以讨论。日本积极插手和利用南海问题，除了不断增强自己在该地区事务的发言权和影响力之外，进行战略重心转移也是重要依据。从 2008 年以来，日本已经将战略重点逐步转移到本土的西部和西南方向，针对中国崛起的战略意图十分明显。日本企图借助插手南海问题之机，进一步达到分散中国精力、制衡中国崛起的最终目的。

其三，怂恿越菲旨为"围堵战略"。2011 年 6 月 14 日，美国在南海局势剑拔弩张之际火上浇油，唯恐局势不乱，联合菲律宾、新加坡、马来西亚、印度尼西亚、泰国和文莱 6 国，在马六甲海峡、西里伯斯海和苏禄海等海域举行联合军事演习，前后持续长达 10 天之久。2011 年 6 月底和 7 月初，美国分别与菲律宾、越南等举行海上联合军事演习，声称已经准备协助有关国家满足国防需求，为菲律宾和越南两国进一步鼓劲和打气。美国一边大肆鼓噪"地区安全环境趋于严峻"的耸人言论，一边积极部署"阿利·伯克"级"宙斯盾"导弹驱逐舰，甚至是动用核动力航空母舰奔赴敏感海域，意图借乱趁机与东盟国家联起手来，进一步实施"围堵战略"（Strategy of Containment），牢牢收紧"第一岛链"，以便更加有力地牵制中国崛起。近些年来，日本一方面对《日美安保联合宣言》和《日美防卫合作指针》等进行模糊化的处理和解释，屡屡跨越战略红线，同时进一步加强海军军备力量，以自然灾害救助、投资、技术援助等间接形式，不断将自身势力和影响力渗透到南海地区，努力提升日本对南海及周边地区的干预力和控制力；另一方面，日本政府积极谋划与越南、菲律宾等国家建立一个有关南海主权问题及保障航行安全自由的协调机制。2013 年 10 月 3 日，美日两国在日本东京召开双边安保磋商委员会（2＋2 会议）并发表共同文件，声称将联合应对"中国日益频繁的海上扩张"。① 这其中包括在 2014 年向日本派驻"全球鹰"无人侦察机、在京都府部署第二部 X 波段雷达、在冲绳县部署 P－8 反潜巡逻机，等等。美、日联合东南亚国家，一起借助南

---

① 转引自吴怀中《日本如何包围中国》，《党建》2014 年第 2 期，第 61～63 页。

海问题围堵中国的战略布局，非但对维护和增进自身的核心利益毫无益处，更会对南海局势造成严重的负面影响，同时对该地区的稳定与繁荣形成极大冲击。

三 中国应对思维及举措的再检视

随着美国放弃在南海问题上"保持低调"的一贯性做法以及日本全面介入南海主权问题的一再表态，美日联手高调介入南海争端的行动亦步亦趋，围绕南海问题的多边博弈变得越来越复杂和激烈。对中国而言，有效防止南海争端升级的常态化和扩散化，必须因势利导、借力打力，努力消除风险隐患，着力实现南海纷争的"软着陆"。

其一，开启战略智慧。2011 年 6 月 13 日~17 日，在纽约联合国总部召开了《联合国海洋法公约》（1982 年）第二十一次会议。期间，菲律宾、越南、印度尼西亚、马来西亚、泰国、新加坡等国家达成一致意见，认为应当通过和平方式并利用国际法来妥善解决南海纠纷。面对东盟国家"组团"抗衡中国尤其是与美国、日本等"域外力量"联合起来的新情况，中国应当稳住阵脚，冷静观察，蓄势待发。其实，东盟国家并不是铁板一块，彼此之间的矛盾和芥蒂很深，加之美国重返东南亚政策和日本过多介入东南亚事务其实并不完全符合东盟国家的现实利益和真实意愿。因此，借力打力，分化瓦解，坚持与直接当事国通过双边协商方式解决南海争议的原则立场，不仅符合中国核心利益，也有利于与当事各方一道共同维护南海地区的和平稳定与发展繁荣。

其二，抱定必胜决心。据"环球网"有关"南海对中国意味着什么？"的网络调查显示，40.18%的中国网民认为是主权问题，10.28%的网民认为是资源与安全问题，而49.54%的网民认为三者皆有。[1] 可以看出，南海问题关涉中国核心利益。2011 年 6 月 21 日，美日两国政府公然宣布了共同战略目标，一致强调"将敦促某些国家不追求及部署可能给地区安全带来不稳定因素的军事力量"，[2] 联手遏制和对抗中国的战略姿态不言自明。另外，美日时隔 17 年再次修订"防卫指针"的重大举措 2014 年完成了修订，从而使中国面临更大的地缘压力。对此，中国必须抱定必胜决心，对己权衡利

---

[1] 《中国南海争端持续升级》，http：//www.huanqiu.com/zhuanti/world/nanhaijy。

[2] 张蕾：《日美出台共同战略目标联手牵制中国》，《中国青年报》2011 年 6 月 25 日。

弊，明晰战略底线；对外严明立场，划定政策红线。与此同时，科学运筹"反介入"手段，必要时不排斥军事对策，从而促使南海争端解决按照对己有利、对地区稳定有利的方向不断发展。

其三，夯实综合国力。越南和菲律宾的躁动不断、美国和日本的积极介入、印度和澳大利亚的不时搅局，这些举动的根本目的只有一个，即以外忧外患来干扰中国的和平发展，进一步迟滞中国的崛起进程。① 发展是硬道理。中国只有坚定不移地按照自己的思维、自己的道路、自己的方式，不断地发展自己、充实自己、壮大自己，进一步夯实综合国力，才能够为最终妥善解决南海争端问题营造宽松环境，奠定坚实基础，创设有利条件。不断丰实的综合国力，还可以进一步强化中国政府及相关部门应对南海地区突发性事件的实际能力。毕竟，缔造与维持和平是以实力为基础和后盾，没有足够的硬实力作为根本保障，只能是奢望实现南海问题的"软着陆"。

---

① 杜德斌、范斐、马亚华：《南海主权争端的战略态势及中国的应对方略》，《世界地理研究》2012 年第 2 期，第 15～16 页。

地缘战略比较及中国对东亚地缘战略构想

第十六章

俄美对东亚地缘战略比较

东亚地区因独特的地理位置和复杂的地缘结构而长期被国际社会关注，该地区微妙的权力博弈关系和利益交错态势，更是给域内、域外大国持续实施地缘战略提供了巨大的空间和舞台。伴随着东亚国家的"群体性成长"，尤其是中国综合实力的显著增强，东亚的地缘战略地位越来越凸显出来，并成为不断促发全球地缘格局新一轮变迁的强劲动力。为此，俄美两国纷纷调整地缘战略的关注点和着力点，从地缘政治、地缘经济、地缘安全等多个方面着手，对东亚地缘战略实施了新的谋划和布局。作为当今世界大国的俄、美两国同时加大对东亚地区的战略投入力度，而两国的东亚地缘战略调整的动机及实施过程又有不同，这势必对东亚地缘环境，尤其是对东亚地缘格局走向产生了强烈冲击和深远影响，同时也关系到中国和平发展与改革稳定的战略大局。因此，从战略背景、战略取向、政策重点三个方面，全面梳理和剖析俄、美两国对东亚地缘战略的新调整与新举措，并进行多维度比较，同时展望这些战略举措的未来走势，有助于更好地辨识俄、美两国在东亚地区的核心利益关切和战略运筹技巧，有助于更好地把握东亚地缘格局变迁的具体方向及总体趋势，有助于更好地维护和扩展中国的核心利益，更好地促进东亚地区的和平、发展与繁荣局面。

一 俄罗斯对东亚地缘战略的调整：战略取向及政策重点

2010 年以来，俄罗斯开始大幅调整对外政策，致力于改善与其欧美的关系、强化亚太外交布局、重掌独联体大权；同时，利用多边机制全面维护和扩展国家利益，进而为实施现代化战略创造良好的外部环境。由此，俄罗斯对东亚地缘战略做出了新的调整和布局。一是大力实施"远东开发战略",借助该平台更好地实现东亚地缘利益;二是积极参与东亚地区事务,努力扩大对该地区的影响力和作用力;三是以能源为主要媒介,不断拓展与东亚国家的经济贸易往来;四是周旋于复杂、微妙的东亚地缘格局中,不时显露其军事实力的存在。上述政策的调整,体现了新时期俄罗斯强国外交战略的主要运筹方向和基调。究其背景,伴随着俄罗斯对以美国为首的西方国家的外交立场更加的强硬,切实维护独联体的传统优势地位就成为俄罗斯对外工作的优先方向,而发展中俄全面战略协作伙伴关系则是俄罗斯外交工作的重点内容。这意味着俄罗斯应当更加重视多边外交、发展务实性和全方位的对外关系。

普京的再度回归,会让俄罗斯的对外战略更加突出"实用主义"特色。首先,更加突出"多极化"的外交理念。随着俄罗斯综合国力的不断增强,其迫切要求成为国际体系中的重要一极,想要恢复世界大国地位的愿望更加强烈。其次,开展依托欧亚大陆、面向欧美国家的对外战略。在俄罗斯的对外战略中,"欧亚和欧美在俄外交中占有重要的地位,但两者的功能和定位有所不同。从结构上说,欧美对俄罗斯是战略紧张的产生地,欧亚则为俄罗斯提供战略稳定和战略支持"。[1] 第三,能源成为俄罗斯的重要外交武器。俄罗斯有着丰富的石油和天然气资源,能源也成为俄罗斯推行对外战略的重要手段和维护大国地位的有力工具。可以看出,俄罗斯的"大国复兴"战略,离不开对东亚地区这一地缘战略要地的有效运筹和积极经营,也反映出俄罗斯正在逐步改变"东方外交和独联体外交只是作为加强同西方打交道的砝码"的传统思路,其"对西方态度时软时硬,对独联体国家政策虚多实少,对亚洲外交则时冷时热"的缺乏连续性、长期性的对外战略运作,[2]将有望在俄罗斯对东亚地缘战略的新一轮的调整和落实中得到修正与改变。

1. 开发远东,深化中俄战略协作伙伴关系

开发远东的战略思想早在叶利钦时期就已经明确提出,在1996年4月正式批准《1996～2005年远东和外贝加尔经济与社会发展联邦专项纲要》就是重要标志之一。2001年下半年,在普京总统的正式授意和授权之下,

---

① 赵华胜:《普京外交八年及其评价》,《现代国际关系》2008年第2期,第16～19页。
② 冯波玟、加东:《非理性的外交政策选择》,《延边大学学报》(哲学社会科学版) 2006年第6期,第15～17页。

来自远东地区的各界代表对该专项纲要实施了重大修改和进一步的补充。2007 年年初，俄罗斯联邦政府正式成立"远东和外贝加尔地区发展问题委员会"，由其具体负责远东开发。随后，该委员会首次明确提出俄罗斯东部地区发展与改革的战略性构想。近年来，俄罗斯对远东开发问题越来越重视，致力于加大与亚太国家的经济合作，尤其是与中国发展战略协作伙伴关系。2009 年 12 月 28 日，时任总理普京签署《第 2094 号俄罗斯联邦政府令》的，批准《远东和贝加尔地区 2025 年前的经济社会发展战略》，对远东地区经济社会发展提出了长期的、战略性的政策指导。[①] 2012 年 5 月，俄罗斯政府成立"远东地区发展部"，以便更好地推进和实施"面向东方"的发展战略。同年 9 月，普京总统在符拉迪沃斯托克举办的"亚太经济合作组织峰会"（APEC）上强调，俄罗斯将投入巨资资金，以发展远东和西伯利亚地区的交通物流等基础性设施，继续巩固俄罗斯作为欧亚大陆桥的独特地位。[②] 会议期间，俄罗斯天然气工业股份公司（Gazprom）总裁阿列克谢·米勒（Alexey Miller）表示，数年之后，该公司对亚太地区天然气的供应量将会超过欧洲。目前，普京总统已经明确要求俄罗斯天然气工业股份公司进一步加快实施"东部天然气计划"，加快开发西伯利亚地区的科维克塔和恰扬达气田。预计总投资金额高达 7700 亿卢比的"雅库特—哈巴罗夫斯克—符拉迪沃斯托克输气管道项目"，将成为俄罗斯远东开发战略中最为重要的项目之一。[③]

俄罗斯远东开发战略把亚太地区，尤其是中国确定为主要的合作对象，将中国东北地区列为重点合作区域。这既是源于中俄两国的地缘及资源优势，更是得益于双方相似的政治立场和战略协作伙伴关系。梅德韦杰夫总理一再指出，"发展对华关系是俄罗斯外交优先方向，绝不动摇"。[④] 中俄两国密切的政治合作关系由来已久且发展稳定，双方政治高层会晤实现了机制化、定期化，两国还就一系列的重大问题保持了密切沟通和协调。目前中俄

---

① Стратегия Социально - ЭкономическогоРазвитияДальнегоВостокаИБайкальскогоРегиона НаПериодДо2025Года. http：//www. eao. ru.

② 《APEC 峰会与俄罗斯东进战略的经济利益》，http：//rusnews. cn/xinwentoushi/20120911/ 43555454. html。

③ 《2012 年的俄罗斯经济（宏观政策篇）》，http：//rusnews. cn/xinwentoushi/20121231/43660185. html。

④ 《俄罗斯联邦总统梅德韦杰夫在人民大会堂同胡锦涛会谈时的讲话》，http：//politics. people. com. cn/GB/1024/9493801. html。

政治互信关系处于"历史最好水平"。近年来,中俄两国签署《关于经济现代化领域合作备忘录》等一大批重要文件,双方经济合作领域不断拓宽和提升,从而逐渐打破了两国长久以来"政热经冷"的尴尬局面。虽然中、俄两国仍存在民间贸易缺乏法制化管理、"中国移民威胁论""政治先于经济论"等一系列的棘手问题,但是,俄罗斯与中国一样在深入发展中俄战略协作伙伴关系上不会改变立场。

2. 软硬兼施,彰显东北亚地缘政治影响力

面对复杂、微妙的东北亚地缘政治环境,俄罗斯采用软硬兼施的政策。针对危机四伏的朝鲜半岛局势,俄罗斯积极展开斡旋工作,以努力扩大自己的话语权;针对美日借用"北方四岛"问题,进一步挤压俄罗斯地缘空间的战略企图,俄罗斯则"以硬碰硬"地宣示对"北方四岛"的所有权。2010年5月,俄罗斯政府派遣专家组高调赴韩国调查"天安舰事件",对"朝韩交火"事件明确表态,同时呼吁重启朝核问题六方会谈。俄罗斯还积极推动俄、朝、韩三国油气管道及铁路连接项目建设,并与朝、韩两国分别就铺设天然气管道达成了重要共识。2010年8月24日,时任总统梅德韦杰夫与到访的朝鲜最高领导人金正日在赤塔举行会晤,双方就修建俄、朝、韩三国天然气管道及输电线路,改造铁路运输系统等达成了原则性协议,俄方还敦促朝方无条件重返朝核问题六方会谈,暂停导弹试射和核试验活动。同年11月2日,韩国总统李明博访问俄罗斯,双方达成自2017年开始,30年内俄方通过上述管道每年向韩方输送100亿~120亿立方米天然气的重要协议。俄罗斯通过不断促进朝鲜半岛南北双方颇感兴趣的输气、输电、铁道"三线"项目建设,以能源合作为战略契机,进一步加强了俄、朝、韩三国合作关系并提升了自己的话语权。① 另外,俄罗斯一直呼吁重启朝核问题六方会谈。2011年11月,由俄方斡旋,朝、韩两国六方会谈代表在莫斯科举行了会晤,这有助于俄罗斯在朝鲜半岛进一步扩大话语权和影响力。②

随着美国"重返亚太"的力度不断加大,其以朝核问题为口实而不断强化美日、美韩军事同盟体系,同时以解决"南千岛群岛"问题为由联合日本对俄方施压。这些举动使俄罗斯意识到东部地区安全压力正在增大,必

---

① 中国现代国际关系研究院:《国际战略与安全形势评估2011/2012》,时事出版社,2012,第288-289页。

② 《俄罗斯外交部:朝韩应加快六方会谈的"重启"》,http://www.chinanews.com/gj/2011/11-29/3495540.shtml。

须增强防范能力并积极主动地采取"反介入"举措。为此，俄罗斯摆出"硬碰硬"的姿态，加大对东亚地区的军事力量投入，不时显示军事实力的存在已经成为一种常态。2010 年 11 月，时任总统梅德韦杰夫高调登上南千岛群岛（南千岛群岛）。此后，俄罗斯的副总理、国防部长等一大批高官先后登岛考察防务部署及经济社会发展情况。俄罗斯还向太平洋舰队增派了军舰及飞机，在千岛群岛附近海域、远东地区等举行了大规模的军事演习；同时定期或不定期地派遣战略轰炸机等在临近日本领土边缘的公海空域及阿留申群岛的太平洋上空进行巡逻。俄方宣称，将在 2020 年以前增加 100 艘水面舰艇和潜艇，2 艘"西北风"级两栖攻击舰以及新一代核动力潜艇均将优先配属给亚太地区这一战略方向。[①] 这次军事举动，意在宣示俄方对南千岛群岛的所有权，同时更加有效地应对美日不断强化的军事同盟关系。

3. 积极融入，致力于东南亚经济安全建设

俄罗斯认为，亚太地区一直缺少统一的集体安全体系，亟须"在公开、透明、公平、不结盟的基础上，建立遵循《国际法》、最大限度满足该地区所有国家利益的灵活的、多层次的安全结构"。[②] 2010 年东亚峰会（EAS）之后，俄方一直致力于地区性双边和多边安全对话，有意将东亚峰会"塑造成 21 世纪亚太地区安全的基本架构"。2012 年 9 月，俄罗斯作为东道主在符拉迪沃斯托克举办了亚太经合组织峰会，此举，进一步扩大了俄罗斯在东南亚地区的话语权和影响力。

俄罗斯一直强调与亚太国家关系具有"战略性"，一再表示参与亚太经济一体化是当务之急。亚洲国家不断壮大的经济实力及技术优势，使俄罗斯将亚太国家确定为实现国家现代化的优先的"技术伙伴"。同时，俄罗斯认为亚太经济一体化是"远东乃至全俄经济振兴的重要途径"。随着东盟国家经济社会的持续发展，对能源的巨大需求进一步凸显出来。2010 年以来，APEC 国家在俄罗斯对外贸易中的增加份额，主要是东盟国家对俄罗斯能源的巨大需求所致。如今，俄罗斯在东盟地区能源事务中，正扮演着越来越重要的关键角色。2010 年 10 月，东盟国家签署《2010～2015 年俄罗斯与东盟

① 中国现代国际关系研究院：《国际战略与安全形势评估 2011/2012》，第 110 页。
② Выступление Министра иностранных дел Российской Федерации С. В. Лаврована пленарном заседании 6 - го Восточноазиатского саммита, о. Бали, Индонезия, 19 ноября 2011 года. 19 - 11 - 2011, http://www.mid.ru/brp _ 4.nsf/0/53124FE243FAEAD4425794D00328E92.

能源合作工作计划》，由此，加强了俄罗斯与东盟国家在能源勘探领域的合作关系。莫斯科亚太研究中心教授、东南亚研究所负责人叶甫根尼·卡纳耶夫（Evgeny Kanaev）表示，东西伯利亚—太平洋运输管线正式投入使用以后，俄罗斯将在保障亚太地区能源安全方面发挥独一无二的战略作用。预计2030 年俄方每年将向东盟国家出口原油达 1500 万吨。[①] 另据统计，2000 年俄罗斯与东盟双边贸易额仅为 13.75 亿美元，2009 年迅速攀升到 67.66 亿美元，两国双边贸易额增长近 5 倍。不过，俄罗斯与东盟双边贸易占各自外贸总额的比重仍然偏低，双方有着巨大的提升空间，对此参见表 16 - 1 和表16 - 2。

表 16 - 1　2009 年主要经济体占东盟外贸总额的份额比较

单位:%

	中　国	欧　盟	日　本	美　国	俄罗斯
份额比重	11.6	11.2	10.5	9.7	0.4

数据来源：1. ASEAN Secretariat, ASEAN Community in Figures—ACIF 2009, February 2010, pp. 14, 15; 2. ASEAN Secretatiat, ASEAN External Trade Statistics, 15 July, 2010。

表 16 - 2　2010 年与亚太国家双边贸易额占俄罗斯外贸总额的份额比较

单位:%

	中　国	日　本	韩　国	东　盟	总份额
份额比重	9.5	3.7	2.8	1.6	23.3

注：此处俄罗斯与东盟国家双边贸易额中，不包含其与柬埔寨、老挝、文莱和缅甸的双边贸易额。

数 据 来 源：ФедеральнаяТаможеннаяСлужба，ВнешняяТорговляРоссийскойФедерациипо Основным Странам，февраль，2011。

二　美国对东亚地缘战略的调整："战略东移"与"再平衡"战略

2009 年以来，奥巴马政府不断加快美国"重返亚太"步伐，[②] 大力实

---

① 〔俄〕拉蒙·佩德罗萨：《加强亚洲能源存在 俄罗斯东盟合作进入蜜月期》，《第一财经日报》2012 年 4 月 27 日。

② "重返亚洲"理论最初是由美国学者班·布鲁门撒尔和艾伦·弗里德贝格提出。参见 Dan Blu-menthal and Aaron Friedberg, "An American Strategy for Asia", a Project of the American Enterprise Institute, http://www.aei.org/files/2009/01/12/20090106_ AsiaStrategy Report. pdf. January 2009。

施"再平衡"战略，意在战略锁定亚太地区，借东亚经济之东风，促进美国经济的复苏与发展。与此同时，以"战略围堵"方式，竭力遏制中国的和平崛起进程，从而打造"美国的太平洋世纪"。实际上，美国的战略重心"东移"这一进程，早在冷战结束初期就已经逐步展开，其间受到"9·11事件"后反恐战争形势的影响而一度有所放缓。随后，美国政府再次加强对东亚地缘战略态势的投入及部署力度，尤其是不断强化美国在东亚地区的军事同盟体系建设，一再加大该地区军事前沿部署力度。2010年美国《四年防务评估报告》中指出，美国应当与亚洲盟友——日本、韩国、菲律宾、泰国等不断加强和深化合作关系，力求与印度尼西亚、马来西亚、越南等国家建立新型的战略合作关系。①

伴随着2011年夏季以来南海主权争端问题的日趋激化，美国方面不顾中国政府的多次外交交涉，② 以外交干涉、军事演习、经济合作等为手段，进一步推升了该地区局势的紧张态势。即便是在中、越两国就南海问题已经初步达成和解之时，美国仍然在南海地区与菲律宾进行有针对性的联合军事演习，③ 还派出多艘航空母舰群在南海地区实行所谓的"战备巡逻任务"。美国方面的这种非建设性作用，不仅严重恶化了南海地区局势，也清楚地表明它不断加速实施的"战略东移"与"再平衡"战略，不过是减缓东亚地区权力转移进程的战略性手段，其意在于避免东亚地缘格局变迁发生对美国不利的局面。己所不欲，勿施于人。美国政府的这一战略布局，最终只能是"搬起石头，砸自己的脚"。可以看出，美国在东亚地区的所谓的"核心利益"，就是从全球战略的高度出发，竭力护持美国在东亚地区的霸权态势不滑落，全力限制其他国家的强势崛起进程，引导和塑造该地区权力转移进程向着更有利于美国主导的地区秩序的方向发展。

1. 以突发事件和朝核问题为契机，巩固东北亚同盟体系

2010年发生的"天安舰事件""延坪岛炮击事件"等突发事件，严重

---

① Department of Defense of The United State of American, *Quadrennial Defense Review Report*, February 2010.

② Brian Spegele, "China Warns Against Meddling in Sea Disputes," *The Wall Street* Jun 15th 2011；Keith B. Richburg、William Wan and William Branigin, "China Warns U. S. in Island Dispute" *The Washington Post*, Jun 23rd, 2011.

③ "Philippines Says US Obliged to Defend Filipino Forces if they're Attacked in Disputed Spratlys", *The Washington Post*, Jun 22nd, 2011.

损害了中韩互信关系，① 这为美国进一步强化美韩军事同盟关系提供了绝好口实。奥巴马政府不仅利用"天安舰事件"大做文章并向朝鲜方面一再施压，还加快推动美韩同盟转向"全面战略同盟关系"。同时，美国把最初旨为应对朝鲜"入侵"的"5029 作战计划"，正式升级为危机事态时美韩对朝鲜进行直接的军事干预甚至是占领的攻击性方案。另外，美国更加注重与日本的军事同盟关系建设，认为"美日同盟是保持两国安全与繁荣的基础，也是维持地区和平与安全的基石"。② 2011 年 3 月，由于"福岛核泄漏事故"，美国以助日救灾为名紧急动员驻日美军，开展了代号为"朋友作战"的大规模救援活动。美国核安全管理委员会还派遣了 50 多名专家帮助日本应对"福岛核泄漏事故"。奥巴马总统予以慰问的同时还承诺帮助稳定日元汇率。中日钓鱼岛之争，也成为美国进一步巩固和深化美日军事同盟关系的重要借口。从 2010 年的"钓鱼岛撞船事件"到 2012 年的"购岛事件"，美国一直为日本摇旗呐喊、站台撑腰，甚至与日本从 2012 年 8 月 21 日起举行了达 37 天之久的所谓"护岛"作战联合军事演习，这是美日两国首次将岛屿作为联合军事演习的主要场地。2013 年 1 月，美国国务卿希拉里抛出被日本媒体称为"最强硬的牵制中国"的表态，公然宣称钓鱼岛在日本的"行政管辖"之下，美国反对"任何单方面破坏日本管辖权的行为"，同时重申《美日安保条约》适用于钓鱼岛。③

美国的战略意图十分明显，即彻底搅乱东北亚地区局势，然而从中渔利。美国想方设法地分化中日韩三国关系，从而进一步强化美日、美韩军事同盟体系，为美国构建新型军事安全网络体系，打造稳固牢靠的东北亚地缘支点。为此，"延坪岛炮击事件"之后，美韩两国立即在黄海海域举行了首次由美国航空母舰编队参加的大规模联合军事演习。不久，美日举行代号为"利剑"的两国"史上最大规模的联合军演"，一共出动 4 万多名士兵，包括"乔治·华盛顿号"核动力航空母舰在内的 60 余艘舰艇及 400 多架飞

---

① 韩国认为中国偏袒朝鲜一方。据 2010 年 5 月 5 日韩国《中央日报》的报道，大国家党党首郑梦准表示，"对中国邀请金正日委员长在'天安舰事件'后访华感到失望和忧虑"。另据 2010 年 11 月 28 日韩国联合通信社的报道，李明博总统要求中方以公正、负责任的态度处理朝鲜半岛问题。

② 《日本首相野田佳彦结束访美双方确定新"蓝图"》，http：//www. chinanews. com/gj/2012/05 - 03/3860999. shtml。

③ 〔日〕二阶堂勇：『中国の尖閣接近「反対」美国務長官、岸田外相に明言』，〔日〕《朝日新聞》2013 年 1 月 19 日。

机。美国还派遣另一艘核动力航空母舰"卡尔·文森"号前往附近海域以造声势。值得注意的是，日韩两国均首次派员观摩了对方与美国的近期军事演习。这不仅弥合了前期美日韩三国之间的战略分歧，从而使彼此之间的军事同盟关系更加的稳定和牢固，而且为美国继续打造和强化东亚军事同盟体系提供了有利条件。

2. 以外交友好和南海纠纷为噱头，绑定东南亚新兴伙伴

美国在 2010 年 2 月出台的《四年防务评估报告》中，将东南亚国家具体划分为三大类：一是菲律宾、泰国等所谓的"正式盟友"；二是新加坡等所谓的"战略伙伴"；三是印度尼西亚、马来西亚、越南等所谓的"可预期的战略伙伴"。① 美国的战略构想是，不断加强与马尼拉、曼谷的正式同盟关系，继续深化与新加坡的全面合作程度，同时与雅加达、吉隆坡、河内等"发展新的战略关系"。为此，美国国务卿希拉里在东盟地区论坛（ARF）系列外长会议上抛出"南海主权未定论"，公然干涉南海问题，致使南海局势日趋紧张。② 在新版《国家军事战略报告》中，美国重申将加强与泰国、越南、新加坡、马来西亚、巴基斯坦和印度尼西亚等国家的军事合作关系，从而进一步扩大其在亚太地区的军事协约范围。2012 年 7 月以来，奥巴马总统接连访问日本、蒙古、越南、老挝、柬埔寨等亚洲国家，发起新一轮的亚太外交攻势。

值得注意的是，美国在亚太地区的军力部署，正在逐步从韩、日两国转向南太平洋国家。2011 年以来，美国进一步加快了与澳大利亚、新加坡的双边关系发展步伐，从而把美澳、美新军事同盟关系由"太平洋伙伴关系"扩展为"跨越印度洋和太平洋伙伴关系"。2011 年 11 月，美澳两国签署《永久性驻军协议》，从而使美军首次驻扎南太平洋地区。美国利用一些亚太国家对中国强势崛起的巨大恐惧心理，大肆炒作领土纠纷等地区热点问题，旨在分化中国与邻国的友好合作关系，并对中国形成"战略围堵"之势，牵制中国的和平崛起，以便有利于美国继续维护地区强权地位。

3. 以地域合作和经济组织为平台，主导东亚地区事务

一是通过加入东亚峰会彰显美国的存在及合法性，妄图主导东亚地区政

---

① http：//www. knowfar. org. cn/report/201002/24/1158. htm.

② Jim Gomez, "US：China, ASEAN Should Strengthen Spratlys Pact," *The Washington Post*, October 4, 2010, http：//www. washingtonpost. com/wp－dyn/content/article/2010/10/04/AR2010100400346. html.

治进程。东亚峰会在 2005 年首次召开时，被称为"东亚地区第一个没有美国参加的地区合作机制"。① 奥巴马总统上台以后，美国越来越担心由中国主导东亚峰会，进而把其从东亚地区一体化进程中排除出去。2009 年，美国加入东亚峰会并任命了驻东盟大使；2010 年，美国成为东亚峰会观察员国；2011 年，美国在巴厘岛会议上，成为东亚峰会正式成员国。美国国务卿希拉里指出，东亚峰会应当成为"解决地区政治和安全问题的主要论坛，包括海事安全、核不扩散以及救灾等"。② 加入东亚峰会，不但可以继续强化美国在亚太地区的身份存在，还可以借助这一机制有效规范和约束中国等国家的相关行动，从而有利于巩固美国在亚太地区的主导权。③

二是借助"跨太平洋战略经济伙伴协定"（TPP），妄图主导东亚地区经济进程。TPP 是 2005 年由文莱、智利、新西兰和新加坡四国签订并在次年正式生效的自由贸易协定组织。起初，该协定并未得到广泛关注和认可。2008 年 9 月，美国高调宣布加入 TPP 之后，才使其影响力和关注度不断扩大。在美国的极力推动下，澳大利亚、秘鲁、越南、马来西亚、日本等国家先后宣布加入该组织。美国的战略意图十分明显，即以 TPP 为切入点，不断吸引 APEC 成员加入其中，以防止东亚地区形成一个排他性的自由贸易区，进一步牵制"东盟 10 + 1""东盟 10 + 3"等域内贸易集团，同时推动亚太自由贸易区（FTAAP）进程。这样，美国既可以搭上"东亚经济快车"，又能够尽量淡化"东亚"的区位概念，进而将东亚纳入亚太经济合作框架，以防止出现类似欧盟的、可与之相抗衡的强大地缘经济集团，最终实现由美国主导亚太政治、经济体系的根本目的。④

三 对俄美两国东亚地缘战略调整的评估及比较

俄美两国利用自身的地缘优势，同时向东亚地区实施"倾斜性"的战略投入，而它们的战略动机和战略实施过程的不同，无疑将造成东亚地缘格局走向新的更多的不确定性。目前，俄罗斯对东亚地缘战略的调整更倾向于

---

① 《东亚峰会扩容 美俄首度参加》，http://world. people. com. cn/GB/1029/42354/16261052. html。

② 陈向阳：《东亚峰会备受各方瞩目 美国毫不掩饰想要当领导》，《瞭望新闻周刊》2011 年第 44 期，第 58 页。

③ 王光厚：《美国与东亚峰会》，《国际论坛》2011 年第 6 期，第 45 页。

④ 全毅：《TPP 对东亚区域经济合作的影响：中美对话语权的争夺》，《亚太经济》2012 年第 5 期，第 102 ~ 107 页。

"预防性"和"防御性",其主要意图是"搭便车"以促进本国经济社会发展,继续与中国保持战略协作伙伴关系,以抗衡美国的战略挤压效应。而美国对东亚地缘战略的调整越来越具有"针对性"和"进攻性",围堵中国以及谋求地区主导权的战略意味十分强烈。伴随着东亚地缘形势的更加复杂和微妙,域内国家将迎来地缘战略再调整新的回旋空间。

1. 俄美两国对东亚地缘战略调整的相似性

中国强势崛起和世界经济中心逐渐向东亚地区转移,这是俄美两国不断调整东亚地缘战略的重要动因和主要背景。对此,俄美两国充分考虑了地缘政治、地缘经济和地缘安全等多种因素,并将上述方面结合起来予以全方位统筹。俄美两国对当前东亚地区热点问题均有着充分考虑,常常在第一时间就做出反应。2010 年的"天安舰事件""延坪岛炮击事件""钓鱼岛撞船事件"等发生后,俄美两国均迅速做出了反应。美国借机向中、朝两国进一步施加压力,不断巩固美日、美韩军事同盟体系,同时加强在东北亚地区前沿军事部署力度。俄罗斯则积极展开各种斡旋工作,高调提出重启朝核问题的六方会谈,试图进一步扩大在朝鲜半岛的话语权和影响力。2011 年 3 月,"福岛核泄漏事件"发生后,俄美两国均及时派出调查团和救援队。美国的战略意图是继续分化东亚地缘力量,倡导美国主导的东亚地缘格局;而俄罗斯旨在更多地介入东亚地区事务,不断扩大话语权和影响力。

受世界经济危机的冲击和影响,近年来全球军费预算开支有所消减。不过,东亚国家对军备的投入力度仍然热情不减,成为当今全球海、空军备增长最为迅速的地区。2010 年,俄罗斯提出"新军事学说",大力推动军事改革、加强军队现代化建设、增加军备开支,进一步加大新式武器研发力度,频繁举行军事演习,不断在东亚地区显示军事实力存在。美国则进一步加紧了前沿军事力量调整,试图以日、菲等国家为地缘支点,构建新型的东亚地区军事安全网络体系。一方面,美国开始大规模扩建关岛等基地,希望把它们打造成新的"超级军事基地";① 另一方面,美国致力于不断提升反潜与海上导弹拦截能力,以强化"第一岛链"对东亚海域的实际监控能力。按照美国国防部的最新军事部署,未来美国海军约 60% 的核动力潜艇,11 艘核动力航空母舰中的 6 艘要转移部署到亚太地区。

① 《美拟斥资 128 亿搞扩建 打造关岛"超级军事基地"》,http://www.chinadaily.com.cn/hqzx/2010 – 10/27/content_ 11463007. htm。

另外，俄美两国一向重视与东盟国家的经济合作关系，它们均试图通过东亚峰会、亚太经济合作组织等多边机制，更多地参与东亚经济一体化进程。美国一直表示支持东亚经济发展，致力于推动并参与该地区经济合作进程。它还高调加入 TPP，其战略意图无非是寻求主导东亚地区的经济进程。而俄罗斯以能源为重要突破口，进一步加强与东盟国家在能源勘探领域的相关合作，双方经贸关系有望获得新的更大的发展。

2. 俄美两国对东亚地缘战略调整的差异性

第一，顺势而为与伺机而动的战略动机差异。苏联解体以后，俄罗斯一直受到美欧等西方国家的战略挤压，逐渐形成了"靠东、稳南、保西"的地缘战略，以便更好地维护自身的战略安全态势。现在的俄罗斯已经无法像苏联时期那样寻求全球性扩张，而是以切实保护自身安全为首要的战略目标，同时不断进行现代化改革。为了更加有效地保护战略后方并实现经济社会的快速发展，俄罗斯适时出台了"远东开发战略"，同时致力于发展与东亚各国关系。应当说，当前俄罗斯对东亚地缘战略是保守型的，其主要是针对国际形势最新变化的顺势而为罢了。美国为继续护持世界霸主的强权地位，在制定对外战略时常常会考虑其全球利益。按照"凤凰动议"提交的《战略领导：21 世纪国家安全战略框架》的相关规划，美国应当以"战略性领导"为基本特征。① 中国借"反恐战争"之际迅速崛起，这导致美国在亚太地区的存在及重要性逐渐下降。所谓的"战略东移"，就是重新夺回或掌握在亚太地区的领导权，进一步巩固美国在全球的领导地位。② 可见，美国对东亚地缘战略的调整极具进攻性。针对风云变化、矛盾重重的东亚地区局势，美国意图巧妙地把政经相分离，借东亚经济发展之东风，缓解全球金融危机对本国的巨大压力。同时，利用该地区的结构性矛盾，分化域内国家政治关系、强化固有的地区同盟体系、战略围堵中国崛起，以便继续保持其霸权国的地位。

第二，对华全面合作与加大遏制的态度差异。由于俄美两国调整东亚地缘战略的动机多有不同，这导致它们对中国强势崛起的态度差异颇大。近年

---

① "Strategic Leadership: Framework for a 21st Century National Security Strategy," http://www.cnas.org/files/documents/publications/SlaughterDaalderJentleson_StrategicLeadership_July08.pdf. July 2008.

② 李文、何丽娟：《美国战略东移：理论与实践》，《毛泽东邓小平理论研究》2012 年第 1 期，第 102 ~ 107 页。

来，美国不断加快全球战略调整步伐，大力实施"再平衡"战略，进一步巩固美日、美韩军事同盟体系，持续激化南海问题并加强与东盟国家关系。美国试图以 TPP 主导东亚地区经济进程，其主要动机是在地缘战略上全面"围堵"中国，极力遏制中国和平崛起。而俄罗斯与美国恰恰相反，其本身就处在亚欧大陆北部地区，因此，俄罗斯对东亚地缘战略的调整及展开主要是以"远东开发战略"为牵引。俄罗斯远东地区与中国东北部地区相接壤，这为中俄边境地区经济社会发展提供了绝好的地缘条件和基础。与此同时，与中国保持良好的战略协作伙伴关系，不仅有助于俄罗斯更好地促进东部地区发展，进一步巩固战略后方，还能够有效缓冲美欧国家不断"东扩"的巨大地缘压力。俄罗斯深知美国对中国的"战略围堵"实际上对其本身的生存与发展也毫无益处，因此一直强调并致力于与中国发展战略协作伙伴关系。

　　第三，参与其中与企图主导的战略手段差异。目前，俄罗斯对东亚地缘战略调整的效果相对有限。在持续紧张的朝鲜半岛局势中，俄罗斯提出重启六方会谈，同时利用自身的能源优势，积极推动俄、朝、韩三国油气管道、铁路连接项目，这在一定程度上提升了其对朝鲜半岛事务的话语权和影响力。但是俄罗斯与东盟国家经济合作水平还很有限，甚至有专家认为俄罗斯与东盟建立自由贸易区的经济效益为零或是为负，致使俄罗斯一再搁置与东盟建立自由贸易区的相关项目。① 与俄罗斯一味利用能源优势参与东亚地区事务有所不同，美国主要利用其全球霸主地位及巨大的影响力、号召力，试图通过地区同盟体系及各类国际组织来主导东亚地区政治经济进程。美国一方面利用朝核问题、钓鱼岛问题等地缘热点，进一步巩固了美日、美韩军事同盟体系；另一方面，大肆炒作南海问题，极力拉拢菲律宾、越南等国家，致使东亚地缘力量进一步的分化、组合，同时以日、菲等国家为地缘支点，构建新型的地区军事安全网络体系。美国不仅加入东亚峰会并积极在亚太经济合作组织中发挥引领作用，并且一再表示将在亚太地区发挥"领导作用"，致力于进一步推动 TPP。上述种种举动表明，美国仍然执迷于主导东亚地区事务。正如美国国务卿希拉里所言，美国要模仿 20 世纪美国和欧洲之间"成功的跨大西洋体系"，在 21 世纪打造新的"跨太平洋体系"，而美

---

　　① 《俄罗斯搁置与东盟建立自由贸易区项目》，http：//commerce. dbw. cn/system/2012/10/29/000581562. shtml。

国在其中会发挥"核心作用"。

3. 俄美两国东亚地缘战略新调整的影响

一方面,东亚地缘环境将更加复杂。东亚地区大国云集且矛盾丛生,尤其是历史遗留问题始终没有得到妥善解决。虽然美国加快实施"重返亚太"战略,实际上其从未离开亚太地区,只是美国的地缘战略重点一直不在东亚地区而已。美国推出"再平衡"战略,意在进一步绑定日、韩等东亚盟国,继续采用分化、瓦解政策,以谋取自身的战略利益和主导地位。而俄罗斯之前的地缘战略重点也不在东方,现在为维护其东亚地缘利益,必须与中国展开密切合作关系。俄美两大力量同时强化东亚地缘战略,将对本就十分复杂的东亚地缘环境造成巨大影响。东亚国家面临被进一步分化的危险,彼此之间的内部矛盾有可能被激化。俄美两强的不断介入,将会扰乱一些域内国家的战略选择方向,"多米诺骨牌"效应不仅会影响到东亚地区一体化进程,还将使外部矛盾延伸到内部层面从而影响到东亚地缘格局走势。

另一方面,东亚各国战略选择空间变大。俄美两强在东亚地区所实施的地缘战略有所不同,虽然也为东亚地缘格局走向增添了诸多变数,域内国家的地缘压力有所增大,但是为东亚各国尤其是利益相关国家提供了更加宽松的战略选择空间。东亚各国可以根据本国的实际情况及具体利益诉求,从而确定自己的地缘战略选择方向。对中国而言,与俄罗斯继续保持密切合作关系,有助于瓦解美国的全面"围堵战略"。不过,目前中俄经济合作范围及层次比较有限。因此,不断扩大中日韩三国经济合作是切实维护和稳步拓展中国地缘经济利益的优先选择方向。

第十七章

中日韩东亚地缘战略比较

　　进入新世纪以来，全球地缘格局呈现从欧洲—大西洋转向亚洲—太平洋的新趋势。[①] 美国《新闻周刊》甚至载文宣称，21 世纪是"亚太世纪"。[②] 随着世界中心的持续转移尤其是大国战略重心的不断"东移"，世界各国逐步将目光聚焦在东亚地区。由此，东亚国家力量的此消彼长，东亚地缘环境的不断变化，越来越引起域内外国家的高度重视。作为域内主要国家，中日韩三国的核心利益在东亚交汇和碰撞，形成融合和冲突并存的复杂关系。基于东亚地缘战略环境的不断变化，中日韩三国均采取多种手段以达到战略目标，这其中既有相同之处也有不同之处。对中日韩三国的东亚地缘战略[③]目标、战略手段以及相应的战略效果进行多维度的比较研究，有助于更好把握东亚地缘格局的变迁方向。

一　中日韩东亚地缘战略目标比较

　　在尼古拉斯·斯皮克曼看来，"'世界权力中心'既不在海上世界也不在大陆世界，而是介于这两者之间的地域，他称之为欧亚大陆的'边缘地

---

① 林利民：《世界地缘政治新变局与中国的战略选择》，《现代国际关系》2010 年第 4 期，第 1～4 页。

② Katie Bachman, "Still betting on Asia's growth," *Newsweek*, March 8, 2010, p. 8.

③ 所谓的"地缘战略"，是指国家在特定的历史条件之下，从地缘空间的角度，综合运用政治、经济、军事、文化等各种资源，应对核心挑战与威胁，竭力维护国家利益与价值观的总体构想。简而言之，地缘战略就是利用地缘关系及其作用法则，谋取和维护国家利益的方略。参见程广中《地缘战略论》，国防大学出版社，1999，第 16 页。

带'……追求一直是海上与陆上强国控制边缘地带并增强它们在那里实力的历史目标",①"边缘地带"的重要性远胜于世界心脏地带。东亚作为欧亚大陆的边缘地区，极具地缘战略价值是不争的事实。尤其是在后金融危机时代，与美国经济缓慢恢复、欧洲国家深陷泥潭相比，东亚地区继续保持强劲发展势头，率先从金融危机中崛起并成为当今世界最具活力的地区之一。由此，东亚地区逐步成为域内外国家进行战略部署的重点所在，各种利益在此处交汇和碰撞，冲突与融合共生，合作与竞争并存，从而形成各国复合博弈的微妙的战略结构。中日韩三国基于东亚地缘环境的不断变化，各自确立了新的东亚地缘战略目标。

1. 中国：和平发展，稳定周边

从地缘政治的视角来看，中国的疆域辽阔、地贯南北，天然处于东亚地区的中心地位，并将东北亚和东南亚这两个地区连接起来。中国背靠亚洲大陆，面临太平洋，是典型的陆海复合型国家，它在东亚地区有着众多的邻国。由于特殊的地缘环境，中国长期以来受到陆路国家和海洋国家的双重压力，对国家利益的维护和扩展十分迫切而艰巨。作为东亚地区的重要国家之一，中国视该地区为自身的核心战略区域，其核心利益能否得到切实维护，很大程度上取决于东亚地区局势的稳定与否。特别是进入新世纪以来，随着中国的迅速崛起，东亚局势愈发紧张和多变。东亚国家在如何处理与中国的关系时，常常陷入"二元对立"的结构性矛盾中——在经济上，谋求"搭便车"，借助中国经济发展的良好态势，不断促进和发展本国经济；在安全上，对中国的强势崛起产生恐惧和猜忌，更倾向于依靠美国来遏制中国。东亚国家对中国强势崛起的种种误判，表明它们对中国和平崛起缺乏足够的信任，甚至是意欲拉拢域外国家以平衡中国力量，这进一步加剧了该地区的离散性。

因应环境变化与维护核心利益决定了中国的东亚地缘战略目标。这主要体现在两个方面：一方面，保持稳定的东亚地区秩序与繁荣的东亚经济发展态势，为中国的和平崛起创造良好的周边安全环境，这是中国东亚地缘战略的首要目标。② 另一方面，与东亚国家携手应对地区挑战与威胁，积

---

① 〔英〕杰弗里·帕克：《地缘政治学：过去、现在和未来》，刘从德译，新华出版社，2003，第 162 页。

② 赵银亮：《大国地缘战略与东亚经济合作》，《亚太经济》2003 年第 5 期，第 2 页。

极参与东亚地区事务，做东亚一体化的参与者、建设者，而非地区秩序的挑战者、破坏者。中国的东亚地缘战略目标是在国家大战略的指导下确立和实施的，是中国和平发展、和平崛起的国家大战略在地区层面的最终反映，符合为中国和平崛起创造稳定有序周边环境的战略考量。中共十八大报告指出，"中国将继续高举和平、发展、合作共赢的旗帜，坚定不移致力于维护世界和平、促进共同发展"，"坚持与邻为善、以邻为伴，巩固睦邻友好，深化互利合作，努力使自身发展更好惠及周边国家"。① 可以看出，不断促进和实现同东亚国家的长期友好相处和平等互利合作，是中国东亚地缘战略的重要目标指向。

2. 日本：谋求区域主导权

从东亚地缘环境来看，日本由于近代以来实行"脱亚入欧"的政策而长期游离于该地区之外。不过，面对地处东亚的地缘政治现实，日本在对外战略中不得不把该地区作为一个重要单元加以重点考虑。② 日本在东亚地区的地缘战略目标主要有三个：第一，维护东亚地区稳定大局，为日本成为东亚地区主导者提供有利条件；第二，与周边国家保持和平安定的关系，防止该地区出现敌对国家成超级大国；第三，偏重东南亚地区，继续稳固与东南亚国家关系，为日本实现对东亚地区的切实领导提供保障。

众所周知，日本在相当长的历史时期内对东亚邻国保持着绝对优势。东亚国家难以与日本形成均势，无法对其东亚核心利益构成严峻挑战。日本在东亚地区长期一国独大，以地区引领者的身份自居，在倚重美欧的前提之下兼顾东亚地区。保持东亚地区稳定发展一直是日本的战略目标，其对东亚地区常常采取主动姿态，旨在对东亚地区的稳定与发展发挥中心主导作用。③

新世纪以来，东亚新兴国家群体崛起，推动东亚地区经济飞速发展。全球金融危机爆发后，中国非但没有像西方国家一样深陷泥淖，反在 2010 年一跃超过日本成为世界第二大经济体，这严重刺激了日本的敏感神经。与中国相比，日本国土东西狭窄、南北狭长、面积较小，资源匮乏的先天劣势十分明显。日本认为，中国的强势崛起对自身发展必然产生负面影响，将会危

---

① 《十八大报告全文》，http://www.xj.xinhuanet.com/2012-11/19/c_113722546.htm。
② 张景全：《日本的东北亚与东南亚战略初探》，《日本问题研究》2003 年第 3 期，第 44 页。
③ 朱凯兵、李博：《大国东亚战略与中国的对策思考》，《南京政治学院学报》2009 年第 4 期，第 55 页。

及日本在东亚地区的既得利益。在右翼政客的不断煽动之下，日本国内民族主义思潮持续泛滥，"中国威胁论"甚嚣尘上，中国已经成为日本的主要防范对象。

从国家大战略的角度来看，日本早在 20 世纪 80 年代就提出争当"政治大国"的战略目标，在 20 世纪 90 年代提出努力成为"正常国家"。从本质上看，日本在国际体系中追求与经济地位相匹配的政治地位，实现全面意义上强国这一根本目标始终没有变化。为实现"政治大国""新领袖国家"的战略目标，日本把亚太尤其是东南亚和西太平洋地区作为其牢固的战略基地。① 东亚作为亚太地区的核心区域，自然成为日本国家战略的重要实践地区。日本与东南亚国家有着传统的友好关系，其在稳定与强化同东南亚经济关系的同时，更加注重发展与东南亚国家的安全合作，以此将东南亚地区打造成其实施东亚地缘战略的坚实保障力量。

3. 韩国：提升国际影响力

地处朝鲜半岛南部的韩国虽然算不上东亚地区的大国，但作为朝核问题六方会谈的重要一方、东盟"10 + 3"的重要成员国之一以及区域经济合作的重要推动者，韩国的东亚地缘战略不容忽视。韩国的东亚地缘战略目标主要有三个方面：首先，作为朝鲜半岛的一部分和欧亚大陆的延伸体，韩国的地缘战略考虑基本来自朝鲜半岛这一特定位置。② 东北亚地区是韩国东亚地缘战略的优先区域，维护朝鲜半岛的统一、稳定与和平是韩国的首要地缘战略目标。其次，发展同东盟国家的友好关系，拓展地缘战略空间，维护海上生命线是韩国在东南亚的重要战略目标。第三，随着自身经济实力的不断提升，尤其是跻身当今世界十大经济体之后，韩国开始谋求东亚地区的经济话语权，以提升自身在东亚地区的整体影响力。

一国在世界上的地理位置，对其安全问题具有根本的重要性。③ 韩国处在素有"冷战活化石"之称的朝鲜半岛，客观的地缘环境决定了韩国的国家安全指向。同一民族的邻国——朝鲜是一个变动性极强的不稳定因素，对韩国国家安全造成了严重威胁。朝鲜不顾国际社会的一再反对，在2006 年以来连续进行三次地下核试验，并在 2013 年 3 月 5 日再次宣布

① 赵银亮：《大国地缘战略与东亚经济合作》，《亚太经济》2003 年第 5 期，第 8 页。
② 刘鸣：《韩国的地缘位置与其外交和安全政策》，《韩国研究论丛》2000 年第 1 期，第 1 页。
③ 〔美〕尼古拉斯·斯皮克曼：《和平地理学》，刘愈之译，商务印书馆，1965，第 49 页。

《朝鲜停战协定》无效，切断板门店朝美军事联络电话。在韩方看来，朝鲜的一系列固执举动，无疑使朝鲜半岛处于核威胁当中，严重破坏了该地区稳定秩序。另外，韩国一直都有统一朝鲜半岛的雄心，维护朝鲜半岛的稳定、统一与和平就成为韩国在东亚地区的首要地缘战略目标。

自身缺陷一直是韩国无法回避的严峻问题，国土面积狭小造成了战略纵深不足，自然资源稀少导致战略资源匮乏。同时，在大国与强国的环伺中，韩国在东亚地区的战略空间略显不足，尤其是在陆路方向的发展空间狭小。为此，韩国将扩展南向海陆空间、维护海上生命线作为其东亚地缘战略的重要目标之一，积极致力于发展同东盟国家的友好关系。

随着韩国自身实力的不断发展和壮大，特别是在中国强势崛起，美日加快战略调整步伐并对中国实施防范遏制政策之时，韩国开始谋求与经济实力相应的地区影响力。在此情况下，美日极力拉拢韩国，希望形成对中国的绝对优势和战略包围，实现全力打压和限制中国的战略目的。而中国需发展同韩国的友好关系，以此来缓解相对不利的周边形势。韩国了解其对中、美、日等国家的战略价值，在不触犯各方利益底线的前提下，多方借重，同时获益。在东亚地区事务当中，韩国致力于发挥积极作用，已将东亚地区作为提升国家影响力和作用力的核心区域。

二　中日韩东亚地缘战略手段比较

有效的战略实施手段，是实现战略目标的关键所在。中日韩三国采取何种有效的战略手段，成为实现各自的东亚地缘战略目标的重要组成部分。为最大程度地实现战略目标，中日韩三国在竞争与合作关系中的战略手段，既有相同之处也存在差异。

（一）战略手段的相同之处

1. 致力于加强域内经济合作

随着经济全球化和区域一体化的进一步深化，中日韩等东亚国家的相互依赖关系空前强化。中日韩三国基于共同的经济利益需求，同时为了有效应对突发性金融风险的负面冲击，进而顺利推行各自的东亚地缘战略目标，始终致力于加强在东亚地区的经济合作。进入新世纪以来，东亚经济保持活力与增长，不断发展彼此之间的经贸合作，取得显著成果。如表 1 所示，^① 中日韩三边贸易额在 2000 年为 1681 亿美元，2008 年为 5411 亿美元，2011 年、2012 年几乎突破 7000 亿美元大关。其中，中日双边贸易额由 2000 年的 823 亿美元增长到 2012 年的 3295 亿美元，增长 4 倍；中韩双边经贸额在 2000～2012 年间，增长了 37.4 倍。

表 17－1　2000～2012 年中日韩三边贸易额

单位：亿美元

年份	2000	2001	2002	2003	2004	2005	2006	2007	2008	2009	2010	2011	2012
中日	823	878	1010	1336	1679	1844	2074	2360	2668	2288	2978	3429	3295
中韩	345	359	441	633	901	1119	1343	1599	1861	1562	2071	2456	2563
日韩	513	427	440	525	662	714	776	815	882	692	906	1056	1121
总计	1681	1664	1891	2494	3242	3677	4193	4774	5411	4542	5955	6941	6979

注：2012 年日韩双边贸易额不确定，日方的统计数据为 1121 亿美元，而韩方的统计数据为 1032 亿美元。该表以日方的统计数据为准。

另一方面，中日韩三国积极发展同东盟国家的经济合作。2012 年中国与东盟国家的贸易额为 4001 亿美元，相较于 2000 年的 395 亿美元，增长了 9.1 倍。日本与东盟国家有着传统友好的经济关系，在发展双边贸易的同时，日本不断扩大对东盟国家的投资金额。据日本《读卖新闻》报道，在 2013 年 8 月 20 日召开的日本与东盟国家经济部长会议上，双方就经济合作计划再次举行磋商，确认以 2022 年投资贸易额翻倍为核心目标的经济合作计划。^② 近年来，韩国与东盟国家的贸易关系不断提升，在韩国对主要区域组织的进口额排名中，东盟国家由 2007 年的第 8 位上升为 2012 年的第 5 位；在出口额的排名中，东盟国家由 2007 年的第 7 位上升为 2012 年的第 3 位；进出口总额由 2007 年的 71.838 亿美元上升为 2012 年的 131.216 亿美元，增长 82.7%。^③ 由于东亚地缘环境的复杂性和微妙性，中日韩三国在短期之内难以在政治安全领域开展广泛而深入的合作，三国携手致力于域内经

---

① 笔者根据商务部综合数据、历年贸易报告整理而来。
② 中华人民共和国商务部亚洲司：《日本与东盟强化投资合作关系》，http：//yzs. mofcom. gov. cn/article/zcfb/201308/20130800258752. shtml。
③ 数据来源："中华人民共和国商务部亚洲司——国别报告"（2007 年）、2012 年《韩国货物贸易及中韩双边贸易概况报告》，http：//countryreport. mofcom. gov. cn/record/index110209. asp？p_ coun。

济领域合作是较为恰当的政策选择。中日韩三国在经济合作方面可以实现优势互补，从而不断拓宽合作渠道，持续深化合作层次。

2. 积极发展海洋军事力量

21 世纪是极具复杂性与挑战性的世纪，国家权益的维护在多维度凸显其艰巨性，尤其是在维护海洋权益方面。所谓的"海洋权益"，是指海洋权利以及有关海洋利益的总称。它属于国家主权及其衍生利益的范畴，是国家领土向海洋领域延伸所形成的权利，受到法律保护。[①] 近年来，以争夺海洋资源、控制海洋空间、抢占海洋科技制高点为主要特征的国际海洋权益斗争，呈现日益加剧的新趋势。[②] 在这种形势下，维护国家海洋权益显得极为迫切和艰巨。在东亚地区，由于国家之间没有进行海洋划界，而《国际海洋法》又存在多重判断标准，在本属一国的海域之内，有的国家借《国际海洋法》的漏洞，趁机抢夺他国岛屿海域，从而造成东亚地区海洋权益纷争的此起彼伏。有鉴于此，中日韩三国纷纷加快和强化维护国家海洋权益的步伐及准备。

加强海军演练是发展海军有生力量，维护国家海洋权益的重要一环。近年来，中日韩三国纷纷展开海上军事演习。韩国、日本分别与美国或美日韩三国进行了极为频繁的联合军事演习，在 2011 年和 2012 年美韩两国几乎每月均有联合军演。比如：美韩"关键决心/秃鹫"联合军演、"乙支自由自卫"联合军演，美日"岛屿作战"联合军演等，已经趋向常态化发展。2013 年 10 月，美日韩三国在韩国南海海域进行了为期两天的联合海上军事演习，美方派出素有"漂浮的军事基地"之称的"乔治·华盛顿号"核动力航空母舰，以及"安提坦"号"宙斯盾"导弹巡洋舰、"普雷布尔"号"宙斯盾"导弹驱逐舰等参加演习。[③] 在 2012 年和 2013 年，中国与俄罗斯连续两年举行包括联合防卫作战、武器使用、阅兵等项目在内的海上联合军事演习。

3. 推行本国特色文化，发挥文化软实力

中日韩三国为实现各自的东亚地缘战略目标，在运用经济手段与军事手段的同时，也兼用文化宣传手段，积极推行本国的特色文化，发挥文化软实

---

① 刘中民：《"海权"与"海洋权益"辨识》，《中国海洋报》2006 年 4 月 18 日。

② 陈万平：《我国海洋权益的现状与维护海洋权益的策略》，《太平洋学报》2009 年第 5 期，第 75 页。

③ 《韩美日联合海上演习启动，美派航母及导弹驱逐舰》，http://news.xinhuanet.com/world/2013 - 10/10/c_ 125508650.htm? prolongation = 1。

力的巨大效力。中日韩三国通过国际学者访问交流、民间人员交流、影视文化宣传等多种方式，不断输出本国文化资源，借助自身文化软实力，大力推行本国的东亚地缘战略。

胡锦涛主席曾经指出，"要加强对宣传思想文化领域全局性、前瞻性、战略性问题的研究……做好对外宣传工作，进一步展示和提升国家良好形象。"[1] 中国政府始终致力于促进中外语言和文化交流，倡导发展人类多样文明，共同构建和谐世界。为此，中国在东亚国家创办了多所孔子学院，进而向东亚各国展示中国的"和者，天地之正道也""德莫大于和""礼之用，和为贵，先王之道，斯为美"的"和合"文化传统，同时向东亚国家表明中国致力于和平崛起的决心和信心。一直以来，日本认为与美国等西方国家拥有共同的自由民主价值观，并以此为荣为傲。日本为发展与东亚部分国家间的友好关系，实现东亚地缘战略目标，积极推行本国的自由民主价值观。2006年11月30日，时任日本外相的麻生太郎发表《建立"自由与繁荣之弧"——拓宽日本外交地平线》的主题演讲；2007年8月22日，时任日本首先的安倍晋三大谈"价值观外交"；2010年8月，时任日本首相的菅直人在讲话中提到，"日韩两国具有民主主义、自由主义等共同的价值取向，是最重要的亲密邻国"，[2] 以此进一步拉近与韩国的关系。韩国政府和企业则通过向外输出影视作品、网络游戏、唱片、服装等多样化的手段，不断宣扬和输出本国文化。在东亚地区，尤其是在中国大陆、中国台湾、日本等地方，不断刮起的"韩流"时尚旋风，充分展示了韩国丰富多彩的文化。

（二）战略手段的差别之处

1. 是否结盟

中日韩三国在东亚地缘战略的实施手段上存在一定程度的差异，首要的一点是，是否依托他国力量实行结盟政策。进入新世纪以来，尽管美日、美韩的战略分歧一度导致上述双边同盟关系的剧烈波动，但这始终未对同盟关系造成实质性创伤。同盟各方以共同利益为基础，适时进行细节调整，维系了同盟关系持续稳定的发展。

自2000年金大中总统提出"阳光政策"以来，2003年到卢武铉总统提

---

① 《胡锦涛同全国宣传思想工作会议代表座谈》，http：//news. xinhuanet. com/newscenter/2008－01/22/content_ 7475040. htm。

② 日本共同社2010年8月21日电，参见中国社会科学院日本研究所外交研究室《21世纪初期日本的东亚政策》，世界知识出版社，2010，第357页。

出"自主国防",再到 2006 年"平衡者外交"的政策主张,韩国对美国的离心倾向不断加强。但 2008 年李明博总统主政后,推行"实用主义"外交政策,将加强韩美军事同盟关系作为韩国外交的重中之重。2009 年,美韩两国签署《同盟未来展望》的联合声明,决定将韩美军事同盟提升为"全面战略同盟",美方承诺为韩方提供"核保护伞"。日本长期以来与美国保持着密切的同盟关系,近年来,这一同盟关系进一步向世界范围扩大。2003 年,日美在《联合声明》中提出"世界的日美关系"这一概念;2005 年,日美签署《日美同盟:未来的变革与再编》的联合声明。2009 年,随着日本民主党的执政,其国内政局开始重新洗牌。此后,日美在军事同盟问题上的战略分歧有所扩大,这集中体现在冲绳县普天间机场的搬迁问题上。时任日本首相鸠山由纪夫提出"脱美入亚"的"东亚共同体"构想,指出"日本过于依赖美国"。① 不过这并未影响美日同盟关系大局。2010 年 12 月 17 日,日本出台的《防卫计划大纲》中,依然强调与同盟国合作以无缝应对各种事态的"基本想法"。② 美日、美韩军事同盟关系是日本、韩国实施东亚地缘战略的重要依托。应当说,借重同盟力量以维护国家安全利益,是日韩两国的不二之选。

新中国成立以来,中国始终坚持独立自主的和平外交方针,奉行不结盟政策。2011 年发布的《中国的和平发展》白皮书中提出,"坚持在和平共处五项原则的基础上,同所有国家发展友好合作,不同任何国家和国家集团结盟"。③ 中国通过与东亚国家构建非对抗、非结盟的战略伙伴关系,努力践行"睦邻友好"的周边外交政策。

2. 经济参与形式不同:TPP vs FTA

基于地缘政治因素的现实考虑,在相互依存日趋深化的形势下,通过域内"低政治"领域的经济手段来实现地缘战略目标是一种有效途径。东亚地区存在多种区域合作形式,而中日韩三国对于倚重哪种合作形式各有看法。首先,尽管中日韩三国强调加强与东盟国家的经济合作,但是具体合作框架有所差异。中国倡导"10 + 3"的模式,日本强调"10 + 6"的东亚全面经济伙伴关系(CEPEA),韩国主张东亚自由贸易协议(EAFTA)。其次,

① 廉德瑰:《浅析日美同盟的深化》,《国际观察》2011 年第 6 期,第 51 页。
② 吴怀忠:《日本新〈防卫计划大纲〉评析》,《2011 年日本发展报告》,社会科学文献出版社,2011,第 76 页。
③ 《中国和平发展白皮书》,http://www.gov.cn/jrzg/2011 - 09/06/content_ 1941204. htm。

日韩两国积极加入由美国主导的 TPP 进程，中国则对此持观望态度。2011
年，时任日本首相的野田佳彦宣布，日本将参与 TPP 多边谈判进程。2012
年，时任日本外相的玄叶光一郎访问美国，与美方就日本加入 TPP 谈判事
宜进行了磋商。韩国也积极响应美国主导的 TPP 谈判。据韩联社的相关报
道，2013 年 11 月 15 日，韩国产业通商资源部首次举行韩国是否加入 TPP
谈判的听证会，提出加入 TPP 后的韩国 GDP 有望增加 2.5%。① 目前，中国
坚持 "10 + 3" 模式。尽管有学者倡议中国应当参与 TPP 进程，但基于对
TPP 由美国全方位主导的现实担忧，中国仍持观望态度。美国大力推动 TPP
谈判表明，东亚经济合作的良好势头，已经引起美国方面的高度担忧。美国
2008 年高调宣布加入 TPP 谈判，2009 年则正式提出扩大 "跨太平洋伙伴关
系计划"。借 TPP 已有协议，美国极力推行自己的贸易议题，妄图全方位主
导 TPP 谈判。另外，美国正积极利用 1994 年以来缔结生效的双边或多边的
自由贸易协定（一共有 13 个，统称为 RTA）RTA 重建领导地位，试图将其
偏好的规则强加给亚太其他国家。② 在东亚地区，从关税减让到各类规则制
定，TPP 似有主导亚太经济一体化进程之势。③ 这进一步加剧了中国对加入
TPP 后受制于美方的深度疑虑，因此，中国更侧重于借用相对成型的 "10 +
3" 既有模式。

3. 战略手段倚重不同

总体而言，为实现各自的东亚地缘战略目标，中日韩三国所倚重的战略
手段各有所异。中国注重依靠经济合作手段与政治对话手段，而军事手段是
应对性的。首先，中国认为在 "低政治" 领域相关各方更容易达成共识，
取得实质成果。同时，经济合作的 "外溢" 效应，可以促使经济相互依赖
的国家在其他领域展开进一步合作。其次，对于历史遗留问题，如朝鲜半岛
问题、领土权益纠纷、岛屿争端等，中国认为外交政治谈判是符合利益攸关
方的成本较低的有效解决手段。第三，中国的战略考虑主要是为国家和平发
展创造稳定的周边环境，为国家持续发展争取战略机遇期。韩国优先发挥经

---

① 《韩产业部展望韩国加入 TPP 时 GDP 有望新增 2.5%》，http：//world. people. com. cn/BIG5/
   n/2013/1115/c1002 - 23554046. html。
② *Oliveier Cattaneo*，"The Political Economy of PTAs"，in Sinmon Lester and Mercurio（eds.)，
   Bilateral and Regional Trade Agreements：Commentary and Analysis，Cambridge University Press，
   2009.
③ 陈淑梅、全毅：《TPP、RCEP 谈判与亚太经济一体化进程》，《亚太经济》2013 年第 2 期，
   第 3 页。

济科技优势，同样偏重于在区域内通过经济方式来推动实现地缘战略目标，这也是韩国自身最大的优势所在。在处理朝鲜问题上，韩国在保持军事威慑的同时，软硬手段双管齐下。日本实施东亚地缘战略的手段存在"南北差异"——在东北亚地区侧重于军事威慑与经济合作配合使用，在东南亚地区则体现为军事安保合作与强化经济手段。这主要源于日本的东亚地缘战略目标的南北差异及其与东北亚和东南亚国家政治关系的差别。

三　中日韩东亚地缘战略效果评估

面对东亚地缘新环境，中日韩三国纷纷进行新的战略调整，通过经济合作、政治协商、军事演习等多种手段，力争实现各自所确立的东亚地缘战略目标。中日韩三国在推动实施东亚地缘战略目标时，均根据区域采取不同方式，即在东北亚地区主要是加强双边与多边竞合关系，在东南亚地区则侧重于巩固发展同东盟国家关系，从而获得"双向三维"，即在东北亚与东南亚"两个向度"实现"三个维度"的战略效果：第一，东北亚地区竞合关系达到接触与遏制的效果；第二，与东盟合作达到共赢的效果；第三，强化东盟力量，以弥补在东北亚地区竞争劣势的效果。划分次区域、把握南北两个向度，使中日韩三国达到南北纵向效益共振，进而实现各自东亚地缘战略目标。从整体上而言，中日韩三国均在一定程度上实现了战略效果与目标的契合，但是其中也有两者之间出现落差的情况。

1. 地缘安全层面的战略效果评估

国家安全战略根植于地区安全环境中，安全政策作为安全战略的具体表现，与安全环境有着密切关联。一方面，主权国家为了适应变化的地区安全环境，不断调整国家安全政策与战略实施手段。另一方面，一国安全政策的调整，导致周边国家产生不安全感，进而做出应对性的政策调整。这种相对应、相竞争的信息，将会扩散至区域内的所有国家，导致区域性的政策调整。最终表现为域内国家激烈竞争的状态，致使整个地区安全环境趋于紧张。

中日韩三国的东亚地缘战略目标在安全方面，主要表现为营造稳定、持续发展的东亚地缘环境。为实现东亚地缘安全目标，中日韩三国不断进行政策调整，或是加强传统的军事同盟关系，或是继续实施不结盟政策，再或是为维护国家海洋权益而积极发展海军力量。政策的调整与手段的变动反作用于东亚地区安全环境，使该地区安全形势呈现整体上维持和平，但局部纷争不断的态势。

总体而言，东亚形势以稳定、和平为主，任何一方均不敢轻易发动战争，挑战现有的地区安全秩序。这是中日韩三国共同利益使然，是域内和平力量所致，也是彼此相互掣肘、相互制约的客观反映。一方面，为谋求稳定有利的东亚地缘环境，中日韩三国携手合作，取得丰硕成果。这主要体现在中日韩三国以及"10 + 3"在非传统安全领域合作的不断深化上。比如：为有效应对域内频繁发生的自然灾害，三国高度重视并积极推进灾害管理合作。2009 年三国举行首届灾害管理部门负责人会议，2012 年中日韩三国在秘书处的协调下举行首次救灾合作桌面演练；在应对地震灾害方面，三国举办东亚地震研讨会，形成《北京共识》，并决定启动东北亚地震、海啸和火山联合研究项目。中日韩与东盟国家在非传统安全领域的合作也有很大进展，表现得更为细致化、具体化。2009 年新建立的"东盟与中日韩武装部队非传统安全论坛"成为东亚地区武装部队间首个非传统安全论坛。另一方面，中国坚持走和平发展道路，是维持东亚地区整体稳定的重要和平力量。中国努力超越传统安全观念中非结盟即对抗的思维，强调不结盟、不对抗、不针对第三方的新安全观，积极争取和维护稳定的东亚地区环境，也确保了自身的和平发展。①

从局部来看，东亚各国之间存在较为复杂的利益分歧，彼此纠纷不断，导致东亚局部地区处在长期不稳定状态：第一，东亚国家间领土与海洋划界岛屿争端持续发酵，愈演愈烈；第二，中日韩三国积极发展海军力量，军备竞赛风险有所上升；第三，日韩两国进一步强化与美国的军事同盟关系，域外力量不断强势介入该地事务，加剧地区紧张气氛。上述三个原因相互影响、相互扯动，其中最重要的是东亚军事同盟体系的存在和加强。中日韩三国积极发展海洋军事力量，是中日韩之间岛屿纷争日趋白热化的反映；而日韩两国与美国加强军事同盟关系，则是岛屿争端愈演愈烈的重要助推器；中国发展海洋军事力量的重要原因之一，是应对美日、美韩军事同盟关系的严峻挑战。

东亚地区军事同盟关系的存续和强化，一方面加剧了地区的不稳定性；另一方面对缔结同盟关系的弱者一方也有很多弊端。所谓同盟，是指"为了维护成员国的安全或扩大权势而组成的关于使用（或不使用）武力的正

---

① 凌胜利：《中国为什么不结盟》，《外交评论》2013 年第 3 期，第 31 页。

式的国家联合，这种联合针对其他特定的国家，不论这些国家是否已被明确的确认"。① 美日、美韩军事同盟关系带有针对性、进攻性的突出特点，剑指中国的意味明显，这迫使中国为维护国家安全不得不做出强硬应对。与此同时，任何结盟均不可能是绝对的好事。在某些情况之下，结盟对国家力量而言是一种损害而不是一种补充。② 对日本和韩国而言，与美国结盟是维护自身国家安全的重要保障，但是，这种同盟关系使日韩两国部分地失去了行为主动权，这在某种程度上是对其国家力量的限制与损害。

2. 地缘政治层面的战略效果评估

由于历史传统习惯，在经济方面采取积极开放与合作姿态的东亚国家，在政治问题上往往比较保守。中日韩三国以维护国家主权完整作为不可动摇的地缘战略目标及根本出发点，将地缘政治问题视为敏感问题。不过，中日韩三国均未能够实现各自在东亚地区维护国家主权完整的战略目标设想。

中日韩三国均不同程度地存在岛屿和领海争端，这是目前在东亚地区中日韩维护国家主权面临的最突出问题。出于地缘政治及国家利益的现实考量，域内国家在短时间内难以就岛屿主权问题进行富有成效的政治协商。究其原因，主要是包括中日韩三国在内的东亚国家，始终缺乏地区身份认同与政治互信。由于深受历史遗留问题的羁绊与"冷战思维"的桎梏，东亚地区的政治互信水平严重不足。一方面，日本始终未对侵略战争做出深刻反省，其通过否认南京大屠杀、修改历史教科书、参拜靖国神社、否认慰安妇问题等一连串动作，拒不承认所犯下的历史罪行。这激起在二战当中饱受日本欺凌的东亚国家的一致愤慨、抗议与担忧，也加深了对长期脱离亚洲、步步紧随美国的日本对其"亚洲身份"的不认同感。曾经担任韩国驻华大使的权炳铉先生指出，"建设'东亚共同体'最大的困难是韩、中两国对日本的'不信任'感，这主要因为痛苦的历史记忆。"另一方面，东亚国家尤其是日本对中国的强势崛起抱有一种不安和谨慎的态度，对中国能否和平崛起心存疑虑。与中国经济社会的蓬勃发展相比，日本经济长期处于低迷状态，原本极具优越感的日本很难接受这种现实，日本民众心理的受挫感与日俱

---

① Glenn H. Snyder, "Alliance Theory: A Neorealist First Cut," *Journal of International Affairs*, Vol. 44, No. 1 (Fall 1900), p. 104.

② Amold Wolfers, "Alliances," in David L. Sills, ed., *International Encyclopedia of Social Sciences*, New York: Macmillan, 1968, p. 269.

增，民族心理显现出悲伤情绪，从而对中国充满敌意。

尽管中日韩三国均有实现东亚一体化的强烈愿望，并在经济领域不断打开局面。但是，中日韩三国对国家主权的维护及国家利益的认知差异，致使其在政治领域的合作关系发展缓慢。诚如俞可平所言：东亚国家虽然在全球化的过程当中积极寻求政治上的合作，但是传统意义上的主权理念仍然根深蒂固，这造成东亚民族国家在全球化所要求的政治上进一步合作问题上举步维艰。① 同时，中日两国的国家结构差异，使得中日关系始终难以摆脱不平等的构造和相对抗的想象，从而形成"东亚共同体论"的政治困境。② 东亚国家由于在政治领域合作意识淡薄，彼此间在政治上的分散化和政治问题的一再频发，严重冲击和威胁到东亚经济社会发展。③

3. 地缘经济层面的战略效果评估

在相互依赖日益深化的当今世界，经济合作是各国实现地缘战略目标较为有效的手段。东亚国家深受功能主义思想的影响，认为持续加强在"低政治"领域的合作关系，将会产生向"高政治"领域的溢出效应。④ 中日韩三国将强化彼此的双边和多边经济关系以及各自与东盟国家的经济关系，作为实现各自东亚地缘战略目标的有效途径。总体看来，中日韩三国的东亚地缘战略效果，在经济上表现为三国彼此以及与东盟之间的经济合作成果，以及实施战略遏制——参与不同的经济形式所导致的延缓滞后效果。

中日韩三国均是当今世界重要的经济体，互为重要的贸易投资伙伴。据统计，2011年，中日韩三国的经济总量高达14万亿美元，约占全球经济总量的1/5。⑤ 中日韩三国推动建立自贸区谈判，反映出三国经贸合作的迫切现实需要，对于加强中日韩三国经贸联系和促进东亚地区经济融合具有深远意义，也为实现各自的东亚地缘战略目标提供了必要的经济保障。中日韩三国东亚地缘战略目标的能否实现，很大程度上取决于三国经济合作程度。基于东亚国家特殊的历史与现实关系，经济合作成为唯一

---

① 俞可平：《全球化悖论》，中央编译出版社，1998，第15页。

② 刘建平：《东亚的中国——地区政治经验与地区主义思想》，《世界经济与政治》2011年第6期，第64页。

③ 肖刚：《多边主义与东亚高政治合作》，《东南亚研究》2005年第5期，第4页。

④ 肖刚：《多边主义与东亚高政治合作》，《东南亚研究》2005年第5期，第3页。

⑤ 《中日韩启动三国自贸区谈判》，http：//www.mofcom.gov.cn/article/difang/shanghai/201211/20121108454663.shtml。

可以深入推进的领域，也成为最终打破政治合作僵局的突破口。应当说，推动东亚一体化在经济层面上是极具操作性的。目前，中日韩三国在经济方面取得的重要成就主要表现为：第一，进一步深化了双边经贸关系。2005~2008 年，中国持续保持为日本的最大贸易伙伴、第二大出口市场、第一大进口来源地的重要地位，2009 年中国成为日本的第一大出口市场并延续至今。2005 年中韩双边贸易取得重大进展，双边贸易额首次突破千亿美元大关，达到 1005.6 亿美元，韩国成为第六个和中国贸易规模超过千亿美元的国家或地区。2008 年至今，中国为韩国第一大贸易伙伴、第一大出口目的地和第一大进口来源地。2005~2012 年，日韩双边贸易额增长 1.57 倍，韩国一直为日本第三大出口贸易伙伴。① 第二，多边经贸关系取得重大发展，有关自贸区建设得到各方高度重视。一方面，中日韩三国分别在 2003~2009 年和 2010~2012 年就三国自贸区进行了学术研究和官产学联合研究，并得出积极结论。② 在此基础之上，2012 年 5 月中日韩三国领导人在北京达成重要共识，同意在 2012 年内启动三国自贸区谈判。2012 年 6 月，中日韩三国在东京召开第一次筹备会议，对启动中日韩 FTA 协商所需要的基本原则、协商范围、协商方针等事宜初步交换了意见。另一方面，中日韩在深化双边经贸关系的同时，与东盟多边经贸合作也得到长足发展。目前，中日韩三国已经分别与东盟国家签署了双边自由贸易协定，与东盟的自贸区相继建立。这为该地区的贸易增长和结构优化提供了有利的内部条件，使各方获得了巨大的贸易创造效益、投资增长效益和规模经济效益。

东亚地区持续保持现有的经济活力，符合中日韩三国的地缘战略诉求。中日韩三国作为推动东亚经济合作的主体力量，均有推动域内经济一体化发展的主客观需求。不过，中日韩三国经贸合作迫切性不足，合作缺乏足够的内聚力。日韩两国积极响应美国主导的 TPP 计划，尤其是日本一贯以来的政治地理选择和共同体构想，体现了其追随美国的战略决心。③ 为此，日本不断采取实际行动，以抵消中国持续增长的地区影响力，极力打破原有的区

① 数据来源：http：//yzs.mofcom.gov.cn/article/g/。
② 《中日韩三国经贸部长举行会晤，启动三国自贸区谈判》，http：//www.gov.cn/gzdt/2012－11/20/content_ 2271477.htm。
③ 张薇薇、邵冰：《日本加入 TPP 谈判进程的政治考量及中国的对策》，《现代日本经济》2012 年第 5 期，第 33 页。

域经济整合节奏，延缓东亚经济一体化进程。中日韩之间政治问题的负面影响，可能带来"政冷经冷"的局面等现实阻力，使得中日韩三国在经济层面的合作深度不够，相互依赖的脆弱性不断凸显。"该地区经济合作的前景取决于诸多因素的'合力'，取决于区域内外多元力量的互动以及由此而形成的国际关系环境。"① 这对于实现中日韩维护东亚地区局势稳定发展的共同目标，中国积极参与东亚地区事务、日本争做地区主导国家、韩国提升地区影响力等极为重要。

4. 地缘文化层面的战略效果评估

中日韩三国通过多种方式向东亚国家展现了本国文化的独特魅力。三国通过文化外交的方式，促进了各自东亚地缘战略目标的实现。整体而言，中日韩三国通过人文交流、展示文化价值观念、宣扬优秀传统文化等，增进了彼此之间的了解与认知，尤其是通过民间与国际组织之间的交流，在一定程度上缓解了互不了解所造成的误解和误判。

中国在文化输出上始终以和平友好为主题，在性质上是和平的、温性的，② 目的是为中国的和平发展营造稳定宽松的国际环境，这成为推广中国传统文化以及宣传"和谐世界"理念的重要平台。中国在东亚国家创建的孔子学院，是当地民众学习汉语，了解中华文化的重要平台，也维系和发展了人民和人民之间的友谊，加强了中国与东亚国家的文化交流与合作，增进了中国和东亚邻国之间友好关系。2012 年 11 月 15 日，在第七届东亚文化与和平公开研讨会上，日本立命馆大学孔子学院名誉院长周玮生教授做了题为"多元文化的共生与孔子学院的实践"的主题演讲。③ 2013 年 5 月 29 日 ~31 日，"2013 年亚洲孔子学院联合会议"在柬埔寨金边举行，来自东亚各国孔子学院的代表分享各国文化，传承发扬中华文化。④ 2013 年 11 月 2 日 ~3 日，日本孔子学院协议会在冈山商科大学举行，各方代表均认为孔子学院和孔子课堂在中日紧张局势之下，不仅为学生之间的相互学习创造了有利条件，还有针对性地满足了社会希望开设文化讲座的需求，为中日交流做

---

① 赵银亮：《大国地缘战略与东亚经济合作》，《亚太经济》2003 年第 5 期，第 10 页。

② 《政协委员吴为山：中国文化交流需要大国思维》，http://www.chinanews.com/cul/news/2010/03 -10/2162094.shtml。

③ 《多远文化的共生与孔子学院的实践——周玮生教授在"第七届东亚的文化和平公开研讨会"上的演讲》，http://www.hanban.edu.cn/article/2012 -11/26/content_ 472985.htm。

④ 《亚洲孔子学院联合会议在金边召开》，http://www.hanban.org/article/2013 - 05/31/content_ 497513.htm。

出了积极贡献。^①此外，2011 年 10 月 11 日，在日本兵库县举办了第二届中国文化交流会暨汉语演讲赛，为促进中日两国民间友好交流做出了贡献。2013 年 11 月 1 日，在北京举行的"茶境——首届中日茶文化交流展"获得了很好的社会反响。中韩自建交以来在文化领域展开了广泛的交流合作。在中韩建交 20 周年之际，韩国文化体育观光部第一次官郭荣指出，通过过去20 年来的文化交流，韩中两国在文化领域实现了相互促进、共同发展，两国关系上升到"肝胆相照"的新阶段。^②近年来，中国更加重视与东盟国家在文化领域的交流与合作。比如：中国人口文化艺术团赴新加坡进行交流演出，多元化的表演方式成为中新两国文化交流的新亮点。^③

日韩之间以及日本与东南亚国家、韩国与东南亚国家之间，均有着广泛的文化交流。日本与东南亚国家的政治制度相同之处较多，双方具有相近的政治追求。因此，日本的"民主价值理念"得到东南亚国家的广泛认同。此外，日本通过科技人员交流等方式与东南亚国家展开合作，对东南亚国家不断实施技术输出，始终保持着在东南亚地区的既有优势。韩国的文化产业一直是东亚国家效仿的成功典范。韩国的影视作品、网络游戏等在东亚地区有着广阔的市场，其服装也成为东亚国家青年人追求的时尚。韩国通过文化推广，一定程度上提升了自身在东亚地区的影响力。

总体而言，中日韩三国在地缘文化方面的战略效果均较为成功。中国通过宣传"和合"文化，向东亚国家展示了和平崛起的决心与实际行动。日本通过民主价值理念这一偏于意识形态的文化宣传，进一步深化了与东盟国家关系，尤其是在中国与东盟部分国家存在岛屿争议的形势之下。韩国政府与企业界共同推进国家文化产业的对外发展，在经济获益的同时也产生巨大的"外溢"效应，不仅对外展示了特色文化，还提升了文化影响力。

随着东亚地缘环境的不断变化，中日韩三国纷纷进行战略调整，确立了各自的东亚地缘战略目标。中国致力于为国家和平发展营造稳定宽松的周边环境，日本立足于谋取东亚地区主导权，韩国将东亚地区定位为提升国家影

① 《2013 年日本孔子学院协议会召开》，http：//www. hanban. org/article/2013 - 11/05/content_513775. htm。
② 《中韩建交 20 周年纪念活动正式开幕》，http：//www. mcst. go. kr/chinese/issue/issueView. jsp? pSeq = 865。
③ 《中国人口文化艺术团赴新加坡交流演出活动掠影》，http：//news. xinhuanet. com/politics/2013 - 02/01/c_ 124309478. htm。

响力的核心区域。为实现东亚地缘战略目标，中日韩三国共同致力于加强域内经济合作、积极发展海洋军事力量，大力推行本国特色文化，同时在是否结盟、参与何种经济形式等多个方面存在巨大差异。对东北亚和东南亚两个地区的"双向并重"政策以及多重化的战略手段，使中日韩三国在地缘安全、地缘政治、地缘经济和地缘文化层面上获得了"双向三维"的战略效果，但是均未完全实现各自的东亚地缘战略目标。中日韩三国只是在地缘经济和地缘文化这两个"低政治"领域达到战略效果与战略目标较高程度的契合，但是在地缘安全和地缘政治这两个"高政治"领域的战略效果与战略目标之间相去甚远。其中难以忽视的一个原因是，东亚国家政治互信严重不足，地区身份的高度认同始终难以有效形成，导致该地区的离散性趋向有所加强。

作为东亚国家，中国认定无法回避东亚地缘格局现状。中国若要顺利实现为国家和平崛起创造稳定有利周边环境的东亚地缘战略目标设想，就要着眼于现实国情，在地缘政治和地缘安全上，坚持以政治协商、政治对话等和平方式，妥善解决领土和岛屿争端，同时加快发展军事实力，为维护国家安全、主权利益提供坚实有力的保障。在地缘经济上，中国应继续积极参与多种经济合作，不断实现互利共赢，切实维护国家经济利益。在地缘文化上，中国应进一步对外塑造和平崛起的"负责任"大国形象，通过丰富多彩的国际文化交流活动、建立孔子学院等多种形式，持续加大对中国"和合文化"的宣传力度。

第十八章

中国的东亚地缘战略构想

东亚地处欧亚大陆与太平洋的连接处，历来是大国角逐的关键地区，这决定了中国在东亚地区的海陆基本布局。随着中、美、俄、日四大强国综合力量对比的不断演变，未来的东亚地缘格局将面临五种不同的发展趋向，这其中走向"中美两极格局"的概率最高。这是美国一直把中国的和平崛起视为一种严峻挑战的主要原因之一。为了继续维护地区主导地位，美国一直试图通过多种手段，延滞和减缓中国的"走出去"势头。放眼全球，中国的国家安全已深深扎根于周边地区，东亚地区的稳定与否直接关系到中国的和平发展大局。在共同的地理空间当中，东亚地缘关系随着时间的推移而不断发生变化。随着结构性矛盾的不断加深、历史伤痛的不时发作、热点事件的此起彼伏，不确定性、不稳定性、不安全性在东亚地区持续发酵和蔓延开来。中国在东亚地区拥有独一无二的地理位置和地缘资源，在地区事务当中发挥着举足轻重的作用。随着国家综合实力的不断增长，中国所面临的地缘环境发生了巨大变化，对于东亚地缘战略更加需要深思熟虑。在此，以中国的视角审视东亚地缘关系及地区格局势在必行。这意味着必须明确其他国家或地区对中国和平发展所施加的动力和阻力，而中国的核心利益则处在战略思考的首要位置。只有充分发挥地缘优势、构弃地缘劣势，制定灵活实用的东亚地缘战略，中国才能够有效克服地缘阻力和发展困境，推动东亚地区格局实现"和平转型"。

一　东亚地缘关系变化与中国的处境

东亚地区处在欧亚大陆战略中轴线的东端，面向太平洋、背靠欧亚大陆，属于典型的边缘地带。尼古拉斯·斯皮克曼提出："谁支配着边缘地带，谁就控制欧亚大陆；谁支配着欧亚大陆，谁就掌握这世界。"① 在 20 世纪的大部分时间当中，东亚一直是西方列强在亚洲竞逐的主要乃至唯一的地区。② 这种局面在新世纪得到延续和发展，朝鲜半岛问题的高烧不退、中国经济的迅速崛起、东亚国家历史矛盾和领土问题的相互纠结，使得东亚地缘关系更加的复杂和微妙。对中国而言，东亚是影响其和平发展的关键地区，只有真正走出该地区，才能够最终稳步迈向世界。在东亚地区，中国倚陆靠海，自然地理的先天特性，决定其势必做一个"海陆兼备"的国家。正因如此，中国受到来自"域内力量"和"域外力量"的双重挤压。从中国的视角审视，东亚地缘关系也就需要从"域内力量"和"域外力量"两个层面展开具体分析。

所谓"域内力量"，是指在地理意义上属于本地区的国家，主要包括中国、日本、俄罗斯、韩国、朝鲜、蒙古以及东南亚国家。在东北亚，中国与俄罗斯、朝鲜两个"域内力量"陆地接壤。俄罗斯远东地区位于东北亚的地域范畴之内，其面积约占俄罗斯领土总面积的 36.4%，自然环境比较恶劣，经济发展水平落后。目前，俄罗斯的东亚地缘战略主要是：有效维护俄罗斯的国家主权和领土完整；积极参与解决东亚地区事务；加入东亚地区一体化进程，为地区经济发展和实现地区一体化创造有利条件。③ 从中国的视角来看，尽管俄罗斯远东地区在东亚的地缘作用和价值相对较弱，但是中国依然需要将俄罗斯视为"地缘战略伙伴"。一旦中俄关系发生了某种倒退，中国的地缘状况将会面临整体布局被打乱、陆地空间被压缩、海权扩张被限制的严重风险。2004 年 10 月，中俄两国在北京签署《关于中俄国界东段的补充协定》，这为中国夯实了北疆陆地上的地缘基线。2011 年，在全球经济持续低迷的大背景之下，中俄全年贸易额接近 800 亿美元，再创历史新高。④ 可以说，目前中俄关系正处于历史最好时期，这对推进和构建公正合理的东亚地区新秩序十分有利和必要。

① 〔美〕尼古拉斯·斯皮克曼：《和平地理学》，第 13 页。
② 〔美〕乔纳森·波拉克：《变化中的政治和军事环境：东北亚》，〔美〕扎勒米·哈利勒扎德等：《美国与亚洲——美国新战略和兵力态势》，腾建群译，新华出版社，2001，第 84 页。
③ 刘清才：《俄罗斯东北亚政策研究：地缘政治与国家关系》，吉林人民出版社，2006，第 80 页。
④ 《中国驻俄大使李辉总结 2011 年中俄关系 展望 2012》，http：//news。ifeng。com/opinion/gundong /detail_ 2012 01/10/11878996_ 0. shtml。

　　朝鲜对东北亚地区施加的地缘压力，主要体现在其与韩国共生共存的朝鲜半岛上。朝鲜半岛是一个典型的"阵地凸角"，其南北纵向由欧亚大陆延伸出来，扼守日本海与东海、黄海之间的海上战略要冲。兹比格涅夫·布热津斯基认为，朝鲜半岛国家属于决定地区稳定与否的"地缘政治支轴国"，其重要性不是来自于它们的力量和动机，而是来自于它们所处的敏感位置及其潜在的脆弱性状态对"地缘战略棋手"的行为所造成的强力冲击与深刻影响。① 从中国的视角来看，朝鲜半岛一度是中国的"地缘警戒线"，但是现在其已成为东亚的"地缘导火索"。进入新世纪以后，域内各国多次重申通过朝核问题六方会谈，促进和实现朝鲜半岛的无核化与和平化。不过，朝鲜一再执意进行核试验并加快发展核能力，使朝鲜半岛无核化面临严峻挑战。朝鲜的"地缘导火索"意味更加浓烈，进一步增大了东亚国家的地缘压力和地缘困境。

　　中国与日本这一重要的"域内力量"隔海相向。日本南北呈狭长带状，是紧邻亚洲大陆的太平洋岛国。从中国的视角来看，中日关系是影响东亚地缘关系走向的关键因素之一，日本本应是中国的"地缘合作伙伴"，却成为"地缘竞争对手"。回望历史，一衣带水的近邻身份，造就了中日之间的密切交流关系；放眼当下，中日两国在东亚地区拥有诸多共同利益，比如：维护地区稳定、实现地区繁荣、促进地区发展等。但是，地缘因素和共同利益不能掩盖中日两国在领土主权、历史问题等诸多方面的深层矛盾。随着中日两国经济差距逐步缩小，日本对中国既期待又恐惧的矛盾心理会进一步加剧。鉴于近年来中国的军费预算不断提高，日本也获得了进一步强化美日军事同盟关系的借口，多次修订《美日防卫合作指针》、《周边事态法》、《反恐特别措施》等一系列法规政策。有理由相信，在中国完全崛起之前，日本的东亚地缘战略对华防范的一面还将持续相当长的时间。② 中日之间的战略紧张态势，无疑为东亚地缘关系及地区格局走向埋下了不稳定的因素。

　　东南亚国家是重要的域内力量。东南亚的北部连接中国台湾地区，向南由中南半岛和众多岛屿顺次连成一条"半环形"的岛链圈。从中国的视角

---

① 〔美〕兹比格纽·布热津斯基：《大棋局：美国的首要地位及其地缘战略》，第35页。

② 何兰：《从地缘政治角度看中日关系及其前景》，《现代国际关系》2008年第5期，第23页。

来看，凭借毗邻东北亚地区而产生的"地缘牵引力"，东南亚在海洋方向上深刻影响着该地区的地缘博弈关系和地缘布局态势。近年来，南海越来越成为东南亚和东北亚之间的一条地缘战略纽带。越南、菲律宾加大在南海侵权力度。美国、日本等城外国家纷纷介入南海问题。日本通过对《美日安保联合宣言》、《美日防卫合作指针》等政策的模糊性解释，为其涉足和介入南海问题创造了口实和条件。[①] 美国一再表示关注南海问题，其与东南亚多个国家已经展开频密的军事交流与合作。2010年8月，美国与越南进行了为期一周的联合军事演习。2012年1月，菲律宾外交部部长声称，将允许美国扩大在菲驻军及驻地。可见，中国在东南亚地区面临着越来越大的地缘战略压力，可谓是"牵一发而动全身"。而南疆危局的一再出现，将会直接压缩中国在东亚地区的地缘战略空间。

所谓的"域外力量"，是指在地理意义上分布于该地区之外的国家或力量，但其对本地区的地缘关系和力量格局施加了较强的作用力与影响力。美国或许是历史上最为安全的霸权国家，[②] 其受到太平洋和大西洋的双向保护。在东亚地区，美国从陆地和海洋两个方向对该地区施加了重要的地缘影响力与干涉力。从中国的视角来看，中美关系决定着东亚地区格局未来的走向。美国在东亚地区的国家利益分布，一直从朝鲜半岛延伸到台湾海峡乃至东南亚地区，日本、韩国、新加坡、越南、菲律宾、中国台湾等均可以视作美国的"地缘棋子"。因此，中美关系的演变会产生一种"多米诺骨牌"效应，牵动着东亚各国之间的地缘关系及其走向。鉴于中国得天独厚的大国条件和蓬勃发展的良好态势，美国在海洋方向上采取了对华极力遏制的高压姿态，在陆地方向上则与中国展开积极合作。具体来说，在海洋方向上，中美博弈引领着东亚地缘关系走向复合竞争态势。美国一直没有放弃利用台海问题、中日矛盾、中韩摩擦、南海问题等因素来掣肘中国地缘扩展的战略企图，遏制中国势力进入太平洋已经成为美国的一项基本国策。在陆地方向上，中美两国围绕朝鲜半岛问题，共同推动着东亚地缘关系走向多边合作态势。针对朝鲜问题，中国的竭力斡旋需要美国方面的积极配合，而美国的政策立场也需要中国方面的认同和支持。在地缘政治思维当中，主权国家始终

---

① 张瑶华：《日本在中国南海问题上扮演的角色》，《国际问题研究》2011年第3期，第52～53页。

② 〔美〕约翰·米尔斯海默：《大国政治的悲剧》，第161页。

以是否会维护和增进国家安全利益为标准来区分敌友关系。① 从中国的视角来看，东亚地缘关系的总体状况可以概括为：在"一超多强"的格局之下，地缘竞争与地缘合作呈现出一种"齐头并进"的态势。"一超多强"是由单极独霸格局向两极或多极格局转向的一种过渡阶段，美国是唯一的超级大国，中、日、俄等"多强"则分别扮演美国的同盟者或挑战者的角色。1997 年的美国《四年防务评估报告》指出，美国应当始终将防止重要地区落入与其为敌的国家手中作为战略底线之一，而中国在东亚地区的迅速崛起给美国敲响了警钟。应对来自中国的巨大挑战，成为美国在东亚地区的一项重要战略任务，美日同盟和中国成为东亚地缘关系中的两股竞争性甚至对抗性的力量。不过，东亚国家之间的合作依然有着不可阻挡的发展趋势：在经济方面，域内各国的贸易额不断攀升并屡创新高；在安全方面，朝鲜半岛这一"地缘导火索"吸引了域内国家和域外大国的极大关注，六方会谈的举行表明域内各国以及美国具有和平解决地区安全敏感问题的共同意愿。

二　东亚地区格局走向：动力与阻力

所谓地区格局，是指某一地区的主要力量在一定时期内通过互相影响而形成的稳定结构。东亚地区格局是指主要由中、美、日、俄四大国的权力分配而形成的一种地缘结构。大国在东亚地区格局形成、维持和衰落的过程当中，发挥着至关重要的作用。可以说，强国数量的变化，直接决定着东亚地区格局的具体形态及其走向。当前，东亚地区呈现"一超多强"的过渡性地缘格局，美国依靠强大的政治、经济、军事和文化实力，长期占据着东亚地区的主导地位。未来，随着"中、美、日、俄"四强的实力消涨，"一超多强"的地缘格局有走向单极、两极或是多极格局的可能性。② 如果把"四强"作为四个关键性变量，那么东亚地区格局在未来将面临 14 种发展可能性。不过，考虑到"四强"在可预见未来的实力对比变化，东亚地区格局走向将会存在以下五种"非零和"的可能性：中国主导、美国主导、中美

---

① 楼耀亮：《地缘政治与中国国防战略》，天津人民出版社，2002，第 61 页。

② "极"意味着拥有人口、领土、资源等诸多优势，在经济、军事和政治上综合实力超群的国家。一般来说，"极"多被用来描述世界格局，此处主要用于描述地区格局。当前东亚地区处在"一超多强"的地缘格局当中，这是该地区的发展过渡期。由于多种因素的制约，美国没有在该地区建立起真正意义上的单极格局。

两极格局、中美日三极格局和中美日俄四极格局。

  如果东亚地区格局走向单极，那么，唯独中国和美国有实力实现这一理论假设。从表18-1来看，中、美是当今世界最大的两个经济实体。改革开放以后，中国实现经济腾飞，其庞大的市场、廉价的劳动力、优惠的政策，为东亚地区的繁荣与发展注入了新的活力。美国在近百年来一直保有"世界头号强国"的称号，其与东亚各国互为重要的贸易伙伴。在地缘安全方面，中、美两国均拥有保持地区稳定的强烈意愿和巨大能力。中国一直奉行"睦邻友好"的地区政策，倡导以对话解决地区安全问题。随着经济实力的不断提升，中国的军事科技水平取得了巨大的进步和发展。美国一直密切关注着东亚地区安全局势走向，维持地区稳定是其基本的战略诉求。目前，美国在日、韩两国以及邻近的关岛等地拥有驻军，其军事能力保持着显著的前沿部署优势。在地缘文化方面，中、美两国均深刻影响着东亚各国的大众生活。中华文明塑造了日、韩等国家的传统文化形态，儒家教诲早已深深扎根于东亚各国人民的精神世界。美国则借助电影、音乐等流行文化元素，潜移默化地改变着东亚各国人民的日常生活习惯。

表18-1 中美两国在东亚地区的实力对比

	中 国	美 国
地缘经济方面	◇世界第二大经济实体； ◇全球经济复苏的主要动力； ◇2006年成为日本第一大贸易伙伴； ◇2007年成为韩国第一大贸易伙伴；	◇世界第一大经济实体； ◇主导和塑造了当代国际经济体系； ◇2012年美韩自由贸易协定正式生效； ◇主导TPP进程；
地缘安全方面	◇中国主导并推动召开了旨在协商解决朝核问题的六方会谈； ◇2012年首艘航母"辽宁"号正式入役； ◇歼-20、歼-31等隐形战斗机、北斗卫星系统等尖端武器和科技的研发不断取得新的突破；	◇在日本，拥有冲绳、横田、普天间等多个军事基地； ◇在韩国，美国正在建设平泽军事基地，预计驻扎4.4万名士兵，其将成为美军规模最大的海外基地；

续表

	中　国	美　国
地缘文化方面	◇日、韩两国依然深受儒家的修身养性、血亲人伦的深刻影响； ◇受中华文化的影响，日、韩也有过春节、端午节或中秋节的传统。	◇美国是当今世界文化产业头号强国； ◇好莱坞电影占据了全球电影市场份额的85%，韩国2011年最卖座的10部电影中有一半来自美国。

　　同样身为具有全球影响力的大国，日、俄两国却无法在未来独撑东亚地区格局。作为域内大国，日本是仅次于美国的发达国家，其与东亚各国拥有相近的文化传统。二战结束后，日本在国家安保问题上长期依附于美国，《美日安保条约》成为两国关系发展的重要基石。一段时期内，日本很难脱离美国的安全庇护，美国也不会轻易容许盟友脱离自己的挟制或是取代自己的主导地位。除此之外，日本与中、韩等域内国家存在历史问题和主权争端，这大大削弱了日本的地区形象和实际影响力，域内力量很难容许其成为东亚地区唯一的主导力量。至于俄罗斯，其凭借雄厚的军事实力和政治遗产，在当今世界拥有较高的政治影响力。不过，在东亚地区，俄罗斯的影响力与其庞大的疆域和超级武库不成比例。在地缘经济方面，俄罗斯与中、美两国相比差距较大，其远东地区更是十分落后。在地缘文化方面，俄罗斯与域内国家相差甚远，也没有像美国那样创造出拥有巨大影响力的流行文化产品。总之，日本不会重复其在近代独霸东亚地区的历史，而俄罗斯也将永远无法独自主导这一"边缘地带"。

　　如果东亚地区格局走向了两极，鉴于中、美两国先天性的地缘优势和未来的巨大发展潜力，任何将上述两国排除在外的东亚地区两极格局均难以存续下去。也就是说，唯一可能出现的两极格局，就是"中美两极格局"。在该格局之下，东亚地区将会呈现一种高风险的稳定态势。正如肯尼思·沃尔兹所言，当大国数目下降到仅有两个之时，大国试图管理体系的可能性是最大的，而这点在很大程度上正是两极结构的一个优势所在。[①] 如果东亚地区真的出现了两极格局，较少的强国数量将会使中美两国的政策行为更好预测，各大国对那些令人不安的事件一般都会迅速做出反应，[②] 这将提升该地

---

①　Kenneth Waltz, *Theory of International Politics*, New York：McGraw hill, 1979, pp. 198－199.

②　Kenneth Waltz, *Theory of International Politics*, pp. 165, 171.

区的整体稳定性。不过，如果中美两国在发展战略和国家利益等关键性问题上产生激烈矛盾，那么，一国或两国的过度反应，势必会造成一定程度的冲突与摩擦状况。中美在台湾、南海等问题上存在着严重分歧，这意味着即使两国在未来确立了两极格局，频繁的摩擦甚至是激烈的冲突依然会在地区内部多处出现。

东亚地区格局也有可能走向三极或是四极均势的可能性。众所周知，均势在本质上要求主要行为体的自律与他律，其真谛是以维持力量均衡的方式来获得国际体系的整体性优势。不过，这种优势是在主要行为体自身不试图谋求霸权的前提条件之下才能实现或稳固的。另外，均势格局要求在主要行为体之外不能产生新的霸权国。① 从发展潜力来看，中、美两国凭借力量优势将成为东亚地区多极格局当中的基础性变量，日、俄两国最终决定着构成该地区均势格局的强国数量。如果东亚地区走向了三极格局，中、美、日将成为主导该地区格局的三大力量，而不是中、美、俄三国。毕竟，俄罗斯在东亚地区缺少足够的核心利益，其综合实力也远逊于日本。因此，俄很难在该地区形成类似于中、美两国那样的巨大吸引力和影响力。与俄罗斯横跨多个地区不同，日本完全并牢牢扎根于东亚地区，其核心利益均处在该地区。因此，它对东亚地区的依赖性远远高于俄罗斯，进而产生了更加强烈的存在感和参与感。在东亚地区，俄罗斯可能成为最为"边缘化"的大国力量，只有在四极均势的格局之下，并才能够与中、美、日三国享有等同的区域地位。这也是俄罗斯积极参加朝核问题六方会谈，其多次提出俄、朝、韩三方会谈的主要动因所在，即意在防止和消除被"边缘化"的潜在风险。

上述五种地区格局走向均有出现的可能性，其中东亚地区由"一超多强"迈向"中美两极"的概率性最高。从表2来看，中、美两国合作主导东亚地区格局拥有更为强劲的发展动力和更小的发展阻力。对比两极格局与单边独霸的形式，只有当一国与他国的实力对比非常悬殊时，稳定的单极格局才会在东亚地区出现。不过，从发展趋势来看，中、美两国在本地区的实力差距正在逐步缩小，因而稳定的单极格局一时之间很难形成，这也不符合东亚地区其他国家的利益诉求。塞缪尔·亨廷顿认为："美中冲突在很大程

---

① 王义桅、倪世雄：《均势与国际秩序：冷战后时代的思索》，《世界经济与政治》2001年第2期，第17页。

度上是基于两个社会的文化差异，但也涉及权力的根本问题。中国不愿接受美国在世界上的领导地位或霸权，美国也不愿接受中国在亚洲的领导地位或霸权。"① 美国拥有独自主导东亚地区的强烈意愿和比较优势，但是受到来自中国方面的强力挑战，这源自于中国的经济发展、政治实力和民族主义情绪。从长远来看，中国有潜力单独主导东亚地区局势。因此，出于生存本能和政策传统，美国将会继续采取相应的对华遏制战略。2010 年，美国在《四年防务评估报告》当中，再次质疑了中国军队实现现代化的合法性和正当性，指责"中国军事发展和决策过程中存在不透明性"。2011 年 11 月 19 日，美国总统奥巴马在澳大利亚议会举行的被外界盛传为一场"历史性的演讲"当中，再次对华发表了强硬言论。奥巴马总统在"完全暴露美中分歧"的同时，还高调宣称："我们在该地区永久的利益要求我们在该地区永久存在"，"美国是太平洋国家，我们要留在这里"，从而为美国强势重返亚太地区扫除了一切政策障碍。因此，东亚地区格局极有可能走向中美互相制衡的两极格局。

表 18 - 2　东亚地区五种格局走向的动力与阻力

	动　力	阻　力
中国主导	◇天然大国； ◇世界最大的市场； ◇引以为豪的儒家精神； ◇不断提升的国际影响力； ◇美国实力的相对衰落；	◇美国难以放弃地区主导地位； ◇美国依然保有强大的综合实力和巨大的影响力； ◇日、韩两国的心理恐惧和忧虑； ◇美日、美韩军事同盟体系；
美国主导	◇超级大国的强大实力和巨大的影响力； ◇美日、美韩军事同盟体系；	◇中、日、韩的民族主义情绪； ◇中国的迅速发展带来的严峻挑战； ◇朝鲜的敌对态度；
两极主导	◇共同的大国实力和潜质； ◇中美两国在东北亚地区的共同利益； ◇中美合作带来相互依赖； ◇美国实力的相对衰落；	◇中国未来发展的不确定性； ◇中国对美国遏制战略的反制措施；

① 〔美〕塞缪尔·亨廷顿：《文明的冲突与世界秩序的重建》，周琪、张立平等译，新华出版社，1998，第 305 页。

续表

	动　力	阻　力
三极主导	◇美国实力的相对衰落；	◇中国未来发展的不确定性； ◇中、韩难以接受日本成为地区主导者； ◇美国不会放弃日本这枚"地缘棋子"； ◇日本难以摆脱对美国的安全依赖性；
四极主导	◇美国实力的相对衰落。	◇除受到了与三极格局同样的阻力外，还面临着俄罗斯经济发展和战略侧重点转向的巨大困难。

对比两极格局与多极格局，东亚地区的走向依然倾向于前者。三极格局是最不稳定的发展趋势，"三极"将会为东亚地区带来独特而不幸的激烈竞争，因为其中两个强国可以轻易联合起来攻击第三国，从而使该地区再次复归为两极格局。[①] 东亚地区三极格局的建立，需要日本重新塑造"政治大国"的形象和地位，并彻底摆脱美国的安全保护及政治影响。从目前情况来看，美日军事同盟关系无疑是非常稳定的，美国依然是日本对外政策的基轴所在。因此，东亚地区走向三极格局的可能性比较低。既然三极格局难以完全成型，四极格局便更难以出现。四极格局的走向，需要日、俄两国同时在东亚地区拥有与中、美两国相似或相近的影响力与作用力。日本的主导地位需要获得域外和域内多重力量的一致赞同和认可；俄罗斯不需要获取美国这一域外力量的同意，但是需要其彻底调整全球战略布局，这种调整所带来的利益与付出的风险或代价不成正比，因此很难真正实现。综上所述，"中美两极格局"极有可能是东亚地区格局未来的发展趋势。

三　中国的地缘优势与地缘劣势分析

由于东亚地区走向"中美两极格局"的可能性很高，美国方面已经加紧联合其他域内力量，以便对中国的发展势头加以有效遏制。对此，作为当前的"一强"，中国需要理性衡量其与域内力量之间存在的地缘差异，以便实现"跨越式"发展；作为未来的"一极"力量，中国需要明确与美国相

---

①　Kenneth Waltz, *Theory of International Politics*, p. 163.

比的地缘优劣，以便实现国家战略、地区战略和全球战略的相互平衡。与域内力量相比，中国在东亚地区拥有独一无二的地缘优势，中国海陆空间兼具的庞大气魄，显然是域内其他力量无法比拟的。在陆地方向上，中国的自然资源绝对储备量相对丰富，耕地面积位居世界前列；已经探明的矿产资源总储量居世界第三位；生物种类数量居世界首位。中国的西南地区和西北地区广布高山、高原、荒漠，那里险峻的地形使其自古便成为一道天然的防御屏障，这大大降低了中国的安全防御成本。在海洋方向上，中国拥面积广阔的领海及主张管辖海域，南海深入东南亚核心区域，东海直接连通太平洋海域，黄海远眺朝鲜半岛和日本列岛。这些海域及海底蕴含着丰富的石油、天然气、多种金属矿产以及各类海产品。上述优势为中国奠定了世界大国的坚实地位。

不过，这些地缘优势也给中国带来了一定的地缘劣势。庞大的海陆空间，给东亚周边国家带来了紧迫的危机感和心理焦虑，"中国威胁论"始终不绝于耳。此外，中国的地缘条件存在着先天劣势。一方面，中国西部地形的隔离性，导致各民族的融合比较困难，存在民族分裂的风险。东低西高的地势，决定西部社会发展程度的相对落后，具与东部差距有不断拉大的风险。俄罗斯远东地区人烟稀少，日、韩、朝三国的国土面积相对较小、民族性单一，因此它们不存在这样的地缘问题。另一方面，中国的海洋面积虽然广袤浩瀚，但是受到多层次"岛弧"的战略封堵，近海与远洋之间的联系被外部力量截断。"第一岛链"北起日本列岛，经过中国台湾岛，向南延伸到菲律宾群岛；"第二岛链"以关岛为中心，经过马里亚纳群岛，连接日本本岛与大洋洲北部诸岛屿。由于美、日两国始终试图阻止中国的力量迈向远洋地区，中国台湾岛又紧紧扼住"第一岛链"的喉咙部位，因此，当前的中国海军难以突破"第一岛链"。不过，域内其他国家不存在这样的地缘困境，俄罗斯远东地区直面太平洋，日、韩两国得到美国的军事支持，朝鲜则不具备迈向远洋的实力，东盟国家大多面向海洋但深入远洋的能力有限。

与美国相比，中国拥有"近邻"的地缘优势。有史以来，中国在很长时间内与日、朝、韩及东南亚国家保持着密切的官方和民间交流，儒家文化覆盖整个东亚地区。亨廷顿认为，随着全球化进程的不断加快，人民对民族国家的认同感将会逐渐下降，建构在地缘空间之上的文明会取代政治意识形态，成为决定吸引和排斥的磁石。① 在和平与发展成为世界主流的今天，相近的集体文化记忆，无疑为中、日、韩等国建立起世代友好的双边关系奠定了重要基础。在经济合作上，中国先后成为日、韩两国的第一大贸易伙伴，日、韩企业纷纷到中国投资建厂，地缘经济合作势头发展良好，地区一体化提上议事日程。在朝鲜半岛问题上，凭借与朝、韩双方的友好关系，中国占据着优势地位。近水楼台先得月，"近邻"关系使中国在历史上比美国更早接触，并更为了解东亚国家。如今，中国也更加方便地为日本、韩国和东南亚国家提供广阔的商品市场和优越的投资环境。

不过，有利就有弊。"近邻"的地缘优势也为中国带来了相对于美国的地缘劣势。在东亚地区，美国发挥着"离岸平衡手"的战略作用，日、韩等传统盟友的存在，有效弥补了美远离亚太地区的战略短板。通过分化东亚各国，美国悄然建立起以所谓的"共同价值观"和"共同安全利益"为基础的利益集团。② 此外，中美在地缘条件上存在先天差距，中国的地缘劣势比较明显。首先，台湾问题长期悬而未决，中国尚未在国内稳固其东亚战略的地缘根基。其次，中国在东亚地区面临复杂的周边环境，朝鲜以有核国家自居并不时搅动地区局势，日本是世界二号发达国家且不希望看到中国独大，韩国的经济实力不容小觑并不愿意成为大国的附属品，东南亚国家整体崛起并致力于主导地区秩序，俄罗斯不舍得放弃在本地区的政治遗产等等。身为域外力量，美国不仅无须纠缠于这一复杂局面，还可以借此维持和巩固其主导地位。再次，中国的自然资源不及美国丰富，不仅在相对数量上差距明显，绝对数量上也不占任何优势。比如：美国在耕地面积、能源储备等战略资源的数量上均超过中国。最后，中国的人口一直远远多于美国，但始终没有享受到"人口红利"。过多的人口大大超出了中国自然环境的承载能力，导致中国的环境污染和破坏十分严重。

在东亚地区，中国面临着错综复杂的地缘环境，优势和劣势往往蕴含在同一地缘条件当中。庞大的身躯决定了中国地区大国的先天命运，域内身份方便了中国与东亚各国的协商合作，但是，在中国和平崛起的过程当中，这些地缘优势很容易转变为地缘劣势。与域内力量相比，中国的地缘优势大于地缘劣势，先天的大国条件决定了中国有能力走上独立自主的民族复兴之

---

① 〔美〕塞缪尔·亨廷顿：《文明的冲突与世界秩序的重建》，第145页。
② 时永明：《中美关系与亚太地区格局》，《和平与发展》2011年第4期，第6页。

路。但是，域内力量通过与美国等域外力量的加强关系，可以实现地缘劣势的逆转。与美国相比，中国拥有的地缘劣势大于地缘优势，复杂的周边环境带来的地缘阻力和地缘压力层出不穷。虽然中国拥有"近邻"的地缘优势，但是，美国凭借"域外"身份，可以轻而易举地"遥控"东亚国家。由此可见，不断走向崛起和复兴的中国，在东亚地区面临着不容乐观的地缘形势，美国在该地区的地缘影响力，将会限制中国地缘空间的进一步拓展。

四　中国东亚地缘战略的调整方向

与不断制造地缘阻力的美国有所不同，中国在东亚地区面临着更多的地缘劣势，成为地区主导力量的过程将不会一帆风顺。尽管中国在复兴的道路上急速前行，但其依然处于被动应对外部挑战的不利局面。不论是日本、韩国、东盟等域内力量，还是美国等域外力量，均对中国的经济、政治、军事乃至文化实力的快速提升，给予了特别的关注并怀有极大的担忧。在陆地方向上，中国的地缘稳定持续受到朝鲜半岛突发性事件的冲击和影响。在海洋方向上，中国受到更为复杂多样的严峻挑战，台海地区依然没有实现"制度性和平"，南海问题逐渐国际化，美、日限制中国力量向远洋延伸的战略意图更加清晰明显。如何使中国在地区内发挥出地缘优势，克服地缘劣势，不再处于一味防御的守势地位，最终成长为与美国地位平起平坐的地区力量，需要中国统筹制定好东亚地缘战略。

1. 明确地区和平发展道路，防止"中国威胁论"的扩散

中共十六大报告提出："我们将继续加强睦邻友好，坚持与邻为善、以邻为伴，加强区域合作，把同周边国家的交流和合作推向新水平。"从中国的视角来看，"睦邻、安邻、富邻"的地区政策，未来将会得到进一步的延续和发展。一是塑造"睦邻"战略，继承和发扬中华民族亲仁善邻、以和为贵的哲学思想，共筑本地区稳定、和谐的国家关系结构；二是落实"安邻"战略，坚持通过和平谈判方式，妥善解决东海问题和南海问题，避免中国与属于域内力量的日本和东盟国家出现关系严重恶化的不利趋向；三是建构"富邻"战略，充分调动国内市场和人力资源，推动域内各国通过合作实现互利共赢。① 由此，推动东亚政治经济合作进程不断走向深入。

---

① 《王毅：中国与周边国家外交综述：与邻为善以邻为伴》，http：//www.people.com.cn/GB/shizheng/19/20030221/927987.Html。

虽然中国为地区发展做出了巨大贡献，但是"中国威胁论"依然时常在东亚地区响起。因此，在继续推进和实施"睦邻友好政策"的同时，中国应当注意克服"树大招风"的地缘劣势。在官方层面上，外交战略不可能出现立竿见影的效果，必须持之以恒。面对东亚地区实力相对弱小的域内力量，中国外交要有"君子"风度，既要做到"有理有利"，又要做到"有仁有义"。在民间层面上，中国可以积极地展开媒体外交，这是公共外交的重要组成部分。① 电视、报纸、网络等传媒工具，应当成为改善中国国家形象的有力手段，从而消除东亚各国人民对中国崛起的巨大心理恐惧，进一步增强美、日、韩等国家对中国和平发展战略的理解与认同。为了达到良好的宣传效果，中国媒体需要努力实现传播内容的多元化和国际化，全力克服国际传播的语言障碍；满足媒体受众需要，注意传播客体的国籍差异性；进一步提高媒体外交渠道的透明度，不断淡化一般媒体的官方色彩。

2. 争取填补台湾海峡的地缘裂缝，确保朝鲜半岛的地缘稳定

台湾海峡决定了中国地缘处于相对劣势的基调，台湾就像美国插入中国大陆的一把尖刀，撕裂了大陆近海与远洋的地缘连接基线。中国若想成为东亚地区的主导力量，就必须淡化台湾问题中的美国因素。通过不断实施维护台胞利益的积极政策，分阶段解决台湾问题。首先，海峡两岸要在 ECFA 框架之下，进一步加强经济合作。中国大陆要对台资企业实行"同等优先、适当放宽"的政策，并承诺该政策在统一之后会继续沿用下去。其次，海峡两岸要不断促进人员往来。中国大陆要进一步简化居民赴台审批程序，在更多的城市建立台胞口岸签注点，尤其要增加海峡两岸青年交流，保持血浓于水的民族凝聚力。再次，海峡两岸需要共同明确"一个中国"的基本原则。中国大陆要积极推动两岸合作向着政治对话的方向不断前进，推动台湾岛内各政治力量认同并接受"九二共识"。最后，海峡两岸应就统一问题真正展开机制化的和平谈判。

朝鲜半岛是东亚地区的"火药桶"之一，也是该地区大国悉数参与的"最大地缘舞台"。从中国的视角来看，对于朝鲜半岛政策的基调是确保该地区的和平与稳定，并努力维持自身必要的影响力和作用力。中国要坚持寻求在六方会谈的框架之下和平解决朝核问题，毕竟这一尝试为东亚建立地区安全合作机制提供了宝贵的经验。中国要在朝美之间展开积极斡旋，努力促

---

① 赵可金：《媒体外交及其运作机制》，《世界经济与政治》2004 年第 4 期，第 22 页。

成中、美、朝三边会谈。退出六方会谈后，朝鲜曾多次表示要与美国单独会谈。为减轻朝美相互敌视，中国应当积极发挥桥梁和纽带作用，为朝美会谈创造机会、提供场所。中朝要不断增进了解，推动双边关系实现正常化。中国对朝鲜援助要适度，否则只会使朝鲜丧失正常的生存能力。此外，中国要加强与韩国的全面合作关系，大力推动和积极拓展中韩经济合作，努力维持朝鲜半岛的均势格局，以此降低外界所风传的中国偏向朝鲜的政治猜测。

3. 塑造海陆统筹的复合型地缘战略

虽然中国的海陆地缘空间特性是一分为二式的，但在做战略选择之时必须是合二而一的。[①] 首先，改变"重陆轻海"的思维传统，抓紧树立"海陆统筹"的战略观念。纵观数千年历史，中国始终没有发展出成熟的海洋意识，大陆意识根深蒂固。对中国而言，海陆统筹是其海陆兼备的地缘条件所决定的，中国显然需要进一步加快观念转型。其次，由西向东、由北向南梯次式地夯实地缘基础。大陆的安全与和平是一国地缘空间向海洋稳步迈进的重要基石。地缘扩张冲击力的强度，主要取决于陆地上的资源和能量储备。为了更好地实施海陆兼备的地缘战略，中国需要确保西部和北部地区的可持续发展。在西部地区，中国面对的域外力量相对较弱，关键是要警惕"恐怖主义、分裂主义、极端主义"这"三股力量"带来的社会动荡。在北部地区，中国要继续保持中俄关系的友好势头不变，持久巩固中国的北部地缘战略基线。再次，重点加快迈向远洋的步伐，推动海洋地缘空间持续外延。中国需要海陆并重的地缘战略，但当前在海洋方向上还面临着比较明显的地缘劣势。因此，海洋方向应当成为中国海陆统筹战略的重点内容。要进一步勘探海洋资源储量，明确能源与矿产的分布状况，引进和研发先进技术，实现海洋资源的充分利用与合理开发。要调整国防预算的分配比例，进一步增加海军和空军的军费支出，不断提高中国海军的远洋作战能力。在中国军队加紧远洋试水的过程当中，美国和日本必将向中国方面施加巨大压力。面对日本，中国要坚定的维护领土主权，积极冲出"第一岛链"的包围圈。面对美国，中国要强调实现海军现代化的和平立场，在海洋方向上寻找中美之间更多的利益交汇点。为实现海陆统筹的地缘战略，中国需要在海洋和陆地上始终保持一种"权势平衡"，但这并不意味着要搞平均主义。

---

① 李义虎：《从海陆二分到海陆统筹——对中国海陆关系的再审视》，《现代国际关系》2007年第8期，第5页。

4. 重视美国在东亚的地缘战略布局

为改变被动的地缘局面，推动东亚地区最终走向有利于我国的战略格局，中国就必须打破美国的战略遏制。在本地区，美国对中国的地缘战略影响主要来自太平洋方向。共同的对华担忧，决定了日本与美国在遏华的道路上始终相伴同行。美日军事同盟体系的不断强化，使得两国战略合作的基础更加的牢固和紧密。台湾是美国的关键地缘砝码，控制台湾地区，也就意味着美国将中国大陆的地缘边界推进到台湾地区以东，从而可以有效阻止中国海军力量向远洋方向持续推进。不过，当前大多数美国的盟友不会让自己卷入到在它们看来与北京之间不必要的剧烈摩擦之中。随着中国经济实力的继续增长，美国不能指望大多数盟国会毫无异议和无所顾忌地服从于自己的领导。① 值此战略机遇期，中国可以从多个方向努力化解美国的遏制手段：在陆地方向上，中国可以俄罗斯和朝鲜为主要方向，继续巩固国境北部的地缘安全；在海洋方向上，东盟国家可以成为中国的地缘战略突破口，双方可共同打造21世纪"海上丝绸之路"。

为更好调解美日军事同盟体系的负面作用，中国要继续巩固中俄战略协作伙伴关系，深入挖掘与俄罗斯在能源、教育、高科技等领域的合作潜力，支持俄罗斯在国际社会的合理诉求。在朝鲜半岛，中国与美国既要合作也要竞争。为妥善解决朝核问题，中国既要在六方会谈或三边会谈的框架之下同美国进行积极务实的合作，也要在朝鲜半岛保持超越美国的优势地位。中国要积极支持东盟的发展，与其协商解决南海问题。作为域内力量，东盟国家牵动着中国的东亚地缘战略布局。奥巴马总统上台以后，美国高调进行"重返亚太"的战略调整，中国在东南亚的地缘优势面临严峻挑战。为了继续将南部海域为中国海权发展的关键突破口，中国要加强与东盟国家的密切合作关系，进一步支持东盟成为推动东亚地区合作的核心力量。在南海问题上，中国应当与部分东南亚国家努力实现"搁置争议、共同开发"，防止南海问题国际化，同时也要坚决维护国家主权的不容侵犯。

东亚地缘关系现状与地区格局走向，深刻影响着中国的和平发展和民族复兴进程。同时，中国的崛起也决定着东亚地区的现在和未来。长期以来，中国背负着"中国威胁论"的两难包袱：面向陆地发展，将会引起俄罗斯等大陆强国的高度警惕；面向海洋发展，则会受到美国、日本等海洋强国的

---

① 〔美〕戴维·兰普顿：《美国退居第二位？》，《波士顿环球报》2005 年 3 月 13 日。

封锁围堵。为了减轻战略负担，维护和增强核心利益，当前中国在亚洲的定位是"永远做亚洲各国的好邻居、好朋友、好伙伴"，在东亚地区奉行"分享发展机遇，共迎各种挑战"；"坚持求同存异，促进共同安全"；"倡导互利共赢，深化区域合作"① 的基本政策。只有切实营造持续稳定的周边环境，中国的和平发展道路才能够越走越宽；只有中国真正实现了民族复兴和国家崛起，东亚地区格局走向才会更加清晰，也会更加有利于该地区的长久和平、发展与繁荣。

①　"胡锦涛：在博鳌亚洲论坛 2011 年会开幕式的演讲"，http：//www.fmprc.gov.cn/chn/gxh/tyb/zyxw/t815668.htm。

参考文献

1. 肖星：《政治地理学概念》，测绘出版社，1995。

2. 〔美〕兹比格纽·布热津斯基：《大棋局：美国的首要地位及其地缘战略》，中国国际问题研究所译，上海人民出版社，1998。

3. 〔美〕约翰·米尔斯海默：《大国政治的悲剧》，王义桅、唐小松译，上海世纪出版集团，2003。

4. 〔美〕塞缪尔·亨廷顿：《文明的冲突与世界秩序的重建》，周琪、张立平等译，新华出版社，1998。

5. 阮炜：《地缘文明》，生活、读书、新知三联书店，2006。

6. 韩银安：《地缘经济学与中国地缘经济战略》，世界知识出版社，2011。

7. 俞正梁等：《21世纪全球政治范式》，复旦大学出版社，2005。

8. 〔美〕斯蒂芬·沃尔特：《联盟的起源》，周丕启译，北京大学出版社，2007。

9. 任晓：《韩国经济发展的政治分析》，上海人民出版社，1995。

10. 中国社会科学院世界经济与政治研究所：《世界经济年鉴：1981》，中国社会科学出版社，1982。

11. 〔美〕迈克尔·格林，帕特里克·克罗宁：《美日联盟：过去、现在与将来》，华宏勋等译，新华出版社，2000。

12. 中国现代国际关系研究院经济安全研究中心：《全球能源大棋局》，时事出版社，2005。

13. 查道炯：《中国石油安全的国际政治经济学分析》，当代世界出版社，2005。

14. 〔日〕重村智計：『なるほどよくわかる北朝鮮の真実』，日本文芸社，2011。

15. 〔日〕小牧輝夫、財団法人環日本海経済研究所：『経済から見た北朝鮮——北東アジア経済協力の視点から』，明石書店，2010。

16. 张宝仁，张慧智：《东北亚区域贸易合作研究》，吉林人民出版社，2006。

17. 〔日〕小此木政夫、西野純也、文正仁：『転換期の東アジアと北朝鮮問題』，慶應義塾大学出版会，2012。

18. 〔日〕中川雅彦：『朝鮮社会主義経済の理想と現実——朝鮮民主主義人民共和国における産業構造と経済管理』，アジア経済研究所，2011。

19. 卓名信等：《军事大辞海》（上），长城出版社，2000。

20. 〔英〕巴里·布赞、埃里克·海凌：《世界政治中的军备动力》，薛利涛、孙晓春等译，吉林人民出版社，2005。

21. 陈波：《国防经济学》，经济科学出版社，2010。

22. 联合国裁军事务部：《联合国裁军年鉴1995》（第20卷），联合国，1997。

23. （希腊）修昔底德：《伯罗奔尼撒战争史》，徐松岩、黄贤全译，广西师范大学出版社，2004。

24. 王子昌、郭又新：《国家利益还是地区利益——东盟合作的政治经济学》，世界知识出版社，2005。

25. 梅其君：《技术自主论研究纲领解析》，东北大学出版社，2008。

26. 〔美〕查尔斯·H·安德顿、约翰·R·卡特：《冲突经济学原理》，郝朝艳、陈波译，经济科学出版社，2010。

27. 〔英〕巴里·布赞：《人、国家与恐惧——后冷战时代的国际安全研究议程》，闫健、李剑译，中央编译出版社，2009。

28. 〔美〕汉斯·摩根索：《国家间政治——权力斗争与和平》，徐昕等译、王缉思校，北京大学出版社，2006。

29. 〔美〕肯尼思·沃尔兹：《国际政治理论》，胡少华等译，中国人民公安大学出版社，1992。

30. 〔美〕小约瑟夫·奈：《理解国际冲突：理论与历史》，张小明译，上海人民出版社，2002。

31. 〔美〕詹姆斯·多尔蒂、小罗伯特·普法尔茨格拉夫：《争论中的国际关系理论》（第五版），阎学通、陈寒溪等译，世界知识出版社，2003。

32. 〔美〕罗伯特·基欧汉：《霸权之后：世界政治经济中的合作与纷争》，苏长和等译，上海人民出版社，2006。

33. 韩彩珍：《东北亚地区合作的制度分析》，中国经济出版社，2008。

34. 〔美〕罗伯特·杰维斯：《国际政治中的知觉与错误知觉》，秦亚青译，世界知识出版社，2003。

35. 〔美〕亚历山大·温特：《国际政治的社会理论》，秦亚青译，上海人民出版社，2000。

36. 张广宇：《冷战后日本的新保守主义与政治右倾化》，北京大学出版社，2005。

37. 郑全全：《社会认知心理学》，浙江教育出版社，2008。

38. 刘江永：《中国与日本：变化中的"政冷经热关系"》，人民出版社，2007。

39. 王联：《世界民族主义论》，北京大学出版社，2002。

40. 王惠岩：《政治学原理》，高等教育出版社，2006。

41. 徐迅：《民族主义》，中国社会科学出版社，1998。

42. 〔韩〕金大中：《建设和平与民主——金大中哲学与对话集》，冯世则等译，世界知识出版社，1991。

43. 潘忠岐：《国际责任与大国战略》，上海人民出版社，2008。

44. 〔英〕安东尼·史密斯：《民族主义：理论、意识形态、历史》，叶江译，上海人民出版社，2006。

45. 〔美〕大卫·A·鲍德温：《新现实主义和新自由主义》，肖欢容译，浙江人民出版社，2001。

46. 黄硕风：《综合国力论》，中国社会科学出版社，1992。

47. 〔美〕约瑟夫·奈：《美国霸权的困惑：为什么美国不能独断专行》，郑志国等译，世界知识出版社，2002。

48. 陈正良：《中国"软实力"发展战略研究》，人民出版社，2008。

49. 龚铁鹰：《软权力的系统分析》，天津人民出版社，2008。

50. 〔日〕国分良成：『日本の外交：对外政策地域编』，岩波书店，2013。

51. 联合国第三次海洋法会议：《联合国海洋法公约》，海洋出版社，1992。

52. 〔日〕井上寿一：『日本外交の再構築』，岩波书店，2013。

53. 〔日〕佐藤洋一郎：『日米安全保障同盟』，原书房，2013。

54. 〔日〕下條正男：『竹島は日韓どちらのものか』，文藝春秋出版社，2004。

55. 〔韩〕金学俊：『独島研究：韓日間論争の分析を通じた韓国領有権の再確認』，論創社，2012。

56. 〔韩〕金学俊：『独島/竹島：韓国の論理』，論創社，2004。

57. 中国现代国际关系研究院：《国际战略与安全形势评估 2011/2012》，时事出版社，2012。

58. 程广中：《地缘战略论》，国防大学出版社，1999。

59. 〔英〕杰弗里·帕克：《地缘政治学：过去、现在和未来》，刘从德译，新华出版社，2003。

60. 〔美〕尼古拉斯·斯皮克曼：《和平地理学》，刘愈之译，商务印书馆，1965。

61. 中国社会科学院日本研究所外交研究室：《21 世纪初期日本的东亚政策》，世界知识出版社，2010。

62. 李薇：《2011 年日本发展报告》，社会科学文献出版社，2011。

63. 俞可平：《全球化悖论》，中央编译出版社，1998。

64. 〔美〕扎勒米·哈利勒扎德等：《美国与亚洲——美国新战略和兵力态势》，腾建群译，新华出版社，2001。

65. 刘清才：《俄罗斯东北亚政策研究：地缘政治与国家关系》，吉林人民出版社，2006。

66. 楼耀亮：《地缘政治与中国国防战略》，天津人民出版社，2002。

67. John. A. Agnew, *Geopolitics*: *Re-visioning World Politics*, London: Routledge, 2003.

68. T. J. Pempel. East Asia: Emerging Webs of Regional Connectedness. Security Cooperation in East Asia, Peking University Press, 2004.

69. Arnold Wolfers, "Alliance", International Encyclopedia of the Social Science, New York: Macmillan Company & The Free Press, Vol. 1, 1974.

70. Janes R. Schelsinger, The Political Economy of National Security, GreenWood Publishing Group, Inc., CT, USA, 1960.

71. Robert Gilpin, The Political Economy of International Relations, Princeton: Princeton University Press, 1987.

72. Carol Lancaster, Foreign A id: Diplomacy, Development, Domestic

Politics, Chicago: University of Chicago Press, 2007.

73. Harrison M. Holland, Japan challenges America: managing an alliance in crisis, Boulder Westview Press,

74. Office of the Secretary of Defense, Military and Security Developments Involving the People's Republic of China 2011, Annual Report to Congress.

75. Nishihara Masashi, "Japan's Political and Security Relations with ASEAN", in *ASEAN – Japan Cooperation*: A Foundation for East. Asian Community.

76. Alan Collins, the Security Dilemma and the End of the Cold War, Edinburgh: Keele University Press, 1997.

77. Herbert Butterfield, *History and Human Relations*, London: Collins, 1951; John Herz, *Political Realism and Political Idealism*: *A Study in Theories and Realities*, Chicago: University of Chicago Press, 1951;

78. Robert Jervis, *Perception and Misperception in International Politics*, Princeton: Princeton University Press, 1976, chap. 3

79. John H. Herz, Political Realism and Political Idealism: A Study in Theories and Realities, Chicago: University of Chicago Press, 1951.

80. E. H. Carr, The Twenty Years Crisis, London: Macmillan, 1964.

81. Ken Conca, "The Case for Environmental Peacemaking", Environmental Peacemaking, in Ken Conca and Geoffrey D. Dabelko, eds. , Environmental Peacemaking, Woodrow Wilson Center Press, 2002.

82. Alexander Sheingauz & Hiroya Ono, *Natural Resources and Environment in Northeast Asia*: *Status and Challenges*, The Sasakawa Peace Foundation, 1995.

83. Mathew Paterson, Understanding Global Environmental Politics: Domination, Accumulation, Resistance, New York: St. Martin's Press.

84. Jack L. Snyder, "Perceptions of the Security Dilemma in 1914", in Robert Jervis, Richard Ned Lebow, Janice Gross Stein (eds.), *Psychology and Deterrence*, Baltimore: The John Hopkins University Press, 1985.

85. Alexander Wendt, Social Theory of International Politics, (New York: Cambridge University Press, c1999) .

86. Bjorn Hettne and Fredrik Soderbaum, "Theorising the Rise of Regionness," in Shaun Breslin at al, eds. , *New* Regionalism in the Global Political Economy, (Warwick Studies in Globalisation, Routledge, 2002) .

87. Ernest Gellner, Nations and Nationalism, Routledge, (London and New York, 1998), Perferce.

88. Eric Helleiner and Andreas Pickel, eds., Economic nationalism in a globalizing world (Ithaca, N. Y. : Cornell University Press, 2005).

89. David Gauntlett. Creative Explorations: New approaches to identities and audiences, Published by Routledge, May 2007.

90. Cattaneo, Oliveier, "The political economy of PTAs", in Sinmon Lester and Mercurio (eds.), Bilateral and Regional Trade Agreements: Commentary and Analysis, Cambridge University Press, 2009.

91. Kenneth Waltz, Theory of International Politics, New York: McGraw hill, 1979.

后　记

　　《东亚地缘环境变化与中国区域地缘战略》一书，是笔者主持的 2011 年度教育部人文社会科学研究青年基金项目"东亚地缘环境变化与中国区域地缘战略"（批准编号：11YJCGJW006）及 2012 年度吉林省高校优秀青年科研人才春苗培育计划项目"东亚地缘格局再造的新趋势与我国的战略对策"（批准编号：2012QY091）的最终研究成果。上述课题研究历经多年时光，这期间东亚地缘环境不断变化，中国对东亚地缘环境的认识不断加深。这些变化，从方方面面深刻影响着中国经济社会发展进程和东亚地区的和平、发展与繁荣。

　　长期以来，中国一直奉行独立自主的和平外交政策，始终坚持"与邻为善，与邻为伴"的方针，基本形成了大国是关键、周边是首要、发展中国家是基础的外交总体布局。在新时期，中国特色大国外交理论与实践创新步伐不断加快，中国倡导的"亚洲新安全观"倍受关注和广泛认同，"一带一路"战略稳步推进并为世界各国尤其是广大发展中国家经济社会发展注入新的活力。应当说，当前中国和平发展已经步入了一个新阶段，而东亚地区是中国面向周边、走向世界的地缘基础。为此，本书着眼于冷战后地缘理论的新发展与新观点，把脉东亚的地缘经济环境、地缘安全环境和地缘文化环境的新变化与新趋势，针对东亚地缘热点问题的新表现与新情况，多维度剖析和比较主要国家对东亚地缘战略及其政策主张，进而形成中国对东亚地缘战略的基本构想。

　　拙著最终成稿并公开出版，得到来自多个方面的大力支持。感谢外交部亚洲司、边海司对文稿部分章节提出的宝贵建议。感谢社会科学文献出版社的领导和所有为本书出版辛勤工作的人员，尤其是高明秀主任、责任编辑侯洁女士。感谢父母尤其是贤妻一直以来对我的理解与支持，女儿的顽皮可爱让我充满动力和激情。书稿不尽之处，将在今后的进一步研究中深入探索。

郭　锐

2015 年春于吉林大学

图书在版编目（CIP）数据

东亚地缘环境变化与中国区域地缘战略 / 郭锐著.—北京：社会
科学文献出版社，2015.6
　ISBN 978 - 7 - 5097 - 7173 - 0

　Ⅰ．①东…　Ⅱ．①郭…　Ⅲ．①中外关系 - 国际关系史 - 东亚
Ⅳ．①D829.31

中国版本图书馆 CIP 数据核字（2015）第 042187 号

东亚地缘环境变化与中国区域地缘战略

著　　者 / 郭　锐

出 版 人 / 谢寿光
项目统筹 / 高明秀　张金勇
责任编辑 / 侯　洁　高明秀

出　　版 / 社会科学文献出版社 · 全球与地区问题出版中心（010）59367004
　　　　　　地址：北京市北三环中路甲 29 号院华龙大厦　邮编：100029
　　　　　　网址：www.ssap.com.cn
发　　行 / 市场营销中心（010）59367081　59367090
　　　　　　读者服务中心（010）59367028
印　　装 / 三河市东方印刷有限公司

规　　格 / 开　本：787mm × 1092mm　1/16
　　　　　　印　张：18.25　字　数：310 千字
版　　次 / 2015 年 6 月第 1 版　2015 年 6 月第 1 次印刷
书　　号 / ISBN 978 - 7 - 5097 - 7173 - 0
定　　价 / 59.00 元